Dirk Baecker – Wozu Theater?

Dirk Baecker
Wozu Theater?

Recherchen 99

Verlag Theater der Zeit
Verlagsleiter Harald Müller
Im Podewil | Klosterstraße 68 | 10179 Berlin | Germany

www.theaterderzeit.de

Lektorat: Nicole Gronemeyer
Gestaltung: Sibyll Wahrig
Umschlagabbildung: „Belagerung Bartleby: Eine theatrale Installation in 100 Stunden“, Inszenierung: Claudia Bosse, Hebbel-Theater Berlin, 21. April, 20 Uhr, bis 24. April 2004, 24 Uhr. © Maix Mayer und Bettina Vismann
Druck und Bindung: TASTOMAT Druck GmbH, Eggersdorf

Printed in Germany

ISBN 978-3-943881-05-9

Dirk Baecker

WOZU THEATER?

Theater der Zeit
Recherchen 99

VORWORT

Der vorliegende Band versammelt Gelegenheitsarbeiten zum Theater. Ihre Einheit beziehen sie aus der Frage nach der gesellschaftlichen Funktion des Theaters und aus der Überzeugung, dass auch das Theater nicht auf eine moralische, politische oder pädagogische Rolle reduziert werden darf, sondern als Kunst ernst genommen werden muss. Die gesellschaftliche Funktion, die das Theater erfüllt, erfüllt es als Kunst. Diese kann jedoch nicht mehr, wenn sie es denn je konnte, als selbstverständlich vorausgesetzt werden, sondern muss immer wieder neu gesucht und kann nur so bestätigt werden. Das Theater mag immer noch eine Institution sein, aber diese Unverzichtbarkeit verdankt es nicht seiner Absicherung in den Institutionen der Kunstförderung und Kulturpolitik, sondern seiner Arbeit am Format seiner Arbeit. Es variiert Darstellung, Publikum, Ort und Ästhetik und kann nur so sicher sein, dass es gegenüber politischen Interessen, kommerziellen Rücksichten, religiösen Botschaften, pädagogischen Absichten und wissenschaftlichen Fragestellungen hinreichend unabhängig bleibt. Es kann sich all diesen Zugriffen und Zumutungen der Gesellschaft anverwandeln, die die Wirklichkeit definieren, in der sich auch das Theater bewegt, muss aber zugleich sicherstellen, dass es als Theater nicht mit dieser Wirklichkeit verwechselt wird.

Die gesellschaftliche Funktion des Theaters, das wir hier als menschheitsgeschichtliche Einmalerfindung verstehen, besteht darin, dass das Theater wie keine andere soziale Form zur Beobachtung zweiter Ordnung herausfordert und die Beobachtung zweiter Ordnung vorführt. Auf der Bühne agieren Darsteller, die sich vom Publikum daraufhin beobachten lassen, wie sich Drama, Intrige und Komödie aus der wechselseitigen Beobachtung entwickeln, deren Inszenierung sie vorführen. Im antiken Theater war die Rolle des Beobachters explizit im Chor ausdifferenziert, im modernen, mittlerweile schon klassischen Theater (Lessing, Goethe, Schiller …) ist sie auf viele Rollen verteilt, um alle Kombinationen wechselseitiger Beobachtung und Blindheit zwischen Akteuren aller Art durchzuspielen, und in dem Theater, das wir passend zur heraufziehenden ‚nächsten' Gesellschaft das nächste Theater nennen,[1] sind es nicht mehr nur Menschen in ihren Rollen, sondern Körper, Erinnerungen, Hoffnungen, Lichter, Räume und Gesten, die ihrerseits Beobachtungen anstellen, beobachtet werden und Effekte auslösen. Im antiken Theater wird tragisch und komödiantisch das Schicksal herausgefordert, im klassisch modernen Theater wird Kontingenz inszeniert, und im ‚nächsten' Theater wird das Spiel selber auf seine Unvermeidlichkeit zurückbuchstabiert, ohne dass zwischen Sein und Schein irgendein verlässlicher Trennstrich zu ziehen wäre.

Eine solche Soziologie und funktionale Analyse des Theaters innerhalb seines gesellschaftlichen Kontexts beraubt das Theater nicht seines Eigensinns, seiner Autonomie oder seiner prozessualen Differenz, sondern versucht diese im Gegenteil als Ausdruck von Kunst zu würdigen. Denn auch wenn der Soziologe immer schon zu wissen glaubt, dass die Differenz zwischen Darstellung und Publikum, die jedes Theater definiert, sich auch im neuen Stück, in der neuen Inszenierung, im neuen Format und an den neuen Orten wieder durchsetzen wird, so kann doch nichts die jeweilige Arbeit des Schauspielers, Regisseurs, Dramaturgen, Bühnenbildners und Lichtdesigners vorwegnehmen. Jedes Mal neu handelt es sich wieder um Kunst, und nicht um Politik, Moral, Erziehung oder Religion. Jedes Mal neu handelt es sich wieder um die Suche nach einer passenden Ästhetik, wieder um ein Spiel mit Wahrnehmung, das sich mit jeder neuen Wendung wieder neue Freiheitsgrade erobert.

Der auch kulturpolitisch geführte Streit um die Programme des Theaters setzt dessen Funktion voraus und bleibt erstaunlich unempfindlich gegenüber der unablässigen Arbeit des Theaters an seiner Ästhetik. Gerade wenn man von einer gesellschaftlichen Funktion des Theaters spricht, muss jedoch dessen Ästhetik in den Mittelpunkt der Betrachtung rücken. Dafür werben die hier gesammelten Beiträge, auch wenn ihr eigener Akzent eher auf soziologischen Fragestellungen liegt. Kommentare zu einzelnen Theaterarbeiten, die in den vergangenen Jahren in *Theater der Zeit*, in der *taz* und in der *Frankfurter Rundschau* erschienen sind, habe ich hier der Vollständigkeit halber noch einmal aufgenommen, obwohl ich sie bereits andernorts zusammen mit anderen kleinen Beiträgen zur Sozialkunde gesammelt hatte.[2]

In den vorliegenden Beiträgen geht es um das überraschende Wiederauftauchen ästhetischer Fragestellungen innerhalb einer zwischen Stadttheater, freien Szene und Performance-Kunst schon längst nicht mehr eindeutig differenzierten Kunst. Das Theater entwindet sich zunehmend dem Zugriff bürgerlicher Ästhetiken, die – halb noch Repräsentationstheater, halb bereits Milieutheater – kaum noch die Kraft zur Innovation haben, und wendet sich neuen Orten, neuen Formaten, neuen Themen und eben auch neuen Ästhetiken zu, die den Akzent nicht mehr auf Texte, sondern auf Medien legen,[3] und die die Welt nicht mehr klassisch, romantisch, sentimental oder kritisch begreifen, sondern in Ton-, Text-, Bild- und Codespuren zerlegen und allenfalls verwirrend wieder zusammensetzen.

Wie bei Gelegenheitsarbeiten üblich, habe ich all denen zu danken, die mir die Gelegenheit zu diesen Arbeiten gaben, allen voran Carena Schlewitt und Matthias Lilienthal, aber auch Söke Dinkla, Christian Holtzhauer, Josef Mackert, Barbara Mundel, Heiner Goebbels, Marion Tiedtke, Christopher Balme, Philippe Bischof, Imanuel Schipper und Jurriaan Cooiman. Ohne viele Gespräche mit Wolfgang Krause Zwieback, Claudia Bosse, Kathrin Tiedemann, Bernard Fleury, Katka Schroth, Ivan Stanev, Janek Müller, Harriet und Peter Meining, Carl Hegemann, Barbara Gronau, VA Wölfl, Hans-Werner Krösinger, Hannah Hurtzig, Volker Lösch, Tobias Brenk, Boris Nikitin und Anna-Sophie Mahler hätte ich sicherlich noch weniger von der ganzen Sache verstanden, als es hier dokumentiert ist.

Der mir wichtigste Grund, die Texte noch einmal zu publizieren, ist nicht das gleichsam unvermeidlich mitlaufende Plädoyer für eine Soziologie des Theaters, sondern das Werben dafür, die Frage nach den Formaten, in denen Kunst stattfinden kann, strategisch noch ernster zu nehmen, als es jüngst vielfach bereits getan wird. Nur Formate geben die Antwort auf die Frage, wie strenge Kunst und schonungslose Öffnung miteinander Hand in Hand gehen können. Daraus erklärt sich der Titel des Bandes. Während wir uns auf die Institution des Theaters gleichsam menschheitsgeschichtlich verlassen können, stehen doch seine Institutionen nicht nur kulturpolitisch, sondern auch ästhetisch auf dem Prüfstand. Die Formatfrage liefert eine Handhabe, ästhetische, organisatorische, finanzielle und rezeptive Fragen an das Theater nicht nur wie bisher eher latent, widerwillig und dann auch intransparent, sondern offen und offensiv aufeinander zu beziehen und als eigenes Theater um das Theater zu inszenieren. Als Institution kann sich das Theater nur autoritär inszenieren, jede weitere Rückfrage als Frage von Banausen zurückweisend. Als Format unter anderen Formaten jedoch kann es sich der intelligenten Beobachtung durch sich selbst und durch andere aussetzen. Das gilt intern, zwischen den Häusern des Theaters, es gilt innerhalb der Künste, im Vergleich mit Konzert, Galerie, Museum und Performance, und es gilt innerhalb der Gesellschaft im Hinblick auf die Frage, welche Phänomene das Theater im Unterschied zu anderen Orten (Parlament, Universität, Kirche, Krankenhaus, Demonstration, Markt, Gericht, Gefängnis, Fabrik, Büro, Stadion, Bibliothek ...) sichtbar und beobachtbar macht.

STADT, THEATER UND GESELLSCHAFT

In drei Abschnitten erkunden die folgenden Überlegungen Möglichkeiten einer thematischen Orientierung der künstlerischen und dramaturgischen Arbeit an einem Theater der freien Szene in Berlin.

Der erste Abschnitt skizziert sehr selektiv einige der für die Theaterarbeit möglicherweise maßgebenden Koordinaten der gegenwärtigen (April 2003) Situation der Stadt Berlin im Hinblick auf Politik, Wirtschaft, Bevölkerung und Wissenschaft. Dabei gilt der politischen Situation Berlins nach dem Fall der Mauer und dem Standort für eine neuartige Dienstleistungs- und Beratungsökonomie sowie der Konzentration von Universitäten, Forschungsinstituten und Einrichtungen der Ausbildung und Weiterbildung ein besonderes Interesse.

Der zweite Abschnitt wendet sich mit aller Vorsicht der Frage zu, worin die Funktion der Kunst, die Rolle der Künste allgemein und die Leistungen des Theaters insbesondere in der gegenwärtigen Gesellschaft bestehen. Dem liegt die Vermutung zugrunde, dass eine Bestimmung der Funktion der Kunst zwar hochgradig umstritten sein muss (anders wäre die ‚Autonomie' der Kunst nur ein leeres Wort), andererseits jedoch dennoch möglich sein muss (andernfalls wüsste keine Kunst, woran sie arbeitet).

Und der dritte Abschnitt arbeitet an einem Themenkatalog, der als Suchraster für mögliche Produktionen und interessante Inszenierungen dienen kann. Dieser Themenkatalog kann und soll natürlich nicht die Inhalte der Stücke definieren, das wäre im Vorgriff auf eine Theaterarbeit, die ja erst noch stattfinden soll, unsinnig, aber er kann eine Orientierung darüber liefern, welche Theaterarbeit vor dem Hintergrund der Rolle der Künste und der Situation des Standorts Berlin besondere Aufmerksamkeit und vielleicht auch Unterstützung verdient.

Die folgenden Überlegungen beschreiben sowohl den Standort Berlin als auch die gegenwärtige Arbeit der Kunst als Suchbewegungen, die im Theater konvergieren und dort ein spezifisches Publikum finden können. Als Fluchtpunkt dieser beiden Suchbewegungen fungiert eine neuartige ‚Naturwissenschaft der Gesellschaft' beziehungsweise ‚Kognitionswissenschaft des Sozialen', die im Theater, aber auch in Museen, Ausstellungen und Galerien ihren künstlerischen und in den Universitäten und Forschungsinstituten der Stadt ihren wissenschaftlichen Ort hat.

Berlin

Die Situation der Stadt Berlin ist in Deutschland und Europa in mancher Hinsicht einzigartig.

Berlin blickt erstens zurück auf eine Geschichte ebenso grandios geplanter wie grandios misslungener staatlicher Ansprüche auf die Gestaltung der Gesellschaft. Das Kaiserreich, die Weimarer Republik, der Nationalsozialismus und der Sozialismus sind hier gefragt und ungefragt der Kontext einer Neubestimmung der Politik der Bundesrepublik. Sowohl auf dem Gebiet der administrativen Organisation (Preußen, Einparteienstaat, Umverteilungsstaat) als auch auf dem Gebiet der symbolischen Repräsentation von Politik (das Schloss, der Reichstag, der Palast der Republik, der umgebaute Reichstag) liegen in Berlin Erfahrungen mit der Rolle der Politik in der Gesellschaft vor, die allesamt explorativer und experimenteller Natur sind, sich jedoch auf keine Neubestimmung dieser Rolle verdichten lassen. Der geografische wie mentale Fluchtpunkt der neuen Achse aus Abgeordnetenhaus und Kanzleramt ist Brüssel und damit eine administrative Einheit im Konfliktfeld europäischer Interessen und Traditionen, die mit einem traditionell auf die demokratische Kontrolle von Macht abstellenden Politikverständnis nur schwer zu beschreiben ist.

Der Zusammenbruch eines der letzten dieser Versuche, des DDR-Sozialismus, hinterließ zweitens eine wiedervereinigte Stadt mit einer Bevölkerung, die sich mit gemischten Gefühlen an die Spaltung erinnert.[1] Im Ostteil wie im Westteil der Stadt weiß man um das, was man mit dem Fall der Mauer verloren hat (nämlich: funktionierende Milieus der sozialen Orientierung im privaten wie öffentlichen Raum), und blickt man durchaus skeptisch auf das, was man gewonnen hat (nämlich: das Zusammenleben in einer Metropole, deren politische, wirtschaftliche und kulturelle Bedeutung erst wieder gefunden werden muss). Konnte man sich vor dem Fall der Mauer darauf verlassen, dass es im Wesentlichen in beiden Teilen der Stadt vier funktionierende Milieus gab: 1) politische Funktionäre, 2) Dissidenten beziehungsweise Aussteiger, 3) Bürger (ein kulturelles Milieu, das je nach Lage und Bedarf zwischen einem Verständnis für die Macht der Funktionäre und einem Verständnis für den Protest der Dissidenten oszillierte) und 4) Arbeiter und Angestellte (die den Alltag definierten und sicherstellten), so ist nach dem Fall der Mauer nur deutlich, dass die Differenz von Macht und Protest, vermittelt und veralltäglicht durch hochkulturelle Erhabenheitsgesten auf der einen Seite und volkskulturelle Normalität auf der anderen Seite, neben einer gewissen Erinnerung an das Selbstverständnis ‚Berlins' kaum noch etwas organisiert.

Berlin ist drittens ein einzigartiger Wissenschafts- und Bildungsstandort, der dank gesellschaftlicher Ansprüche an die in Berlin arbeitenden Universitäten (HU, FU und TU) immer auch ein wissenschafts-

und bildungspolitischer Standort war. Geistes-, Natur- und Ingenieurwissenschaften waren hier nie getrennt vom Streit um neue Philosophien, vom Wettbewerb um die Entschlüsselung der Geheimnisse der Natur und vom Ehrgeiz der Entwicklung und Bereitstellung neuer Technologien zu sehen. Die große Anzahl der Wissenschaftler (45 000) und Studenten (130 000), die in dieser Stadt arbeiten und lernen, hat gegenwärtig offensichtlich noch nicht jene kritische Schwelle erreicht, jenseits deren ein Milieu entstehen könnte, das seine wichtigsten Stimuli aus sich selbst bezieht; aber mit einer gezielten Förderung scheint es nicht unmöglich zu sein, diese Schwelle zu erreichen. Zahlreiche Institutionen der Bildung, Ausbildung und Weiterbildung sorgen für einen Transfer von Forschungsergebnissen in die gesellschaftliche Praxis, der über technologische Fragen weit hinausreicht und längst das weite Feld von Kommunikation, Organisation und Management erreicht hat.

Berlin ist viertens auf einzigartige Weise West- und Osteuropa verbunden. Vergleichbar nur mit Wien und Istanbul, rekrutiert sich ein Großteil der Bevölkerung aus osteuropäischen Ländern, während die kulturelle Orientierung der Stadt, gemessen an bestimmten Zivilisationsstandards (Verzicht auf religiöse Dominanzansprüche, demokratisches Selbstverständnis, Emanzipation der Frau, vorsichtige Unterstützung unternehmerischer Initiative), Westeuropa verpflichtet ist. Die unterschiedlichen Bevölkerungen der Stadt stehen sowohl für eine Verpflichtung auf die unruhige und komplexe Moderne wie auch für nach Bedarf reaktivierbare tribale und religiöse Organisationsformen der Gesellschaft.

Das zeigt sich nicht zuletzt an kriminellen Subkulturen, die die Gelegenheitsstruktur der modernen Gesellschaft unter Rückgriff auf traditionale Sozialstrukturen auszunutzen versuchen und dadurch bestimmte Formen der sozialen Organisation wachhalten und neu erfinden, die sich mit einem bürgerlichen Selbstverständnis der Gesellschaft (zumindest soweit dieses, vielleicht nur ideologisch, auf Aufklärung, Transparenz, Frieden und Gewaltfreiheit setzt) nicht leicht unter einen Hut bringen lässt.

Hervorzuheben ist, dass in Bezug auf das Interesse an gesellschaftlichen Ordnungsmodellen die mit Stichworten wie Partykultur, Love Parade und ‚neue' Friedensbewegung bezeichnete Jugendkultur eine wichtige Rolle spielt, weil sie schon aufgrund mangelnder Information traditionelle Bruchlinien zwischen den Schichten, Milieus und Ethnien einer Gesellschaft überspielt und auf universalisierbare Werte und Normen (des Friedens und der Gewaltfreiheit) zu setzen tendiert. Mit Berufsbeginn und Eheschließung verblasst jedoch dieses Interesse an einer eher universalistischen Moral der Gesellschaft.

Auffällig ist fünftens die besondere Rolle der Dienstleistungs- und Beratungswirtschaft in Berlin. ‚Unternehmensservices' gehören zu den wenigen Wachstumsbereichen der Berliner Wirtschaft, konsumnahe Dienstleistungen im Freizeit- und Wellnessbereich könnten in den kommenden Jahren ebenfalls eine bedeutende Rolle spielen. Interessant ist dies deswegen, weil diese Dienstleistungen neuartig sind und daher einen erheblichen intellektuellen beziehungsweise analytischen Input erfordern. Es geht um die Definition von Bedürfnissen, um die Vernetzung von Verfahren, um die Formulierung von Problemstellungen und die Entwicklung passender Lösungsmuster sowie um das Angebot von Beratung, Training und Coaching in nahezu allen Lebenslagen in Arbeit und Freizeit, und dies parallel zu einer weitreichenden Umstellung von Organisationskultur und Familienleben, in denen die traditionell starke hierarchische Rolle des Mannes (inklusive der auch für die Gegner attraktiven Identitätspolitik, die damit einherging) einer vielleicht noch traditionelleren starken heterarchischen Rolle der Frau weicht (inklusive der damit einhergehenden Verunsicherung sozialer Identitäten).

Das, wie man sagt, eher mürrische, dienstleistungsaverse Berlin könnte in besonderem Maße geeignet sein, unterhalb der bundesweiten Emphase für die Entwicklung einer Dienstleistungskultur herauszufinden, auf welchen Feldern und für welche Fragen hier ein tatsächliches Potential entsteht. Dienstleistungen von Unternehmen, zwischen Unternehmen und zunehmend auch für Privatkunden sind ein Wirtschaftsbereich, der nicht mehr drittrangig ist wie in der Industriegesellschaft, sondern erstrangig, weil hier die Probleme identifiziert, beschrieben und gelöst werden, die die Interdependenzen einer komplexen Gesellschaft ‚strukturieren', das heißt, es möglich machen, Vernetzungen so zu beschreiben, dass man weiß, was etwas miteinander zu tun hat und was nicht. Hier gehen analytische Intelligenz (inklusive der Fähigkeit zur Bestimmung neuartiger Problemstellungen) und pragmatische Experimente (inklusive einer Kultur, die dazu den Mut aufbringt) Hand in Hand.

Konnte Georg Simmel die Intelligenz des Städters noch darin sehen, dass es ihm gelingt, ‚blasiert' (Simmel) beziehungsweise ‚cool' der Überflutung mit Wahrnehmungsreizen Herr zu werden und sich private, ‚gemütliche' Ecken in der Stadt zu schaffen,[2] so könnte diese Intelligenz in Zukunft darin bestehen, Lösungen für Vernetzungen zu finden, die nicht in die sauberen, modernen Kategorien von Macht, Geld, Technik, Kunst und Erziehung passen, sondern hier eher ungewohnte Gemengelagen in Anspruch nehmen. Unter anderem steht das Stichwort von der Dienstleistungswirtschaft für die Wiederentdeckung des Gestaltungsfaktors ‚Organisation', der im traditionellen Politik-, Wirtschafts- und Kulturverständnis ausgeblendet war beziehungsweise ‚Funktionären' überlassen wurde.

Versucht man, diese sicherlich unvollständige, aber für einen ersten Zugriff vielleicht hilfreiche Liste von für Berlin typischen Standortfaktoren auf einen Nenner zu bringen, so kann man vielleicht sagen, dass Berlin in Deutschland so etwas wie die Hauptstadt intelligenter Selbstbeobachtung ist. In keiner anderen Stadt werden so schnell so viele unterschiedliche Angebote eines Selbstverständnisses gemacht und im Wettbewerb dieser Angebote untereinander und der sich diesem Wettbewerb verdankenden kritischen Intelligenz auch wieder zunichtegemacht. Auch damit hat es zu tun, dass diese Stadt mürrisch ist: Sie ist politisch, wirtschaftlich und kulturell frustriert, ohne sich deswegen auch nur einen Moment den Mut nehmen zu lassen, es immer wieder neu mit immer wieder demselben Selbstverständnis zu versuchen, das darin besteht, gnadenlos wach zu sein für die Vielfalt der Verhältnisse. Dieses Potential der intelligenten Selbstbeobachtung ist jederzeit bereit zu implodieren; es bietet jedoch auch so viele Chancen der unternehmerischen Neukombination von alten und neuen Verhältnissen, Faktoren und Perspektiven, dass es etwa für die Kunst- und Kulturpolitik eher darauf ankommt, an den richtigen Stellen die richtigen Engpässe zu setzen, als darauf, großzügig und unspezifisch zu fördern.

Erprobung des Sozialen

Die Funktion der Kunst ist nicht unumstritten, sondern nach wie vor Gegenstand eines Streits zwischen denen, die ihr eine Aufgabe bei der Repräsentation eines gesellschaftlichen, insbesondere politischen und wirtschaftlichen Selbstverständnisses zumessen, und den anderen, die ihre Autonomie für wesentlich und die individuelle Freiheit des Künstlers für unverhandelbar halten. Der Streit ist ebenso unverzichtbar wie unentscheidbar, zumal aufgeklärte Interessen der Gesellschaft sich längst mit autonomer Kunst zu schmücken wissen und die individuelle Freiheit des Künstlers, seit sie behauptet wird, eine der großen Imitationsvorlagen für Individualisierungsvorhaben in der Gesellschaft ist. Man wird den Streit um die Funktion der Kunst von daher zu den Voraussetzungen, unter denen die Funktion erfüllt werden kann, hinzurechnen müssen und wird die repräsentative Rolle der autonomen Kunst und das gesellschaftliche Muster der individuellen Freiheit des Künstlers als Belege für die gesellschaftliche Einbettung jeder Kunst beschreiben können.

Das ändert jedoch nichts daran, dass die Funktion der Kunst, selbst im Rahmen dieses Streits, befragt werden muss, wenn es darum geht, künstlerische Arbeit zu fördern. Die beiden überzeugendsten soziologischen Vorschläge, die Funktion der Kunst zu bestimmen, stammen gegenwärtig von Harrison C. White und Niklas Luhmann – wobei die Untersuchung der Kunst als Feld des Wettbewerbs um soziale Distinktionsgewinne, die Pierre Bourdieu in *Die feinen Unterschiede* vorgelegt hat, zumindest erwähnt werden muss.[3]

White bestimmt in seinem Buch *Careers and Creativity* die Kunst als ein Feld, auf dem vorgeführt werden kann, dass Identitäten aus der Unterbrechung von Routinen gewonnen werden können. Das ist, wenn der Akzent nicht nur auf der Unterbrechung, sondern auch auf der Vorführung liegt, nicht weit entfernt von der von Luhmann in seinem Buch *Die Kunst der Gesellschaft* entwickelten Vermutung, dass es die Kunst mit Versuchen zu tun hat, etablierte Formen zu durchkreuzen und an unwahrscheinlichen Stellen neue Formgewinne zu erproben. Denn in beiden Fällen geht es um die Arbeit an ‚Identitäten' in jenem allgemeinen Sinne, dass diese in ihrer prekären Möglichkeit sowohl vorgeführt als auch abgesichert werden müssen, und um die Frage nach den Situationen und Kontexten, in denen diese Identitäten sich bewähren können. In diesem abstrakten Sinne deckt sich beider Analyse mit der von Bourdieu.

Informativ wird diese Bestimmung der Funktion von Kunst jedoch erst dann, wenn Begriffe wie jene der ‚Identität' oder der ‚Form' soziologisch verstanden werden. Es geht dabei nicht um die Identität einer Substanz oder Kategorie, so als sei etwas schon, was es ist, und müsse jetzt nur noch zusätzlich und eigentlich überflüssig bestimmt werden. Und es geht nicht um die Form eines bereits vorhandenen Inhalts. Sondern es geht um die Identität und die Form, die etwas zu dem machen, was es ist – durch ‚Kontrolle' im Fall des Identitätsbegriffs und durch ‚Unterscheidung' im Fall des Formbegriffs. Kunst ist jene gesellschaftliche Betätigung, in der sich die Gesellschaft, stellvertretend durch die Künstler und ihr Publikum, vorführt, wie prekär ihre Identitäten und Formen sind und wie diese dennoch und zuweilen erst deswegen gesichert werden können. Denn Motiv einer Identität wie einer Form ist die Vermeidung des Zusammenbruchs.

Die Kunst kann diese Funktion nur erfüllen, wenn und weil sich die verschiedenen Künste um ihre jeweils eigentümlichen Themen und Materialien kümmern und wenn und weil auch für diese Künste untereinander die jeweilige Arbeitsteilung nur eine Identität und eine Form unter anderen möglichen Arbeitsteilungen bezeichnet. Die Künste müssen die jeweilige Arbeitsteilung akzeptieren, und sei es nur, um laufend gegen sie rebellieren zu können. Mit einer gewissen Vereinfachung kann man die Differenz der Künste auf die Differenz der Wahrnehmungsvermögen beziehen und beschreiben, dass Identitäten und Formen in den bildenden Künsten, in Literatur und Dichtung, in der Architektur (sofern man diese zu den Künsten zählt), in der Musik, in Film und Video und im Theater jeweils unterschiedlichen Tests durch Auge und Vorstellung, Begehung und Gehör, Großaufnahme und Schnitt sowie Gestik und Tonfall unterzogen werden – wobei es jeweils darum geht, individuelle Wahrnehmungsfähigkeiten zu gesellschaftlichen Sinn- und Ordnungsvorgaben in ein Spannungsverhältnis zu bringen. Die Künste sind jene gesellschaftliche Veranstaltung, die so tut, als könnten gesellschaftlicher Sinn und gesellschaftliche Ordnung dem Individuum ‚ästhetisch' zur Disposition gestellt werden.

Diese vereinfachende Gegenüberstellung einzelner Künste und bestimmter Wahrnehmungsfähigkeiten übersieht, dass es angesichts des synästhetischen Charakters aller Künste allenfalls heuristisch Sinn macht, einzelne Künste auf einzelne Sinne des Menschen zu beziehen. Die Vereinfachung übersieht außerdem, dass die Wahrnehmung des Menschen nur adressiert wird, weil und insofern sie eine Scharnierfunktion bei der Erprobung und Etablierung sozialer Formen einnimmt. Es geht um die Überprüfung dieser sozialen Formen durch die Gesellschaft, die auf sie angewiesen ist, nicht um das ästhetische Urteil des Individuums. Dieses ist nur ein Stellvertreter eines gesellschaftlichen Problems und muss auch damit noch zurande kommen. Die Künste richten sich vielleicht zunehmend nicht an ein menschliches, sondern an ein gesellschaftliches Vorstellungsvermögen, das von einzelnen Menschen und ihrem Bewusstsein zwar mitvollzogen werden können muss, aber aus deren ästhetischer Urteilskraft nicht mehr seine wichtigsten Anregungen bezieht. Dennoch kann die Vereinfachung dazu dienen, an der Schnittstelle zwischen sozialer Form und bewusster Wahrnehmung zum einen zu erkennen, dass es soziale Formen überhaupt gibt (à la Émile Durkheim: An der Verzweiflung des Individuum gibt sich die Gesellschaft zu erkennen – und à la Foucault: Ebendies gilt auch für seine Lust), und zum anderen, dass diese die menschliche Wahrnehmung in Anspruch nehmen, ohne dass diese überhaupt wüsste, wo und wie sehr und inwieweit dies der Fall ist.

Das Theater, auf dessen Betrachtung unter allen Künsten ich mich hier beschränke, lässt sich nach wie vor als ‚Knoten' im Sinne der aristotelischen *Poetik* beschreiben.[4] War es für Aristoteles die tragische Handlung, die auf der Bühne verknüpft und wieder gelöst werden musste, so erstreckt sich diese Struktur des Theaters heute auf große Handlungsbögen ebenso wie auf Gesten, Sprache und Mimik, auf das Schicksal einer

Figur ebenso wie auf die Präsenz eines Körpers, die Stimmung einer Situation, die Atmosphäre eines Raums.

Mit zwei Begriffen der Systemtheorie, nämlich Selbstorganisation und Mikrodiversität,[5] kann man davon sprechen, dass das Theater auf der Bühne und vor den Augen eines Publikums (allerdings immer wieder auch: vor den Augen des Ensembles, weswegen das Theater immer wieder als ‚Labor' der Erprobung sozialer Möglichkeiten beschrieben worden ist) ausprobiert, wie viel ‚Mikrodiversität' mit der ‚Selbstorganisation' des Sozialen (noch) kompatibel ist. Unter Mikrodiversität wird die Fülle der kleinen und großen Abweichungen verstanden, die in Verhalten, Handeln und Sprechen an den Tag gelegt werden kann und trotz oder vielleicht auch gerade wegen einer beachtlichen Bandbreite des Möglichen dennoch immer wieder auf einen Zusammenhang, einen Sinn, ein Ziel, ein Ende bezogen werden kann. Unter Selbstorganisation wird die Fähigkeit sozialer Situationen verstanden, sich aus dieser mikrodiversen Bandbreite des Möglichen immer wieder jene Elemente herauszusuchen, die auf andere Elemente bezogen werden können und so den Anfang einer Geschichte ausmachen, wie schnell auch immer diese dann sofort wieder verschwinden mag (und manche Geschichten halten sich beachtlich lange).

Das Theater ermöglicht es, diese Logik der Verknüpfung und Lösung des Knotens auf alle Elemente des Sozialen zu beziehen: Wie kommt eine soziale Beziehung zustande? Was hält sie aus? Was hält sie nicht aus? Wie sichert sie sich ab gegen ihre Auflösung in die Unbestimmtheit ihrer Umgebung? Mithilfe welcher Techniken und Mechanismen grenzt sie sich ab? Wie schafft sie es, ihre Umgebung in eine Ressource zu verwandeln, aus der sie immer wieder neue Kräfte schöpft? Wie motiviert sie zur Teilhabe? Was macht sie aus den Individuen, die teilnehmen? Wie halten die Individuen aus, was die Situation aus ihnen macht? Und ab wann reicht ihre Kraft genau dazu nicht mehr aus? Was geht verloren, wenn eine Beziehung verloren geht? Wie ist eine Krise strukturiert? Gibt es Möglichkeiten der Früherkennung fataler Entwicklungen? Wie kann man dann noch aufhalten – und wie kann man nachhelfen? Wie verwandelt man eine Situation in eine andere? Wie vollzieht sich eine Verwandlung? Worin besteht die ‚Form des Übergangs' (Hegel)? Und so weiter und so fort. Hier kann man eine nahezu endlose Reihe von Fragen stellen (das kleine und das große dramaturgische Alphabet), die immer wieder im selben Punkt konvergieren: Wie wird der Knoten anschaulich?

Das Theater ist eine der radikalsten Formen der Erprobung des Sozialen, weil alles, was funktioniert, *zwischen* Schauspielern auf der

Bühne *und vor* dem Publikum im Parkett funktionieren können muss. Das heißt, es gibt eine soziale Situation, in der das Theater sich befindet und in der die Neugier und die Urteilskraft mobilisiert werden müssen und mobilisiert werden können, sich anzuschauen, anzuhören und auszuhalten, was auf der Bühne passiert. Das Theater erlaubt nur diejenige Form der Distanz, die auch dem Mitspieler möglich ist, wenn er einen Moment innehält. Die ‚vierte Wand' (zwischen Bühne und Publikum) ist vorhanden und schützt sowohl das Experiment auf der Bühne als auch die Beobachter im Parkett, aber jegliche Faszination, die das Theater zu entfalten vermag, lebt daraus, dass diese Wand hochgradig durchlässig ist. Im Mindestfall organisiert die Wand den Genuss des Publikums am Publikum und das Staunen der Schauspieler über die Schauspieler – dann ist die Wand der Spiegel, in dem sich die beiden Seiten des Theaters, Bühne und Parkett, selber beobachten.

Eine Naturwissenschaft der Gesellschaft?

Es besteht kein Zweifel daran, dass diese Funktion der Kunst, Rolle der Künste und Leistung des Theaters gegenwärtig eher diffus als markant realisiert werden. Man steht deswegen vor der Wahl, ob man ‚postmodern' alles für möglich und nichts für bestimmbar halten will oder doch und eher ‚modern' daran festhält, Strukturen wiedererkennen und an ihnen arbeiten zu können. Diese Wahl ist jedoch weniger prinzipieller Natur als vielfach angenommen wird. Denn selbst dann, wenn man sich für die Postmoderne entscheidet, wird man sich mit wiedererkennbaren Elementen beschäftigen, die als ‚Kunst', ‚Theater', ‚Performance' oder was auch immer bezeichnet werden. Und selbst dann, wenn man für die Moderne optiert, wird man es sofort mit Unterscheidungen zu tun bekommen, die wesentlich uneindeutiger und umstrittener sind, als es uns ein bestimmter Diskurs der Moderne einreden wollte. Es mag daher hilfreich sein, sich daran zu erinnern, dass Paul Feyerabends berühmte Formel des ‚anything goes' keine fröhliche Beliebigkeit einläuten sollte,[6] sondern erstens gegen jene opponierte, die an universelle Maßstäbe und Regeln der Vernunft glauben, und zweitens darauf hinwies, dass man selbst dann, wenn man ‚irgendwie' und ‚frei' und ‚spontan' startet, mit dem nächsten Schritt schon wieder mitten in einer Geschichte steckt, die ihre Erinnerung und ihre Zukunft, ihre Erwartungen und ihre Befürchtungen, ihre Struktur und ihre Rebellion hat.

Die möglicherweise interessanteste Einsicht, die die so genannte Postmoderne nach sich gezogen hat, ist daher von Bruno Latour mit seinem Buchtitel *Nous n'avons jamais été modernes* formuliert worden:[7] Wir stecken seit fünftausend Jahren, vermutlich seit der Erfindung der

Schrift, in derselben Geschichte, und es gibt keinen Grund zu glauben, die Möglichkeiten dieser Geschichte seien ausgereizt. Dass die Moderne und die Postmoderne behaupten konnten, jetzt würde eine neue Epoche beginnen, gehört zu dieser Geschichte dazu und ist Teil des selben. Es ist vielleicht nicht unwichtig, an diese Relativierung historischer Differenz zu erinnern, weil sich damit eine bestimmte Geste der Überschreitung von Grenzen erübrigt, die die Fortschrittsemphase mit der Dekadenz gemeinsam hat, und weil sich daraus eine unendliche Neugier ergibt, herauszufinden, was es mit dieser alten Geschichte immer noch auf sich hat.

Die Künste im Allgemeinen und das Theater im Besonderen partizipieren an einer Art ‚Naturwissenschaft der Gesellschaft', wenn man unter dieser Naturwissenschaft ein eher trockenes, das heißt möglichst vorurteilsfreies (vom Publikum meist als ‚zynisch' wahrgenommenes) Interesse daran, wie etwas funktioniert, versteht und die ‚Gesellschaft' als eine Kategorie einsetzt, die es erlaubt, die großen alten Unterscheidungen von Natur, Geist, Technik und Kultur erst einmal in Klammern zu setzen. Prinzipielle Grenzen für einen ‚Prozess der theoretischen Neugierde' (Hans Blumenberg), der in jedem seiner Momente praktische Resultate für die Bestimmung eines Problems, einer Möglichkeit, einer Lösung abwerfen kann, werden nicht akzeptiert. Das Theater ist der Ort, wo dies zum Thema gemacht werden kann und sich ein bestimmtes Publikum einfinden kann, in dessen Augen sich die Stadt und ihre Künste, wenn man so will, beim eigenen Treiben zuschauen können.

Daraus resultiert eine möglicherweise tragfähige Engführung einer an das Theater zu richtenden Erwartung (wohl wissend, dass bereits die Formulierung der Erwartung das Theater dazu motivieren wird, der Erfüllung dieser Erwartung nach Möglichkeit auszuweichen): Vielleicht ist das Theater der Ort, an dem erprobt wird, was es heißt, ‚städtisch' zu leben (exponiert und zurückgezogen, privat und öffentlich, riskant und gemütlich), und nichts einen genaueren Blick auf das städtische Leben zu werfen erlaubt als die Künste, die sich in ihm bewähren und behaupten. Auf der Bühne beobachtet sich die Stadt im Spiegel der Kunst. Und das bedeutet, dass das Theater, zumindest ein bestimmtes Theater, die ‚freie Szene' (die traditionell weniger stark an Gattungsgrenzen hängt), nicht darum herumkommt, auch die Künste (inklusive des Theaters selbst) als Akteure auf die Bühne zu bringen.

Man mag hierbei noch einmal an Bruno Latour denken, der sich vorstellen kann, dass nicht nur Personen (und Götter), sondern auch Sachen, Ideen, Träume, Ideologien, Institutionen, Mächte, Tiere und Maschinen und eben auch die Kunst ‚Akteure' im präzisen Sinne des Wortes sind: Handlungspotentiale, denen sich innerhalb eines Netzwerks von Beziehungen Intentionen und Restriktionen zuschreiben lassen, an denen sich die anderen Elemente des Netzwerkes affirmativ oder kritisch, gläubig oder rebellisch orientieren. An die Moderne zu glauben, so Latour, heißt, nichts von Netzwerken zu wissen. Diese Netzwerke gehören auf die Bühne! Es genügt nicht, die Bühnen organisatorisch untereinander zu ‚vernetzen'.

Wir wissen nicht, was wir wissen, während wir tun, was wir tun

Im Sinne der eben genannten ‚Naturwissenschaft der Gesellschaft', die in Wirklichkeit eine ‚Kognitionswissenschaft des Sozialen' ist, sind zwei Fragen für uns erkenntnisleitend:

(1) Welche Form der Erkenntnis setzt jede soziale Beziehung voraus?
(2) Welche Erkenntnis ist von einer sozialen Beziehung möglich und wie weicht diese Erkenntnis von der durch die soziale Beziehung realisierten Form der Erkenntnis ab?

Im Umkreis dieser Fragen kann man sich eine Reihe von Themen vorstellen, die im weitesten Sinne durch die soziologische Theorie motiviert sind, jedoch über die traditionellen Grenzen dieser wissenschaftlichen Fachdisziplin durch ihren Verweis auf die Kognitionswissenschaften hinausreichen. Jedes dieser Themen ist eine Variation der den beiden genannten Fragen zugrunde liegenden Grundeinsicht dieser Kognitionswissenschaft des Sozialen, dass wir nicht wissen, was wir wissen, während wir tun, was wir tun.[8] Diese Grundeinsicht verbindet die beiden wichtigsten Motive der Moderne, das Motiv der Aufklärung (wir können wissen, was wir tun) und das Motiv der Romantik (wir können nicht wissen, was wir tun), und befindet sich damit sowohl auf deren Höhe wie auch, durch die Thematisierung der für diese konstitutiven Differenz, jenseits ihres Rahmens.

Folgende Themen könnten das Theater der Gesellschaft im Rahmen einer Kognitionswissenschaft des Sozialen beschäftigen (wobei noch einmal zu unterstreichen ist, dass diese Themen zugleich auch die Dienstleistungs- und Beratungswirtschaft, Forschung, Aus- und Weiterbildung sowie die Künste beschäftigen, je unterschiedlich, natürlich). Ich halte mich zunächst an einige in der Soziologie Niklas Luhmanns, etwa in seinem Buch *Die Gesellschaft der Gesellschaft*,[9] genauer bestimmte Kategorien.

Zunächst geht es um die Einheit des Verschiedenen, die im Rahmen einer Theorie der Differenzierung behandelt wird. Für die ‚moderne' Gesellschaft, die mit der Einführung des Buchdrucks beginnt und mit der Einführung des Computers endet, geht Luhmann von einer Differenzierung der Gesellschaft in die drei Systemtypen ‚Interaktion', ‚Organisation' und ‚Gesellschaft' aus, wobei sich die Gesellschaft (als ein eigenes und von Interaktion und Organisation in spezifischen Hinsichten unabhängiges Sozialsystem) wiederum in die so genannten Funktionssysteme ‚Wirtschaft', ‚Politik', ‚Recht', ‚Religion', ‚Kunst', ‚Wissenschaft', ‚Erziehung' und mögliche weitere (‚Gesundheit', ‚Sport', ‚Fürsorge') differenziert.

Für die Zwecke des Theaters lässt sich jedes dieser Systeme als eine Wette auf die Möglichkeit einer sozialen Ordnung verstehen und daraufhin überprüfen, ob diese Wette noch gilt und wer oder was mit welchen Einsätzen auf sie setzt. Man beschreibt die ‚Postmoderne' vielfach als eine Epoche der Entdifferenzierung dieser Systeme, die sich in ‚Netzwerke' auflösen. Tatsächlich ist jedoch nicht ausgemacht, ob diese Netzwerke nicht vielmehr eine neue und raffinierte und komplexere Form der Realisierung dieser Systeme und damit sowohl ihrer Gestaltung nach innen wie auch ihrer Verbindung untereinander sind.

Jede einzelne Überprüfung dieser Systemwetten richtet sich immer zugleich darauf, ob und wie das System noch funktioniert, und darauf, wieweit die Unterscheidung der Systeme noch trägt. Das Theater ist wegen seiner eigenen Gebundenheit an soziale Systeme der Interaktion, das heißt an einen Systemtyp, der an die Bedingung der wechselseitigen Wahrnehmung der Anwesenden gebunden ist, häufig geneigt, a) die Interaktion für das Maß aller Dinge zu halten, b) die Gesellschaft entweder als den fernen Zusammenhang von Schicksal und Entfremdung oder aber sozialutopisch selbst als Interaktion zu interpretieren und c) bei alldem nach Möglichkeit auszublenden, dass es auch den Systemtyp der Organisation gibt, der Anwesende und Abwesende als ‚Mitglieder' (‚Funktionäre', ‚Angestellte', ‚Arbeiter') in Anspruch nimmt und dabei sowohl Regeln der interaktiven, mehr oder minder zivilen Geselligkeit als auch Chancen der ungebundeneren Bewegung in der Gesellschaft missachten kann. Das heißt, das Theater glaubt zunächst einmal systematisch nicht an die genannte Differenzierung und ist damit sowohl in der problematischen Situation einer bestimmten analytischen Blindheit als auch in der günstigen Situation, anders, ‚unpassend', zu beobachten, was sich in der Gesellschaft abspielt.

Die Interaktion ist ein soziales System, das, wie gesagt, durch die wechselseitige Wahrnehmung der Anwesenden strukturiert ist (und dem freisteht, auch Abwesende *wie* Anwesende zu behandeln) und daher typischerweise zwischen der Akklamation von Nähe und Wärme einerseits und der Kritik von Beengung und Gewalt andererseits oszilliert.

Für das Theater ist interessant, dass immer beides gilt, die Nähe ist gewalttätig und die Beengung wärmt. Wie wird diese strukturelle Spannung (die das System lebendig erhält) von einzelnen Interaktionssystemen eingerichtet, aufrechterhalten, ausgehalten und ausgenutzt? Wie steht es um die Interaktion in der Liebe, in der Ehe, in der Familie, im Betrieb, auf der Straße, in der U-Bahn, in der Kirche, im Parlament, in der Kneipe, im Museum und nicht zuletzt im Theater? Welche Entfaltungsspielräume und Entfaltungszwänge gibt es hier jeweils für die Individuen, mit welchen Wahrnehmungen wird jeweils gearbeitet und welche werden ausgeblendet, wie bestätigt sich die Interaktion als das, was sie ist, und wie bringt sie sich auf neue Ideen? Als soziale Akteure kennen wir alle Antworten auf jede einzelne dieser Fragen. Aber wir kennen sie, ohne um sie zu wissen. Wir bewegen uns in den entsprechenden ‚Feldern', die an unserer Stelle wissen und deren Fingerzeigen wir gelernt haben zu folgen. Das Theater kann hier überall genaue Fragen stellen und an gutmütigen wie bösartigen, ironischen wie übermütigen, ermutigenden wie verzweifelten Beschreibungen arbeiten.

Die Organisation ist ein Systemtyp, der dadurch zustande kommt, dass Mitglieder rekrutiert werden (das heißt mit der Möglichkeit eingestellt werden, sie auch wieder zu entlassen), die in der Regel gegen Bezahlung (das heißt eine in der Regel abstrakte Gegenleistung) akzeptieren, an Entscheidungen teilzunehmen, sie auszuführen und selber zu treffen, die im Vorhinein noch nicht inhaltlich im Einzelnen bestimmt, sondern nur im Rahmen bestimmter Kompetenzen beschrieben werden. Das bringt jede einzelne Organisation in die ‚unwahrscheinliche' (Konstruktivismus) und ‚unmögliche' (Dekonstruktion) Lage, Entscheidungen zu treffen und auszuführen, für die es kein anderes Motiv als vorherige und nachherige Entscheidungen gibt. Natürlich wird diese Selbstbezüglichkeit durch gesellschaftliche Aufträge, Gewinnziele, den Sinn der Arbeit, den Spaß am Team und so weiter bemäntelt (beziehungsweise angereichert), aber dass die Selbstbezüglichkeit primär ist, merkt man daran, dass die Aufträge und so weiter ausgewechselt werden können, der Bezug jeder einzelnen Entscheidung auf andere Entscheidungen desselben Systems jedoch unverzichtbar ist.

Was lässt sich unter welchen (gesellschaftlichen und psychischen) Bedingungen aus diesem und mit diesem Systemtyp machen: Jagdgesellschaften, Kreuzzüge, Kirchen, Behörden, Schulen, Fabriken, Gefängnisse, Konzentrationslager und Theater? Wie funktionieren diese Organisationen jeweils ähnlich und unterschiedlich? Wieso faszinieren sie ihre Mitglieder? Und wie halten ihre Mitglieder sie aus? Wie kann eine einzelne Entscheidung motiviert werden? Was wird zur Routine und was entzieht sich (routiniert) jeder Routine? Wie unterscheidet sich die Führung einer Organisation vom tonangebenden Verhalten in einer Interaktion? Was heißt Management? Wieso tendiert jede Organisation zur Bürokratie? Und so weiter und so fort. Ein Theater der Organisation gibt es nur rudimentär, wenn überhaupt. Und dies, obwohl wir alle, sofern wir einen Arbeitsplatz haben, unsere Tage (und viele Abende) in einer Organisation verbringen, von Organisationen politisch gelenkt werden, von Organisationen wirtschaftlich versorgt werden, von Organisationen verurteilt und eingesperrt werden, von Organisationen erzogen und ausgebildet werden, von Organisationen mit Information, Unterhaltung und Werbung versorgt werden. Auch hier wissen wir alles darüber, sobald wir in den entsprechenden Situationen stecken, und können mehr oder minder subtil mit den Formen der Individualisierung umgehen, die uns Organisationen abverlangen – aber sobald wir gefragt werden, wissen wir nicht, was wir gerade noch bewältigt haben.

Von Gesellschaft zu reden, ist schon deswegen sinnvoll, weil damit festgehalten wird, dass es sowohl für Interaktionen als auch für Organisationen ein Jenseits gibt. Man kann sich, zum Beispiel lesend oder fernsehend oder im Internet surfend, in der Gesellschaft bewegen, ohne im eigenen Verhalten an Organisation oder Interaktion gebunden zu sein. Und das heißt umgekehrt, dass sich Interaktionen und Organisationen immer daraufhin unter Druck sehen, dass man ihnen ausweichen kann. Nur deswegen müssen sie versuchen, hinreichend attraktiv zu sein. Nur deswegen können sie darauf angewiesen sein, Zwänge zu entwickeln, die von moralischen Appellen über die Ausbeutung von Emotionen bis zum Einsatz von Gewalt reichen. Sich im Rahmen einer Differenzierungstheorie zu bewegen heißt, das Geschehen auf beiden Seiten der Differenz im Hinblick auf beide Seiten der Differenz zu beobachten und zu beschreiben. Die Interaktion kann nur sein, was sie ist (zum Beispiel ‚menschlich'), weil es gleichzeitig Organisationen und Gesellschaft gibt (in denen es entsprechend ‚kalt' und ‚anonym' zugeht). Die Organisation kann nur sein, was sie ist (zum Beispiel ‚effizient' und ‚rational'), weil es gleichzeitig Interaktion und Gesellschaft gibt (in denen es entsprechend ‚umständlich' und ‚unberechenbar' zugeht). Die Gesellschaft kann nur sein, was sie ist (zum Beispiel ‚kultiviert'), weil es gleichzeitig Interaktion und Organisation gibt (in denen es entsprechend ‚hemmungslos' und ‚engstirnig' zugeht). Jedes einzelne System beschreibt die eigenen Vorzüge im Licht der Nachteile der anderen, und die Gesellschaft, die ein eigenes System ist, nicht etwa das Supersystem aller Interaktionen und Organisationen, muss das aushalten und ermöglichen.

Die Gesellschaft selbst ist jedoch nichts anderes als die Möglichkeit, eine Kommunikation fortzusetzen beziehungsweise an eine Kommunikation anzuschließen. Sie ist kein eigener und alles regelnder Ordnungszusammenhang – beziehungsweise sie ist dieser eigene und alles regelnde Ordnungszusammenhang nur exakt insofern, als sie Regeln für die Fortsetzung und Anschließbarkeit von Kommunikation vorhält, erwartbar macht und ausprobiert, die in konkreten Situationen abgerufen werden können, aber nicht müssen.

In der Regel (!) laufen diese Regeln unter dem Stichwort ‚Kultur'. Kultur definiert, so Mary Douglas, wovon ich mich überraschen lasse und wovon nicht, und welches Repertoire ich habe, mit einer Überraschung aversiv, kreativ oder sonstwie selektiv umzugehen.[10] Man könnte von einem Theater träumen, das uns nicht nur zu überraschen vermag (das auch), sondern das uns vorführt, wovon beziehungsweise wie wir uns überraschen lassen und wovon beziehungsweise wie nicht, und das Situationen dann hinreichend variiert, um dort, wo keine Überraschung ist (in der Ehe?), wieder eine Überraschung einzuführen, und dort, wo nur noch Überraschungen sind (an der Börse?), zu zeigen, welchen Routinen sie folgen. Die Pointe daran läge jedoch nicht im Erstaunen über die Überraschung (oder in der Beruhigung oder Frustration, je nach Temperament, wenn sie ausbleibt), sondern im Aufzeigen dessen, was sich in einer Überraschung zu vernetzen versteht, das heißt, welche Verbindungen in einer Überraschung jeweils gesellschaftlich geknüpft werden. Eine Fragestellung dieser Art setzt eine gewisse analytische Tiefenschärfe voraus, weil scheinbar kompakte Situationen (bestehend aus Gewohnheiten, Gefühlen, Identitäten, Befürchtungen, Zwängen und Hoffnungen ...) wieder aufgelöst werden müssen, um aus einem dieser Elemente einen neuen Funken schlagen zu können – getreu der Regel, dass eine Situation nicht überrascht wird, sondern sich nur selber überraschen kann.

Man kann sich leicht vorstellen, dass zu jedem einzelnen Funktionssystem lange Kommentare geschrieben werden können. Darauf kann ich hier verzichten, weil die Richtung und Typik der Fragestellung bereits deutlich geworden sein dürfte. Außerdem ist das Theater, das wir kennen, nämlich das europäische, in wesentlichen Zügen durch die Geschichte der Ausdifferenzierung der Funktionssysteme seit den Griechen, die es zum ersten Mal mit der Eigendynamik von Wirtschaft (‚Chrematistik' versus ‚Ökonomie') und der Eigendynamik von Politik (‚Tyrannei' versus ‚Demokratie') zu tun bekamen, geprägt. Vermutlich verdankt sich das Theater selbst ebenfalls dieser Geschichte, wenn man der These folgt, dass Theater und Markt jene beiden ‚worlds apart' sind,[11] die alle anderen, die der Religion, der Erziehung, der Politik, des Rechts und der (sonstigen?) Kunst, sich zum Vorbild nahmen. Jedenfalls fragen sich Dutzende von Theaterstücken, was man mit einer Zahlung (Wirtschaft), mit einem Befehl (Politik), mit einer Wahrheit (Wissenschaft), mit einer Liebeserklärung (Liebe), mit einem Gebet (Glauben), mit Lob und Strafe (Erziehung), mit einer schönen Form (Kunst) erreichen kann und was nicht; und gehen Dutzende von Theaterstücken der Frage nach, welche Wirkungen Schulden, Ungehorsam, Unwahrheit, Untreue, Unglauben, (antiautoritäre) Gleichgültigkeit und Hässlichkeit haben. Die Karten sind hierzu verteilt und vielfach ausgespielt. Das muss jedoch nicht heißen, dass sie nicht neu gemischt und anders gespielt werden könnten. Bereits der Versuch, dramaturgisch genauer herauszuarbeiten, dass die Faszination und Fatalität der gesellschaftlichen Möglichkeiten der Funktionssysteme in der Interaktion und in der Organisation zwar beeindrucken und erschrecken, aber in diesen nicht gesichert oder gestoppt werden können, wäre neue Inszenierungen alter Theaterstücke und neue Theaterstücke wert.

Neben der Theorie der Differenzierung geht es zweitens um die Frage der Entwicklung des Sozialen, die heute nicht mehr im Rahmen einer Philosophie und Theorie der Geschichte, sondern im Rahmen einer Theorie der Evolution gestellt wird. Das ist eine für das Theater, soweit ich sehe, in dieser Form unbekannte Fragestellung, die sich jedoch vor allem im Rahmen der Dramaturgie von Neubearbeitungen alter Stücke eventuell zu stellen lohnt. Die Evolutionstheorie, von der hier die Rede ist, ist nicht die darwinistische des ‚survival of the fittest' (obwohl man auch über diese noch einmal nachdenken könnte), sondern die neodarwinistische, die im Wesentlichen formuliert, dass die Entwicklung einer Spezies, einer Population oder eben auch eines Systems, wenn dieses aus einer hinreichend lose gekoppelten Menge von Elementen besteht, dem Zusammenspiel von drei Mechanismen folgt: den Mechanismen der Variation, der Selektion und der Retention.

Von einer Variation ist unter den Bedingungen sozialer Systeme, das heißt mit Blick auf die Fortsetzung von Kommunikation, immer dann die Rede, wenn jemand ‚Nein' sagt und damit einen Konflikt anbietet. So häufig dies alltäglich der Fall zu sein scheint, so selten ist es tatsächlich. Es erscheint uns nur als häufig, weil wir uns angewöhnt haben, ständig damit zu rechnen und alle Aufmerksamkeit einem Nein zu widmen, wenn es tatsächlich vorkommt. Das kann auch gar nicht anders sein, denn jedes Nein bedroht die Verhältnisse, gleichgültig, ob damit das Angebot eines weiteren Glases Wein abgelehnt wird (ein das Nein begleitendes ‚danke' muss dann klarmachen, dass das Nein nicht den

Konflikt sucht), einem Befehl der Gehorsam verweigert wird, ein Kaufangebot zurückgewiesen wird oder der Frieden aufgekündigt wird. Was wissen wir über das Nein? Wie oft kommt es vor – und wird fast immer überhört? Welchen Mut braucht man, um Nein zu sagen? Wie kann man zu diesem Mut ermutigen, wenn von vielen Sozialsystemen, insbesondere von organisierten Sozialsystemen (Unternehmen, Behörden, Universitäten, Kirchen, Armeen) inzwischen hinreichend deutlich ist, dass sie Mittel und Wege finden müssen, sich zur Evolution zu befähigen?

Diese Fragen leiten zum zweiten Mechanismus der Evolution über, zum Mechanismus der Selektion. Im Grunde genommen wissen wir von Variationen nur, wenn und insofern wir über Möglichkeiten verfügen, positiv oder negativ auf sie zu reagieren, das heißt: mit ihnen als Anregung einer Änderung, so harmlos oder konfliktreich diese daherkommen mag, umzugehen. Ohne Selektion keine Variation; beziehungsweise ohne Selektion nur Veränderungen, die eintreten oder nicht und zu einer weiteren Entwicklung führen oder nicht. Die Evolutionstheorie ist jedoch keine bloße Theorie der Veränderung und Entwicklung, sondern eine Theorie des Unterschieds, den die Differenz von Variation und Selektion (sowie Retention) für die Entwicklungsfähigkeit eines Systems ausmacht. Hier nähern wir uns für das Theater einschlägigen Fragestellungen, weil die Dramaturgie, die das Theater interessiert, eine Dramaturgie des Umgangs mit Konflikten, ihrer Zündung, ihrer Ausbeutung, ihrer Beilegung ist, und weil sich keine Geschichte weder des Dramas noch der Komödie erzählen ließe, ginge es nicht um die Inszenierung der Art und Weise, wie in sozialen Situationen das Nein und der Umgang mit dem Nein inszeniert, das heißt vorgeschlagen, ausprobiert, zurückgenommen, unterstrichen, abgeschwächt und abgelenkt wird.

Aber wer wüsste schon zu zeigen, dass diese Selektionsdramaturgie im Umgang mit Variationen weniger diesen gilt, als vielmehr der oft nur sehr schwer zu beantwortenden und deswegen vielfach beunruhigenden Frage danach, wie man eine positiv selegierte Variation, obwohl sie eine Variation ist, so in eine Situation, ein System oder was immer einbauen kann, dass dieses nach und mithilfe der Variation restabilisiert werden kann? Der Mechanismus der Retention beziehungsweise Restabilisierung wird nicht erst aufgerufen, wenn die Selektion bereits entschieden ist, sondern er informiert die Selektion darüber, wie sie mit der Variation umgehen kann, soll und muss. Das ist deswegen so schwer zu zeigen, weil in diese Arbeit der Restabilisierung die oft verzweigteste und intuitivste Kenntnis der Situation oder des Systems eingeht, so dass Leute sich selbst dabei zuschauen, dass sie negativ (oder positiv) auf eine Variation reagieren, ohne so recht zu wissen, warum. Sie wissen nicht, was sie wissen, und reagieren trotzdem oder vielleicht auch nur deswegen angemessen. So viele ‚Bedenken', von denen umgangssprachlich die Rede ist, so viel ‚Zögern' und ‚Bremsen', über das man sich vor allem Institutionen gegenüber so oft beklagt, hat nichts mit der vorgeschlagenen Variation selber, aber sehr viel mit den Problemen der Restabilisierung zu tun. Was wissen wir darüber, im Fall der Evolution von Familien, Freundschaften, Unternehmen, Projekten? Was kann man davon auf der Bühne zum Thema machen? Wie kann man zeigen, welche Sensibilität (auch wenn deren Resultate vielfach missfallen) in sozialen Situationen steckt, in denen Variation, Selektion und Retention aufeinander abgestimmt interagieren? Und was kann hier für die Abstimmung verantwortlich gemacht werden, wenn wir selbst, unsere Sinne und unser Verstand, soweit wir uns ihrer bewusst sind, dafür sicherlich nicht verantwortlich gemacht werden können?

Neben der Theorie der Differenzierung und der Theorie der Evolution geht es drittens um die fast klassisch kantische Frage nach den Bedingungen der Möglichkeit von Kommunikation. Diese Frage ist nur deswegen nicht wirklich kantisch, weil sie nicht mit Verweis auf transzendentale, sondern nur mit Verweis auf empirische Bedingungen beantwortet wird. Vor allem aus diesem Motiv heraus ist die Rede von einer ‚Naturwissenschaft der Gesellschaft' und ‚Kognitionswissenschaft des Sozialen' gerechtfertigt. Denn so nachvollziehbar uns noch die Rede von der Differenzierung und der Evolution des Sozialen scheint, so schwierig wird es, wenn wir uns vorstellen müssen, dass diese Differenzierung und diese Evolution nicht etwa immer schon da sind und sich gnädig hinter unserem Rücken realisieren oder dass sie selbst ein Ergebnis von Differenzierung und Evolution sind (was stimmt), um das wir uns schon deswegen keine Sorgen zu machen brauchen (was nicht stimmt), sondern dass sie von ‚uns' in jeder ‚unserer' Kommunikationen realisiert werden müssen und anders nicht existieren würden.

Nur und ausschließlich dieser Punkt rechtfertigt es, diese andernfalls rein soziologischen Überlegungen überhaupt, wie hier, an das Theater heranzutragen. Denn das Theater, in etwas schwächerer Form auch das Kino, ist der Ort schlechthin, an dem die Kommunikation der Gesellschaft sich der Kommunikation der Gesellschaft präsentiert. Das Kino ist dies nur in schwächerer Form, weil der Film jeweils fertig ist, wenn er gezeigt wird, weil das Publikum in ein gnädiges Dunkel gehüllt ist (und so Schwierigkeiten hat, neben seinen Emotionen auch seinen Intellekt zu gebrauchen), und vor allem, weil vom Produktionszusammenhang, das heißt von einer ihrerseits riskanten Kommunikation, keine Spur übrig ist (zum Leidwesen von Regisseuren wie Jean-Luc Godard). Auch das Theater verfügt über seine das Publikum außen vor haltenden Inszenierungstricks. Aber diese Inszenierungstricks sind nicht technisch zur Einwegkommunikation verdichtet wie im Fall des Kinos, sondern sind, abgesehen von ihrer Zuspitzung auf die ‚Kunst' des Theaters, dieselben Tricks, die auch in jeder sozialen Situation benutzt werden.

Immerhin kann man sagen, dass jede soziale Situation nach der Einsicht von Erving Goffman durch die Differenz von Darstellung (performance) und Publikum (audience) bereits minimal und maximal strukturiert ist und sich daher, dann allerdings zuweilen dramatisch, nur darin unterscheidet, wie oft, wie rasch und wie problemlos alle Beteiligten zwischen den Rollen der Darstellung und des Publikums hin und her switchen können.[12] Von allen anderen sozialen Situationen unterscheidet sich das Theater ‚nur' darin, dass hier das ‚taking the role of the other' (George Herbert Mead)[13] durch die Einrichtung des Orchestergrabens aufgehalten wird und deswegen das Publikum in die andernfalls nicht zu haltende Rolle gebracht wird, sich (unbeteiligt) das ‚taking the role of the other' zwischen den Akteuren auf der Bühne anzuschauen. Das ist die Voraussetzung dafür, dass die Kommunikation studiert werden kann, im Hinblick darauf, was an ihr mitreißend, ermüdend, beunruhigend oder befriedigend ist. An der ‚Unterbrechung der Handlung zur Geste' (Walter Benjamin)[14] erkennt das Publikum die Kommunikation.

Die menschliche Anatomie

Das Theater ist von der Komplexität dieser Kommunikation gegenwärtig hoffnungslos überfordert und flüchtet sich schon deswegen in alle möglichen Formen der kultischen Vereinfachung auf Körper, Jugend, Medien und Klamauk. Diese Überforderung gilt es jedoch auszuhalten und auf die Bühne zu bringen. In ihr konvergiert die Einsicht der gegenwärtigen Gesellschaft, dass sich in und mit der Kommunikation mikrologisch wie makrologisch (also ‚selbstähnlich' beziehungsweise ‚fraktal': Bestimmte Struktureigenschaften des Sozialen wiederholen sich auf allen Ebenen und in allen Situationen) alles entscheidet. Diese Einsicht wird umso schärfer formulierbar, je deutlicher anhand der beiden Themen Ökologie und Individualisierung Grenzen der Kommunikation ins Auge gefasst werden können. Die Natur als ein Opfer dieser Gesellschaft, die ein Wachstum der Weltbevölkerung mitträgt, das der Erde kaum noch eine Chance lässt, und das Individuum als Welt für sich, die, hochgradig fragil, dennoch gegenüber aller Kommunikation eine Außenposition behält, sind die beiden realen Fluchtpunkte, von denen aus die Gesellschaft noch am ehesten insgesamt in den Blick zu nehmen ist. Sie sind daher auch die beiden Fluchtpunkte, von denen aus eine Naturwissenschaft der Gesellschaft und eine Kognitionswissenschaft des Sozialen formuliert werden können, insofern diese die Natur der Gesellschaft für eine besondere halten und das Soziale für eine Form der Kognition unter anderen. Dieser Einsicht kann sich das Theater anschließen wie keine andere Form der Kunst, weil der Raum des Theaters durch Kommunikation nie vollständig zu beschreiben ist und weil sich auf der Bühne die Individuen tummeln, die an sich, an ihren Körpern, an ihren Gesten, an ihrer Sprache, vorzuführen vermögen, wie weit die Kommunikation reicht und wo sie ihre Grenze hat. Das Theater ist selbst ein ökologischer Raum, in dem das Verschiedenartige in seiner Unvereinbarkeit und Vereinbarkeit nebeneinandersteht und eine Nachbarschaft pflegt, deren Gegenwart und Vergangenheit uns um so rätselhafter werden, je mehr wir uns einzugestehen in der Lage sind, wie wenig wir über seine Zukunft wissen.

Wir lassen es bei dieser Themenliste bewenden. Alles Weitere, die konkretere Beschreibung von Systemen, Kulturen und Netzwerken, kann und muss ab hier der Projektarbeit überlassen werden.

Ich hätte mich, mit einem Wort von Antonin Artaud (‚Den Schauspieler verrückt machen', in: *Letzte Schriften zum Theater*), auch kürzer fassen können:[15]

> Das Theater
> ist der Zustand,
> der Ort,
> die Stelle,
> wo die menschliche Anatomie begriffen
> und durch diese das Leben geheilt und registriert werden kann.

Aber dann wäre es schwierig geworden, plausibel zu machen, dass das Theater bereits hinreichend damit beschäftigt ist, durch die menschliche Anatomie das Leben zu registrieren. Mit der Heilung ist es überfordert. Die Hoffnung auf Heilung spielt bereits mit dem Wahnsinn. Es genügt, dass sich das Theater, mit dem Titel des Beitrags von Artaud, damit abfinden muss, dass es den Schauspieler verrückt macht.

KUNST UND KULTUR DES THEATERS

Wie rechnet das Theater?

Mit welcher gesellschaftlichen Praxis haben es Kunst und Kultur des Theaters heute zu tun? Wir versuchen, uns einer möglichen Antwort auf diese Frage formtheoretisch zu nähern, das heißt auf dem Weg einer Suche nach dem Rechenmodus, den das Theater in der Gesellschaft bedient. Die Hintergrundannahme für dieses Vorgehen ist zunächst nur diejenige, dass das Theater, auch und gerade in der Form seiner ästhetischen Autonomie, einen Anteil daran hat, wie die Gesellschaft ihre sozialen Anschlüsse organisiert. Dieser Annahme korrespondiert ein Theorieansatz, der den mathematischen Begriff der Form dazu einsetzt, der Frage nachzugehen, wie ein sozialer Anschluss funktioniert. ‚Form' soll hierbei jede Art eines Zusammenhangs heißen, der seine Struktur durch eine Unterscheidung bekommt und in seiner Operation davon abhängt, dass und wie diese Unterscheidung getroffen wird.[1] Im Wesentlichen handelt es sich dabei um einen Zusammenhang von Einschluss und Ausschluss, das heißt um eine Paradoxie, die den Beobachter verwirrt, wenn nicht sogar blendet, und zum kreativen Handeln zwingt.[2]

Der doppelte Bezug auf einen gesellschaftlichen Kontext und auf einen spezifischen Theorieansatz erlaubt es uns, die Frage nach Kunst und Kultur des Theaters zunächst zu trennen und erst anschließend wieder zusammenzuführen. Wir unterscheiden am Theater eine Kunst und eine Kultur und behaupten diese Unterscheidung als Struktur eines Zusammenhangs, in dem all das operiert, was sich Theater nennt. Die im Formbegriff enthaltene Paradoxie lässt uns damit rechnen, dass wir bei unserer Untersuchung als theoriegeleitete, theorieversicherte Beobachter etwas zu sehen bekommen, was die Beobachter im Feld weder sehen noch sehen können. Unsere Beobachtungsperspektive divergiert demnach von jener der Teilnehmer an der sozialen Praxis des Theaters. Wir sehen etwas, was diese nicht sehen. Der Preis dafür ist, dass wir nicht theatralisch, sondern nur theoretisch, wissenschaftlich handeln können, während die Beobachter im Feld, konfrontiert mit der Paradoxie, von dieser sofort absehen müssen, um stattdessen: theatralisch zu handeln.

Die Kunst des Theaters

Beginnen wir mit der Kunst des Theaters. Worin besteht sie und was leistet sie – gesellschaftlich und formal? Halten wir uns daran, nicht ohne Risiko, dass Kunst ästhetisch bestimmt ist, so hat alle Kunst es mit der Adressierung jener Sinne zu tun, die von der Gesellschaft, da sie das

Individuum ihr gegenüber distanzieren, nur höchst selektiv und grundsätzlich mit einer gewissen Tendenz zur Abwertung zur Kenntnis genommen werden. Die Gesellschaft sichert ihre Anschlüsse kommunikativ, das heißt mit dem Blick auf das Einsteuern jener individuellen Impulse, mit denen andere Individuen etwas anfangen können, ohne sich auf die unendlichen Innenhorizonte jedes einzelnen Individuums, seines Bewusstseins und seines Körpers, einlassen zu müssen.

Das zumindest liegt auf der Hand, seit die Ästhetik des 18. Jahrhunderts auf das Skandalon der Entdeckung der individuellen Differenz und Intransparenz mit der Erfindung jenes Begriffs des ‚Schönen' (und das 19. Jahrhundert ergänzt: Warum nicht auch des ‚Hässlichen'!) und jener Suggestion eines ‚Gemeinsinns' (Kants sensus communis) reagiert, die dem Individuum, wenn es schon seinen Eigensinn hat, vorzugeben versuchen, wie es darüber reden kann, was es bei der Betrachtung eines Bildes, dem Erleben eines Musikstücks oder eines Theaterstücks und dem Lesen von Romanen und Gedichten erlebt.[3]

Der Trick der Kommunikation ist nicht ohne Perfidie, aber auch nicht ohne eine sich alsbald gegen die Kommunikation wendende Ironie, wie die Romantik des 19. Jahrhunderts herausfindet: Dem Individuum wird seine individuelle Abweichung unter den Gesichtspunkten seines ‚Witzes' und seines ‚Genies' konzediert, wenn es nur damit einverstanden ist – und wie könnte es sich dem entziehen? –, dass es die Gesellschaft ist, die über Genie und Witz entscheidet.[4]

Die Kunst ist eine soziale Praxis, die davon lebt, dass der Streit zwischen dem individuellen Eigensinn und der gesellschaftlichen Dramaturgie der Anschlüsse je unentscheidbar ist.[5] In präziser parasitärer Operation versucht sie sich der Relation zwischen Individuum und Gesellschaft an jenem Punkt zu bemächtigen, wo diese Relation nur als Differenz zu bewerkstelligen ist.

Klassisch leistet sie dies in den Formen des Schönen und Erhabenen,[6] die das Individuum Dinge erleben lassen, von denen sich die Gesellschaft im wahrsten Sinne des Wortes keine Vorstellung machen kann, die jedoch gleichzeitig die gerade noch distanzierte Gesellschaft unter den Gesichtspunkten des Idealen, auf das das Schöne verweist, und der Natur, auf das das Erhabene verweist, wieder ins Spiel bringen, sei es in der Form der Utopie oder in der Form jener Angst, die der Verweis auf die Natur in uns auslöst, wenn er nur ambivalent genug, zwischen Tod und Leben oszillierend, gehalten wird.

Aktuell leistet sie dies in der nur scheinbar harmloseren Form der Produktion von Erlebnissen des Stimmigen und Unstimmigen,[7] die tatsächlich tief eingelassen ist in jene soziale Logik der rivalisierenden Imitation,[8] mit deren Hilfe wir uns unserer Wünsche und Wahrnehmungen, unserer Identität und Authentizität, unserer Hoffnungen und Befürchtungen, unseres Eigensinns und unserer Gemeinschaftsfähigkeit vergewissern.

Das Theater steckt mitten drin in diesem Unterfangen der Kunst, das Individuum in seiner Differenz zu stärken, um es so nur umso verlässlicher zurückzuholen in die Milieus, in denen es für diese Differenz mit Respekt und Anerkennung, mit Neugier und zusätzlichen Angeboten rechnen kann. Durch und durch „Versuch",[9] adressiert das Theater den Körper der Darsteller wie den Körper des Publikums, um zu schauen, wie im Kontext der anderen Körper, im Kontext von Sprache und Licht, im Kontext anderer Medien und anderer Orte variabilisiert werden kann, was in der Gesellschaft und für jedes einzelne Individuum nur als Konstante der Selbstverortung und Selbstvergewisserung in Anspruch genommen wird. Scheinbar unterwegs, um diesen Körper seiner Wirklichkeit zu versichern, nimmt das Theater längst Teil an der Lust der Individuen, sich in Reden und Schweigen, in Tanz und Akrobatik, in Videosequenzen und in Computerbildschirme zu verflüchtigen, um so nur umso überraschender das eigene Gewicht zu inszenieren, sowie an der Not der Gesellschaft, dem Individuum hier nachzustellen und ihm jene Attraktionen zu bieten, aus denen soziale Formen gewonnen werden können.

Jedes Theaterstück, jede Inszenierung, ist unter dem soziologischen Gesichtspunkt der Kunst der Gesellschaft[10] ein mehr oder minder subtiler Balanceakt, der das Individuum mit allen seinen Sinnen und geschützt durch seine mehr oder minder unangetastete Publikumsrolle in jene Gesellschaft wieder einschließt, aus der es sich qua Wahrnehmung, das heißt qua eines nur ihm selbst einsehbaren Rekurses auf sich selbst, nur deswegen ausschließt, um über den eigenen Einschluss noch irgendeine Form der autonomen Entscheidung zu haben. Was hier als autonom gilt und was nicht, ist Gegenstand einer dauernden Auseinandersetzung zwischen Individuum, Kunst und Gesellschaft, die allesamt so sehr ineinander verwickelt sind, dass sie dieselbe Autonomie, um die sie erbittert kämpfen, zugleich als Illusion erkennen.

Die Kultur des Theaters

Was hat die Kultur des Theaters damit zu tun? Um diese Frage beantworten zu können, muss man fast unzumutbar scharf hinschauen. Geht man davon aus, dass die Kultur, so zumindest ihre wiederum soziologische Beobachtung,[11] eine Form des Gedächtnisses der Gesellschaft ist, in dem laufend darüber debattiert und entschieden wird, was in dieser Gesellschaft als korrektes Denken und Verhalten gilt und was nicht (und dies unter der als ‚kulturell' geltenden Annahme, dass die Korrektheiten und Inkorrektheiten von gestern die Inkorrektheiten und Korrektheiten von heute sein können), dann wird in der Kunst im Allgemeinen und im Theater im Besonderen die Auseinandersetzung zwischen der Wahrnehmung des Individuums und der Kommunikation der Gesellschaft nicht einfach dem evolutionären Selbstlauf überlassen, sondern mithilfe der dauernden Provokation sowohl stimuliert als auch kanalisiert, die eine Wahrnehmung als falsch und die andere als richtig, die eine Kommunikation als falsch und die andere als richtig zu behaupten.

Die Kultur ist die Form, in der die Evolution der Gesellschaft auf sich selbst reagiert und jene zusätzlichen Selektionsebenen (negative Selektion des ‚Falschen', positive Selektion des ‚Richtigen') einführt, die ihrerseits zum Anlass von auf sie bezogenen mehr oder minder kreativen Variationen werden können. Auf diese Art und Weise, paradox genug, wird sichergestellt, dass nicht die Kultur selegiert, was sich durchsetzt, sondern die Gesellschaft, die ihre eigenen und oft uneinsehbaren Ansichten dazu hat, was falsch und was richtig ist.

Wenn die Kunst des Theaters die Intransparenz der Wahrnehmung auslotet, so die Kultur des Theaters den Zumutungsgehalt der Normen der Gesellschaft. Schwer zu sehen ist das, weil wir es nicht gewohnt sind, bereits unsere Wahrnehmung als normativ verfasst, als besetzt durch Zurichtungen des Falschen und des Richtigen, zu sehen, sondern glauben, wenn irgendwo, dann seien wir nur hier wirklich frei. Tatsächlich erkennen wir das Ausmaß unserer kulturellen Formatierung nur in dem Maße, in dem wir erkennen, wie wenig von dieser Freiheit die Rede sein kann. Das ist der erste Schritt, sich in den oben genannten Streit um die Autonomie verwickeln zu lassen, in dem die Emanzipation von Prägungen und die Unterwerfung unter die Hilfsmittel der Emanzipation, das heißt eine neue Prägung, Hand in Hand gehen.

Daraus gewinnt auch die Kultur ihre operativ notwendige Ambivalenz. Auch sie kann nur dann das eine als korrekt und das andere als inkorrekt behaupten, ganz zu schweigen vom Interesse an der Variabilität dieser Zuordnungen, das das kultivierte Bewusstsein und die zivile soziale Form auszeichnet, wenn es zunächst einmal eine Sensibilität für diese Frage geweckt hat. Deswegen verweigern sich traditionale Formen der Gesellschaft – um den Preis ihrer Musealisierung unter Gesichtspunkten zunächst des Exotischen, dann der Folklore – ihrer Beobachtung und Thematisierung als Kultur, weil sie wissen, dass mit dieser Beobachtung und Thematisierung das Drama eines nicht mehr zu stoppenden Vergleichs des Richtigen mit dem Falschen einen Anfang nimmt, der irgendwann nur noch als Sündenfall zu werten ist.

Kultur provoziert nicht nur historisch und regional mit der Zumutung, das Unvergleichbare als vergleichbar, sondern darüber hinaus sozial mit der Zumutung, das Unverhandelbare als verhandelbar zu erkennen und das Richtige als falsch und das Falsche als richtig zumindest in Rechnung stellen zu können. Wie aber soll beides zusammen möglich sein? Wie soll man kulturelle Selbstverständlichkeiten variabilisieren und zugleich als Konstante würdigen können? Die Kultur bewältigt dieses Kunststück, indem sie sich laufend auf eine Gesellschaft beruft, die sie gleichzeitig dem Blick entzieht. Es gilt als selbstverständlich, was sich bewährt hat. Aber was sich bewährt hat, wird nicht als Produkt sozialer Praxis und Konstruktion zur Kenntnis genommen, sondern als Ausdruck von Werten und Normen, die man nicht in Frage stellt, wenn man nicht riskieren will, noch mehr über Werte und Normen streiten zu müssen, als dies ohnehin bereits der Fall ist. Das heißt, man unterstellt die normative Richtigkeit von Kultur, weil in ihr die Möglichkeit der Unterstellung von Werten verankert ist, die Luhmann für das Kommunikationsmedium Werte als typisch beschrieben hat,[12] und überlässt es der gesellschaftlichen Evolution, die Werte, die sich auf jeweils temporär bewährte Weise unterstellen lassen, untereinander auszutauschen.

Das entzieht jedoch nicht nur die Gesellschaft, auf die man sich bezieht, sondern auch die Kultur, über die man streitet, dem Blick und hat so den Vorteil, dass man stattdessen anlassgebunden und eher assoziativ als systematisch jene Normen und Werte kulturell zur Debatte stellen kann, von denen sich andeutet, dass sie fraglich werden, rigide oder spröde. Davon profitieren alle sozialen Systeme, nicht nur die Kultur der Gesellschaft. Politik und Familie, Wirtschaft und Religion, Erziehung und Wissenschaft können so jeweils Korrekturen vornehmen, ohne grundsätzlich werden zu müssen, womit jedes dieser Systeme überfordert wäre. Und so auch die Kunst. Eine fallweise klein gearbeitete, dann aber gleich wieder zum großen Ganzen überschätzte und gerundete Kultur wird eingefüttert in Bild und Musik, Dichtung und Romane, Film und Theater, um jenen Formen der mal sensiblen, mal groben Beunruhigung und Faszination nachzugehen und sie künstlerisch auszubeuten, die jede kulturelle Selbstverständigung der Gesellschaft kennzeichnen.[13]

Die Form des Theaters

Für Kunst und Kultur des Theaters heißt das, dass sie sich in einer Form abspielen, die sich jederzeit trennscharf spezifizieren, und zwar nicht mit beliebigen (wenn man es mit Formen zu tun hat, führt jede Annahme der Beliebigkeit in die Irre), aber doch mit ihrerseits variablen Kontexten kombinieren lässt.

Die Form des Theaters unterscheidet Kunst, Kultur und Gesellschaft, und sie rechnet an der Außenseite der Gesellschaft, auf der Bühne und im Publikum, mit Individuen, die durch jeden kommunikativen Vorgang gewonnen und verloren werden können. Die Kunst adressiert die Wahrnehmung, die Kultur den Wertehaushalt und die Gesellschaft die Notwendigkeit, noch und gerade die Differenz zur Form der Fortsetzung zu stilisieren. Das sind die Ingredienzien, aus denen das Theater seine Texte, seine Dramaturgien, seine Regiestile und seine Schauspielkunst gewinnt und damit eine kombinatorische Vielfalt, die grundsätzlich und in den Augen des Soziologen die Vielfalt des Auslotens ein und derselben Form ist.

Es wäre ganz unsinnig, sich dieser Form zu verweigern. Nur sie erlaubt es, zu beobachten, was aus- und was eingeschlossen wird, und dies im nächsten Moment zu variieren. Nur sie erlaubt es, den Streit zuzuspitzen und ihm doch immer wieder jene Gestalt zu geben, die das Ganze als Theater erkennbar werden lässt und damit Einsatz und Rahmen, Intensität und Reichweite, Anfang und Ende des Streites so markiert, dass das Theater deutlich machen kann, worin es selbst nun weder in der Kunst (dort noch am ehesten) noch in der Kultur (dort schon gar nicht) noch in der Gesellschaft (von ihr weiß es viel zu wenig) aufgeht, sondern seinen eigenen Charakter gewinnt.

Das Theater führt vor, dass es vorführt. Diese Erkenntnis von Bertolt Brecht und Walter Benjamin ist unhintergehbar.[14] Es ist eher so, dass der Rest der Kunst von dieser Qualität des Theaters profitiert als umgekehrt. Kunst ist erst Weltkunst der mit Beobachtern rechnenden Vorführung des Gelingens von Form,[15] seit das Theater und der Markt herausgefunden haben, wie ein sozialer Rahmen, ein Platz, aussehen muss, der es erlaubt, die Vorführung nicht mit der Sache und das Gelingen dieser Form nicht mit einer bereits bewährten Praxis zu verwechseln.[16]

Das Theater ist eine Kunst der Herstellung von Zusammenhängen aus der Verschiebung von Unterscheidungen. Darin gipfelt seine Virtuosität, solange nur sichergestellt ist, dass es Zuschauer gibt, die hierfür ein Publikum bilden. Auch das verankert das Theater präziser in einer sozialen Praxis, als es anderen Künsten zuweilen vergönnt ist, die sich leichter darüber hinwegtäuschen können, dass auch für sie nur gilt, was als Darstellung vor einem Publikum seine Form gewinnt.[17] Was sich hier nicht bewährt, kann sich gar nicht bewähren, so dass es im letzten Moment die eine und hoch abstrakte Frage ist, die das Theater stellen muss und nie beantworten kann: Gibt es hierfür noch ein Publikum oder schon nicht mehr? Es muss es ausprobieren, und erst dann, wenn es gelingt, kann es sich fragen, welchen Punkt der Sensibilität es möglicherweise getroffen hat, der dieses noch erträglich, interessant und reizvoll scheinen ließ.

Vermutungen aller Art, auch sozial-, kultur- und kognitionswissenschaftliche Thesen, auf die man sich bezieht, sind damit nicht ausgeschlossen. Aber sie werden auf den Platz des Materials verwiesen. Denn letztlich entscheidend ist, welche Geste dem Theater abgenommen wird und welche nicht.

Selbstverständlich beschreiben wir damit nicht viel mehr als das gesellschaftliche Kalkül des Theaters. Aber von hier aus wird man besser um seine Praktiken und seine Institutionen, seine Themen und seine Stile, seine Akteure und sein Publikum nachdenken können, als wenn man immer schon vom konkret Vorliegenden ausgeht und dann nicht weiß, was für Fragen zu stellen sich lohnt.

SCHIFFBRUCH MIT ZUSCHAUER

Die einen wagen sich auf die hohe See hinaus und kommen darin um. Die anderen stehen am Ufer, schauen zu und machen sich Gedanken. Das ist die Metapher des Schiffbruchs mit Zuschauer, der Hans Blumenberg unter diesem Titel ein ganzes Buch gewidmet hat[1] und die immer noch genauer die menschliche Situation trifft als das Bild vom rettenden Hafen. Der Hafen ist selbst nichts anderes als eine Etappe der Seefahrt. Seine Ruhe ist eine trügerische. Der Schiffbruch kann schon im Hafen stattfinden. Die Zuschauer können sogar an ihm beteiligt sein. Aber wer besorgt dann das Nachdenken?

Wolfgang Krause Zwieback („lyrics, voices, hairs") führt seine Zuschauer mit seiner Leipziger Produktion „Dampferaufgang 6.13 Uhr", die im Berliner Podewil zu sehen war, in die Laborsituation des Schiffbruchs mit Zuschauern ein. Er wird musikalisch von Christian Sade (Trompeten, electronics, piano) begleitet, der nicht so recht in ein Bild passt, in dem Zwieback verschiedene Facetten eines Schiffbrüchigen vorführt, der als sein eigener Zuschauer agiert. Kann man das Eingehen eines Wagnisses mit dem Nachdenken über das Scheitern zusammenbringen? Das scheint mir die Frage zu sein, der Zwieback nachgeht. Wer will, muss diese Frage im Zusammenhang mit einer Post-Wende-Situation sehen, in der die schiffbrüchigen DDR-Bewohner gezwungen sind, zuzuschauen, wie die aus dem Westen herbeigeeilten Zuschauer des Schiffbruchs bei der Katastrophenhilfe Schiffbruch erleiden. Schiffbrüchige und Zuschauer allerorten, aber wer besorgt das Nachdenken, wenn die Zuschauer in See stechen? Der Klügste ist immer der, der seinen Schiffbruch gerade hinter sich hat. Aber wer in See sticht, ist dem Klugen um ein Wagnis voraus.

Bei Wolfgang Krause Zwieback hat das Schiff im Hafen Porto Claire angelegt und die Gesellschaft, die im Hafen gewartet hat, stürmt das Schiff, um zusammen mit der Gesellschaft, die von einer langen Reise zurückkommt, das Jubiläum zu feiern („zwei Jahre ohne Krieg"). Wo jemand an der Reling steht, stellt sich jemand drauf; wo jemand in der Koje liegt, legt sich jemand dazu; Übersteher und Danebenlieger allerorten. Plötzlich ein Knall. Alle rennen auf die eine Seite des Schiffes und besteigen den Mast, um zu sehen, was passiert ist. Das Schiff kentert.

Zwieback spielt die beiden Kapitäne Andersen-Andersmann und Rosi-nannte-ihn-Störrfisch, die sich das Schiff übergeben. Er spielt den Steuermann Pascal, der erzählt, wie alles passieren konnte. Er lässt den Präsidenten auftreten, der auf der Jubiläumsfeier die Rede hielt: „Wir haben es etwas zugebracht." Und er erinnert sich an seine erste Liebe „unweit vom Schulschiff im Schilfschiff". Als alter Kapitän Althermann lädt er zur Hafenrundfahrt ein, deren zweiter Höhepunkt nach den Fischhaltebeuteln, die die Fische anziehen (wörtlich!), der Skulpturengarten ist („deswegen sind Sie ja gekommen"), in dem die mit Gips übergossenen und stillgestellten Besucher sich zwei Monate lang von den nächsten Besuchern bewundern lassen können. Er wünscht sich einen Tapetenkleisterwechsel, fordert auf, man könne doch mal neu anfangen, und träumt schließlich von einem Schiffsaufgang. Um 6.13 Uhr.

Auf der Bühne ein Haufen blau-silbern glitzernde Aluminiumfolie, aus der ein Schiffsschornstein ragt, der ab und an dramatisch Dampf ablässt. Zwieback erhebt sich aus dem Aluminiummeer in einem Kopf, Schulter und Leib bedeckenden Mantel aus silbernen Fetzen, ein brummender, tänzelnder Glitzerberg. Nach der ersten Szene (Kapitän Andersen-Andersmann sendet den Notruf: „Bitte kommen, wir sind in Gedanken versunken!") legt er den Glitzer ab und steht in überdimensionierter, zitronengelber Felluniformadmiralsjacke mit passender Fellschirmmütze auf der Bühne. Nein, er steht nicht, er tanzt auf der Bühne und über die Bühne, triumphiert (als Präsident), kauert und dümpelt. Christian Sade im allzu schwarzen Lederoutfit bläst die elektronisch verspielte Trompete, wiederholt manches auf Französisch, gibt Stichworte („neu anfangen!"), spielt den stummen Kellner, während Zwieback mit sich selbst dialogisiert („Would you like Gemüse?" – „Thank you"). Die Technik sekundiert mit Scheinwerfereffekten.

Eine neue Gesellschaft drängelt an die Stelle der alten, die alte schaut zu. Zwieback hat ein präzises Ohr für die Tonfälle der neuen Gesellschaft und gibt der alten eine Stimme. „Die Blicke der Gesellschaft werden geschliffen." Das ist sein Bild für das, was mit der Wende passierte: die Umstellung der Gesellschaft von der zentral verwalteten Nischengesellschaft auf eine dezentral irritierte Nischengesellschaft. Alle spielen jetzt das Bling-fang-dong-Spiel: das Blickfangspiel. Die Blicke der anderen lassen sich nicht mehr so schön sortieren nach offiziöser Überwachung einerseits und privater Abstimmung andererseits, sondern sind als Gelegenheiten, die Anschlüsse in Aussicht stellen, in Rechnung zu stellen. Alle hoffen jetzt auf eine Karriere vom Unterwasserwäscher über den Aufholer zum Admiral. Aber wie der Großvater schon sagte: „Einmal Admiral, immer Admiral."

Das alles ist von einem grauen Humor getragen, der vom sprachlichen Slapstick über die Satire bis zum Witzeerzählen („Fliegt ein Kuckuck über das Meer. Sagt der Hai zum Kuckuck ‚Kuckuck'. Sagt der Kuckuck zum Hai ‚Hi'.") und darüber hinaus reicht. Bei aller situativen

Überzeichnung ist der Umgang mit der Sprache so überaus wach, dass man den Eindruck eines Logbuchs gesellschaftlicher Vorgänge gewinnt. Kapitän Zwieback nennt diese Logbücher seine Lockbücher. Er hat sie aus dem Schiffbruch in seinem persönlichen Koffer („jeder hat einen persönlichen Koffer") gerettet. Aber der Koffer ist ihm abhandengekommen. Er hält nur noch den Griff in der Hand.

Zwieback ist ein professioneller Dilettant, ein Schiffbrüchiger, der sich selbst zuzuschauen versteht. Und er bezieht die Zuschauer seines Theaters in die Schleifen zwischen Schiffbruch und Zuschauen mit ein. Er steht so wenig auf sicherem Ufer wie er seine Zuschauer dort stehen lässt. Sein Theater kommt den Zuschauern entgegen. Seine Sprache bringt syntaktisch immer korrekt die Semantik zum Stolpern. Sein Witz ist unterhaltend. Und ein trügerischer Hafen.

ZEIGT HER EURE SPIEGEL

Frank Castorfs neue Inszenierung der *Rosenkriege*, also der Königsdramen von Shakespeare, führt mitten in das Herz der Kultur des Kapitalismus – wenn dieser Kapitalismus überhaupt eine Kultur hat und wenn diese Kultur ein Herz hat.An beidem zu zweifeln gibt es Anlass genug. Lange Zeit war man davon überzeugt, dass ‚Kultur' und ‚Kapitalismus' den Gegensatz schlechthin bilden. Dem Kapitalismus billigte man im 19. Jahrhundert allenfalls eine ‚Zivilisation' zu, mit allem, was dies an oberflächlicher Höflichkeit und strikter Kommerzialisierung (in den Augen der Deutschen) zu implizieren schien. ‚Kultur' war dagegen all das, was den Geist, die Seele und das Herz des Menschen vor dieser Zivilisation des Kapitalismus zu schützen in der Lage war, das Streichquartett, das gute Buch, das klassische Theater. In Deutschland vor allem setzte man so inständig auf ‚Kultur', dass die Alliierten im Ersten Weltkrieg befürchteten, es mit einer Geheimwaffe zu tun zu haben, und einen tiefliegenden eigenen Mangel ahnten, der sie den Krieg verlieren lassen könnte. So können Begriffe, vor allem unverstandene, um mit Friedrich Kittler zu reden, das Kriegsglück mitentscheiden.

Auf die Idee, dass der Kapitalismus selbst eine Kultur sein könnte, kam man erst in und nach dem Zweiten Weltkrieg – vielleicht auch deswegen, weil die Barbarei der deutschen Kultur jetzt so augenfällig war, dass die bislang bloß ‚Zivilisierten' sich guten Gewissens die wirkliche Kultur zuschreiben konnte. Auch jetzt also und immer noch: keine Kultur ohne Emphase, keine Kultur ohne Selbstüberhöhung, keine Kultur ohne eine Dosis ‚Schrecklichkeit',[1] die sie nach innen und außen wehrhaft macht.

In Deutschland konnte man das auch jetzt nicht recht glauben. Wenn es einen Zusammenhang zwischen Kultur und Kapitalismus gab, dann konnte der nur einen Namen haben: den der ‚Kulturindustrie'. Max Horkheimer und Theodor W. Adorno spitzten auf diese These ihre *Dialektik der Aufklärung* zu: dass es dem Kapitalismus inzwischen gelungen ist, den bei Kant noch den Subjekten abverlangten Schematismus von Wahrnehmung und Erkenntnis industriell zu produzieren und den Subjekten, sie zu Konsumenten degradierend, anzudienen.[2] Nur so, nur als Verlängerung, ja Verendgültigung der Entfremdung, konnte man sich eine Allianz von Kultur und Kapitalismus vorstellen. Wer jetzt noch ‚Kultur' sagte, deckte damit sein eigenes Einverständnis mit den ‚herrschenden' Verhältnissen auf – und musste froh sein, wenn ihm die Philosophie eines Ernst Bloch oder die Ästhetik eines Theodor W. Adorno das Argument an die Hand gaben, ihm ginge es, mitten im Herrschenden, dank Mozarts *Idomeneo*, Goethes *Faust* oder Becketts *Endspiel*, um den Vorschein des auch anders Möglichen.

Letztlich waren es die in England initiierten, dann in den USA aufgenommenen Cultural Studies der siebziger und achtziger Jahre, die den Schlussstrich unter diese vornehme Verweigerung des Zusammenhangs von Kapitalismus und Kultur zogen. Längst waren die Ethnologen und Anthropologen nicht mehr nur in fernen Ländern und auf anderen Kontinenten unterwegs, sondern wurden auf der Suche nach eigentümlichen Formen des Stammesverhaltens in amerikanischen Vorstädten, in der Londoner City, bei Kirchenkonzilen, in Vorstandsetagen, in Gerichtssälen, in Produktionsbetrieben und in Behörden fündig. Und längst war deutlich geworden, dass die Suche nach den authentischen Kulturen der menschlichen Frühgeschichte, nach den edlen Wilden der Rousseauschen Imagination, nichts anderes bebilderte als die eigenen Phantasien und nichts anderes dokumentierte als das eigene kulturelle Unbehagen.

Natürlich ist der Kapitalismus selbst auch eine Kultur. Stück für Stück offenbarte er dieselben Beschränkungen, über die man sich bei Inkas, Eskimos und Beduinen wunderte. Stück für Stück wurde deutlich, dass der Kapitalismus auch nichts anderes ist als eine hochselektive Art und Weise, mit Überraschungen umzugehen, um die Formel der Kulturanthropologin Mary Douglas zu verwenden. Eine Kultur ist eine Form, das Eigene abzudichten und das Fremde draußen zu halten. Die Pointe dabei ist allerdings, dass das Eigene erst zum Problem wird, wenn man längst mit dem Fremden in Kontakt steht. Erst dann mobilisiert man das Eigene, denn so fremd und doch merkwürdig nah, wie einem der Fremde scheint, will man sich nicht werden.

Aber wie steht es um die zweite These, um die Behauptung, dass diese Kultur des Kapitalismus so etwas wie ein ‚Herz' hat und dass die Inszenierung der *Rosenkriege* mitten hinein in dieses Herz führt?

In dem lesenswerten Abriss der Königsdramen, den Jan Kott in seinem Buch *Shakespeare heute* gibt,[3] wird die Stelle zitiert, in der Richard II. im gleichnamigen Stück in der ersten Szene des IV. Akts nach einem Spiegel fragt, um herauszufinden, was an seinem Gesicht Zehntausende im Bannkreis seiner Macht zu halten vermochte. „Was this the face / That every day under his household roof / Did keep ten thousand men? Was this the face / That like the sun did make beholders wink? (...) A brittle glory shineth in this face: / As brittle as the glory is the face." Was er sieht, überzeugt ihn nicht und erklärt ihm nichts. Er wirft den Spiegel zu Boden, wo er in hundert Stücke zerbricht: „For there it is, crack'd in a hundred shivers. / Mark, silent king, the moral of this sport (...)" (Richard II., IV, 1).

Wenn der Kapitalismus, der sich aus den Trümmern der feudalen Welt erhebt, deren wuchtiges Ende Shakespeare auf die Bühne bringt, eine Kultur hat, ja eine Kultur ist, dann zeigt sie sich, so möchte ich behaupten, darin, dass wir immer wieder den zerbrochenen Spiegel vom Boden aufheben und die Scherben zusammensetzen.

Shakespeare setzt den Spiegel wieder zusammen. Er bringt ein Stück auf die Bühne, so wie die Volksbühne es jetzt wieder auf die Bühne bringt. Aber Shakespeare, das ist die grandiose Paradoxie seines Theaters, verweigert sich dem großen neuen Bild, das endlich alles erklärt, das Treiben der Menschen, das Spiel der Macht, die Mechanismen der Gesellschaft. Shakespeare macht etwas ganz anderes. Er ruft den Zuschauern etwas zu, was diese vor lauter Getöse auf der Bühne gar nicht hören können. Er ruft ihnen zu: „Schaut nicht auf das, was ich euch zeige; schaut darauf, dass ich euch etwas zeige! Achtet nicht darauf, welches Bild ich euch entwerfe; sondern achtet darauf, dass ich euch ein Bild entwerfe!"

Diese Operation führt in das Herz der Kultur des Kapitalismus. Dieses Herz besteht nicht in dem zerbrochenen Spiegel, wie allzu viel Kulturkritik allzu lange immer wieder angenommen hat und die Postmoderne zu ihrem ultimativen Credo erhoben hat. Es besteht darin, dass wir den Spiegel immer wieder aufheben und ihn aufs Neue zusammensetzen – aber nicht, um darin etwas zu sehen (wir wissen, dass wir nichts darin sehen), sondern um zu schauen, ob wir ihn noch zusammensetzen können. Wir konstruieren inmitten des Dekonstruierten – das ist das Herz der Kultur des Kapitalismus. Shakespeare entwarf eine grandiose Konstruktion – und zeigte uns, dass er es konnte. Und wenn wir heute Shakespeare inszenieren, dann bewundern wir die Konstruktion – und messen unsere eigene Konstruktion, die Inszenierung, an dieser Vorgabe. Wir setzen den zerbrochenen Spiegel zusammen und zeigen uns beglückt, wie uns das gelingt. Wir gehen ins Theater und schauen uns die Rosenkriege an, weil wir gehört haben, dass da schon wieder jemand den Spiegel zusammengesetzt hat und dass man, je nachdem, die Fugen überhaupt nicht sieht oder dass sie, die Fugen, wunderbar ins Bild passen. Was zeigt das Bild? Wir wissen es nicht. Es zeigt uns etwas, woraus wir Schlüsse auf eine Wirklichkeit ziehen können, aber nicht müssen.

Die entscheidende Geste dieser Kultur ist das Zeigen auf etwas. Und die entscheidenden, zunächst für die Religion, dann für die Kunst, schließlich für Politik, Familie, Wirtschaft und Wissenschaft „verheerenden Folgen" (Niklas Luhmann)[4] bestehen darin, dass diese Geste in die Gesellschaft Kontingenz einführt, den Eigenwert der Moderne, und die Gesellschaft und alle ihre sozialen Systeme auf die Ebene der Beobachtung zweiter Ordnung zwingt. Die moderne Kultur bewirkt, dass nichts mehr ist, was es ist, und jeder daraufhin beobachtet wird, wie er tut, was er tut.

Nun wird dies gemeinhin nicht unter dem Stichwort ‚Kultur des Kapitalismus', sondern unter dem Stichwort ‚Aufklärung' verbucht. Dass nichts mehr ist, was es ist, ist eine Einsicht, die aller Befreiung aus ‚selbstverschuldeter Unmündigkeit' (Kant) vorausgeht. Worin besteht Aufklärung, wenn nicht darin, sich aus dem Muff der Gewohnheit und der Selbstverständlichkeit zu befreien und sich nicht mehr zum Opfer der Entscheidungen anderer, sondern zum Herrn der eigenen Entscheidungen zu machen? Worauf sonst zielt die Aufklärung? Aber dann sind in der Tat Aufklärung, Emanzipation, Kultur und Kapitalismus strukturell und ideologisch ein und dasselbe.

Hat der Kapitalismus nicht viel zu viel mit Industrialisierung und Ausbeutung im Namen der Kapitalverwertung zu tun, um mit Aufklärung und Emanzipation in einen Topf geworfen werden zu können? Wenn man sich genauer anschaut, dass Kapitalverwertung Kapitalisierung voraussetzt und Kapitalisierung die Geste des Zeigens, Markierens, Vergleichens, De- und Rekontextuierens, – dann sieht man, dass Kapitalismus ohne die intellektuelle Tendenz der Aufklärung gar nicht möglich wäre, beziehungsweise Aufklärung und Kapitalismus beide Kinder ein und derselben konstitutiven Geste der Moderne sind. So harmlos kann etwas sein. Und so harmlos muss es sein, um so weitreichende Folgen haben zu können. Denn man muss diese Geste beherrschen, ohne sie unbedingt kennen zu müssen. Ja, je schlechter man sie kennt, je latenter sie also bleibt, desto weniger kann sie selbst kontingent gesetzt werden: desto sicherer also kann sie ihre Fatalität entfalten.

Die Geste des Zeigens kapitalisiert. Die Geste der Interpretation verwertet das Kapital. Die Beobachtung der Beobachter ist nichts anderes als Kapital auf der Suche nach Profitchancen. Umgekehrt also macht die Sache Sinn: Wir haben es nicht mit einem universellen Entfremdungszusammenhang zu tun. Sondern dieses ‚Kapital auf der Suche nach Profitchancen' ist nichts anderes als der Modus der gesellschaftlichen Koordination, den die Moderne zu ihrem eigenen gemacht hat, seit ihr alle externen Referenzen auf die Götter, das Schicksal und die Natur abhandengekommen sind.

GRAMMATIK DER LEERSTELLEN

Seit dem Tod von Heiner Müller gibt es kaum noch Gründe für Theoretiker, ins Theater zu gehen. Sie gehen ins Kino oder, wie Alexander Kluge, in die Oper. Das muss verwundern, wenn man bedenkt, dass Brechts Verfremdung und Artauds Grausamkeit zu den großen und radikalen Einsprüchen gegen die Gesellschaft gehören. Ist die Verfremdung mittlerweile so sehr zum Element noch der trivialsten Selbststilisierung geworden, dass es keinen Grund mehr gibt, sie sich auf der Bühne anzuschauen? Ist der ‚Tanz der menschlichen Anatomie', den Artaud beschworen hat,[1] mittlerweile so sehr Alltag im Guten und Schlechten, auf den Rollbahnen der Skateboards wie in den Labors der Gentechnik, dass der Umgang des Theaters mit dem menschlichen Körper niemanden mehr ins Theater locken kann? Haben wir es mit einer Kunstgattung zu tun, die sich selbst so sehr überholt hat, dass ihr weder die Erinnerung an die den Kreislauf der Gewalt bannenden Tragödien der Griechen noch die Erinnerung an das Theater als moralische Anstalt seligen Weimarer Angedenkens noch auf die Beine helfen kann?

Aber was beschäftigt dann die vielen freien Theater, die zwischen Performance, Kleinkunst, Happening, Multimedia, Kult und Selbsterfahrung immer wieder neu das Theater beleben und immer wieder neu nicht nur Schauspieler und Regisseure, sondern sogar Autoren finden? Und wieso kann ein so wegweisender Theoretiker wie Joseph Vogl von der Bauhaus Universität Weimar nach wie vor beim Reden vom Theater ins Schwärmen geraten und einen großen Bogen schlagen von Schiller bis heute, wenn er von der Geburt des Theaters aus dem Geist der Polizei spricht und darunter jene Policey versteht, die noch Politik und Polizei in einem war? Wäre das Theater nach wie vor in der Lage, wie es ihm René Girard zugemutet hat, Beobachtung des Verhaltens und Regulierung des Verhaltens in einem zu sein? Wäre es nach wie vor auf jenem Marktplatz zuhause, auf dem einst auch der Handel, nicht weniger beunruhigend als das Theater, unter obrigkeitliche Aufsicht gestellt worden war?Die Fragen sind zu radikal, zu großformatig gestellt, um sie beantworten zu können. Aber sie deuten doch an, dass es sich lohnen könnte, in ihrem Umkreis wieder einmal die eine oder andere Beobachtung anzustellen.

Ich will das im Folgenden nur an einem Beispiel und hier auch nur an einem engen Ausschnitt dieses Beispiels tun. Ich will Überlegungen anstellen, die sich mit der Beobachtung eines spezifischen Raumes durch die Theaterarbeit von Claudia Bosse und Josef Szeiler im Oktober 2000 im ehemaligen Schlachthof St. Marx in Wien beschäftigen. Ich will behaupten, dass diese Theaterarbeit, die einen knapp einjährigen Probenprozess mit einer einmaligen Aufführung des ‚Stücks' beendete, auch etwas mit der Bestandsaufnahme eines Raumes zu tun hatte und damit mit dem Versuch, herauszufinden, was uns ein Raum bedeuten kann. Ich will behaupten, dass diese unter dem Namen *massakermykene* auch im web dokumentierte Arbeit[2] als eine kognitive Operation beschrieben werden kann, die weniger ein Experiment mit einem Raum ist, als vielmehr als dieses Experiment, echt theatralisch, beobachtet werden will.

Ich beginne diese Überlegung mit einer kurzen Erinnerung an den Stellenwert der Kategorie des Raums in der Wissenschaft. Seit Kant gilt es als ungeschriebenes Gesetz, dass Wissenschaft dort beginnt, wo sie sich in ihren Beschreibungen und Erklärungen der Bezugnahme auf Orte und Eigennamen entschlägt. Seit Turing kann man sich da nicht mehr so sicher sein. Seine Maschine funktioniert nur, wenn sie auf dem zu beschreibenden Band besetzte Plätze und leere Plätze unterscheiden kann. Die besetzten Plätze kann sie lesen, löschen, leer lassen oder neu beschreiben; die leeren Plätze kann sie leer lassen oder beschreiben. Seither formuliert die Raumkategorie Möglichkeiten der Besetzung, der Streichung und des Austauschs; dies jedoch strikt im Verhältnis zu einer rechnenden Maschine und zu einem Band, das heißt, allgemeiner formuliert, zu einem Beobachter, der selbst eine Raumstelle besetzt, und zu bereits definierten Nachbarschaftsverhältnissen der Stellen untereinander. Gotthard Günther hat im Anschluss daran eine ‚Kenogrammatik' entworfen, eine Grammatik der Leerstellen, die es erlaubt, Ordnungs- und Austauschoperationen mathematisch zu beschreiben.[3]

Mit einem Raum lässt sich demnach nur rechnen, wenn er als leer behandelt wird. Das heißt nicht, dass er leer ist. Das heißt jedoch, dass man sich überall dort, wo er wie auch immer besetzt ist, andere Besetzungen vorstellen kann. Man kann sich dort, wo nichts ist, ein Ding vorstellen. Und man kann sich dort, wo ein Ding ist, ein anderes Ding vorstellen. Besetzung und Austausch sind die Operationen, die sich an einem Ort vornehmen lassen. Die Voraussetzung dafür ist die Fähigkeit, dort Leere, also Besetzbarkeit, vorzusehen, wo keine Leere, sondern immer schon etwas ist. Die Leere existiert nicht, sondern sie ist ein Produkt und Korrelat eines Umgangs mit Räumen, der sich von bereits vorhandenen Definitionen nicht davon abhalten lässt, neue Definitionen vorzunehmen.

Vor den Toren der Stadt, wo es ‚nichts anderes' gibt als Äcker und vielleicht einige Hütten, entsteht ein Schlachthof und versorgt eine Stadt mit dem Fleisch von Rindern, Schweinen und Schafen. Irgendwann wird er nicht mehr gebraucht. Er liegt zu nah an der inzwischen gewachsenen

Stadt. Und er entspricht nicht mehr den technologischen Standards und ökonomischen Anforderungen, die an Schlachthöfe im heraufziehenden BSE-Zeitalter gestellt werden. Er wird verlassen und ‚steht leer'.

Aber er steht nicht wirklich leer. Die Gusseisenkonstruktion und die Koppeln stehen herum, in einer durchaus beeindruckenden und ‚vollen' Realität. Wenn man will, kann man an ihnen nach wie vor die Technologie und Ökonomie des Schlachtens studieren. Wenn man will, kann man sich in den jetzt leeren Koppeln herumgeschobene Viehleiber vorstellen. Man ‚hört' das Brüllen des Viehs. Man ‚riecht' die Angst des Viehs. Man ‚sieht' den professionellen Umgang mit dem Fleisch. Man ‚studiert' die Abstraktionsleistungen, die der fleischfressende Mensch vorgenommen hat, um sich zum einen mit Nahrung zu versorgen und zum anderen den dazu erforderlichen Tötungsakt auf eine technische Marginalie im hygienisch reinen Prozedere der Fleischherstellung zu reduzieren. Man ‚begreift', wie Bauern, Metzger und Gourmets das Vieh bereits zerlegt haben, bevor es auch nur geboren ist, und der Schlachthof nur exekutiert, was längst beschlossene Sache ist. Man ‚erlebt' jedoch auch, dass die Intervention von Technik und Architektur einen Prozess wieder sichtbar macht, der im Schutz seiner Unsichtbarkeit von dieser Technik und Architektur nur vollzogen werden sollte. Irgendwann wird das Mittel zum Zweck selbst zum Skandal, der emotional nur durch die Nostalgie übertroffen wird, mit der man sich einen Schlachthof anschaut, in dem immerhin noch im handgreiflichen Gemenge zwischen Mensch und Tier ausgetragen wurde, was heute Maschinen überantwortet wird.

Wenn man in diesen Hallen Theater spielt, setzt man das Messer noch einmal an. Man operiert dort, wo man ‚nichts anderes' vorfindet als die Wirklichkeit eines verlassenen Schlachthofs, mit der Möglichkeit des Theaters. Man ‚leert' den Raum und ‚füllt' ihn mit Theater. Aber wie leert man einen solchen Raum? Und wie füllt man ihn?

Was das Kalkül verschweigt, bringt der Prozess an den Tag. Die Substitution einer Wirklichkeit durch eine Möglichkeit und die Realisierung dieser Möglichkeit durch eine neue Wirklichkeit sind rechnerisch schnell geleistet. Man braucht nur die Augen zu schließen und ‚sieht' bereits, was möglich ist. Macht man sich dann jedoch ans Werk, stellt man fest, dass die Leere ein mindestens so voraussetzungsvoller Zustand ist wie die Fülle. Einen Raum kann man nur leeren, indem man feststellt, dass er durch Dinge besetzt ist, von denen man nichts ahnte, als man mit der Arbeit begann. Die Wirklichkeit der Leere, wenn es sich nicht um die finale handelt, wird es immer mit den Resten zu tun bekommen, mit der die Wirklichkeit der Wirklichkeit die Leere heimsucht. Man beginnt, einen Raum zu füllen, und stellt fest, wie sich die neue Wirklichkeit der alten anverwandelt. Die Schauspieler bewegen sich wie das Vieh und die Metzger. Sie brüllen, schwitzen, werden klinisch und brutal, leiden und erwerben ungeahnte Kräfte. Da müssen sie durch. Keine Regie kann ihnen sagen, was ihnen hier widerfährt. Aber sie kann sie dabei begleiten, zum Schlächter und Geschlachteten zu werden und sich davon wieder zu befreien, so dass jede Bewegung in diesem Raum von beidem berichtet, von der Wirklichkeit des Schlachthofs und von der Möglichkeit des Theaters. Gibt es Gesten, gibt es Texte, gibt es Sprachen, in denen das Messer und der Hammer auftauchen und beiseitegelegt werden?

Fragen dieses Typs können nicht beantwortet werden. Die Leistung besteht auch nicht bereits darin, sie zu stellen. Die Leistung besteht darin, ihnen einen Raum zu geben, in dem sie sich entfalten können. Es ist kein Zufall, dass die Prozesskategorie, die Ende des 18. Jahrhunderts in der Chemie eingeführt wurde, um zu beschreiben, was man nicht verstand, nämlich den Übergang von einem Zustand zu einem anderen Zustand, am Ende des 20. Jahrhunderts in der Managementphilosophie wiederentdeckt wurde, um zu beschreiben, dass es mit dem Übergang von einem Zustand zu einem anderen nicht getan ist, wenn man nicht konditionieren kann, was sich in diesen Übergängen ereignet. Hatte man sich dereinst damit begnügt, dass Techniker ein Produkt und dessen Qualität definieren und Kunden, ohnehin mit nur geringer Auswahl konfrontiert, ihnen dann abnehmen, was sie geboten bekommen, so geht es jetzt darum, den Kunden, der längst die Wahl hat, in den zu diesem Zweck wiederentdeckten Prozess der Produktdefinition und Produkterstellung hineinzunehmen, um mit umso größerer Verlässlichkeit abschätzen zu können, was er braucht, und ihn rechtzeitig, nämlich als Mitproduzenten, an seine eigene Nachfrage zu binden. Brisant ist dies, weil es nicht nur im Außenverhältnis zu den Kunden auf dem Markt, sondern auch im Innenverhältnis zu den Kunden der betrieblichen Teilleistungen gilt. Und brisant ist dies erst recht, weil dabei die technischen Festlegungen nicht mehr beibehalten werden können. Wenn die Verbindungen, denen ein Prozess nachzugehen hat, vorgegeben werden, so formuliert die neueste Verwaltungswissenschaft, braucht der Prozess nicht mehr stattzufinden.

Wenn der Raum eine Chance haben soll, im Umgang mit dem Raum überhaupt sichtbar zu werden, genügt nicht das Kalkül, sondern braucht man einen Prozess. Anders wird während des Austausches der einen Wirklichkeit durch eine andere Wirklichkeit der Austausch selbst nicht sichtbar und findet somit auch die Wirklichkeit dieses Austausches keinen Ort. Der Prozess definiert den Raum dreifach, als wirklicher Ausgangszustand, als möglicher Endzustand und als tatsächliche Zustandsoperation in diesem Raum. Der Prozess, darin besteht die Pointe, enttrivialisiert diesen Vorgang jedoch, weil die tatsächliche Zustandsoperation andere Ausgangs- und Endzustände sichtbar macht als diejenigen, die man erwartet hat, als man an die Sache herangegangen war. Man stellt fest, dass die aktuelle Wirklichkeit des Raums sich gegen die anvisierten Möglichkeiten wehrt. Weder die Akustik noch die Optik noch das Imaginäre und Symbolische des Raumes spielen mit, von Wind und Wetter, Staub und Kälte zu schweigen. Und man stellt fest, dass die Gesten, die diesen Raum neu definieren sollen, von ihm in andere Gesten verwandelt werden, die nicht ihn definieren, sondern mit denen er die definiert, die sie vollführen. Der Raum spielt mit. Er spricht. Er singt. Er bewegt sich. Manchmal tanzt er sogar. Wer hat hier die Regie?

Die Theaterarbeit im Schlachthof zeigt, dass ein Raum über die Definition von Innenseite und Außenseite noch lange nicht erfasst ist. Jeder Vorgang in diesem Raum, sei es der wirkliche des vergangenen Schlachthofs oder der mögliche des gegenwärtigen Theaters, hat seine eigene Innenseite und Außenseite. Er definiert eine Möglichkeit und lässt dadurch andere ungenutzt, die jedoch gleich anschließend, wenn auch vielleicht von anderen, gesehen und aufgegriffen werden können. Jeder Vorgang in diesem Raum konstituiert ein eigenes Gedächtnis, das sowohl zurückgreift als auch vorausgreift und das sowohl erinnert als auch vergisst. Jede Geste, jedes Wort besetzen einen Punkt in einem komplexen, vielfach gekrümmten Raum, dessen Nachbarschaftsverhältnisse immer überraschend bleiben, solange es gelingt, den Prozess zu schließen, das heißt für alles andere offenzuhalten.

Dass sich Aischylos und Brecht in diesem Raum behaupten, ist die geringste Überraschung. Sie sind selbst komplexe Punkte in einem gekrümmten Raum, auf kein Ziel und keine Linie zu verpflichten. Dass sich Schauspieler, dass sich eine Regie in diesem Raum behaupten, ist die eigentliche Überraschung. Sie müssen gesehen haben, wie er tanzt. Also gehen wir wieder ins Theater. Es konzentriert sich, so scheint es, auf ein neues Problem. Es ist der konkreteste und greifbarste Zwilling und Widerpart der neuen künstlichen Intelligenzen, den wir gegenwärtig haben.

ES GEHT NUR WEITER, WENN MAN DIE DINGE AUSEINANDERHÄLT

Der Verdacht könnte radikaler nicht sein, aber er wird mit einem Augenzwinkern und in drei Akten vorgetragen. Er hat einen Anfang und ein Ende. Seine Struktur, wie immer im Theater, ist die des Fehlschlusses. Er überzieht sich selbst und gibt dadurch etwas anderes zu erkennen. Könnte es nicht sein, so der Verdacht, dass alle unsere Paradiese nicht nur künstlich sind, wie Baudelaire vermutete, sondern dass ihre Kunst die Katastrophe will und aus der Katastrophe geboren ist, wie Burroughs es sich vorstellte? Ist das Theater nicht selber der Ausdruck einer sozialen Technik im eminenten Wortsinn, die es erlaubt, die Katastrophen zu zünden, zu überleben und vorzuführen: Nachahmung, Sprache und Offenlegung?

Ivan Stanev kennt sein Theater und er kennt unser Theater. Er ist dem Verdacht auf den Grund gegangen und lachend wieder zurückgekehrt. Die Katastrophe, so seine Diagnose des Theaters, ist auch nur eine Strophe. Die einen gehen in ihr unter, die anderen schauen zu und machen weiter. Hat das Theater je eine andere Botschaft gehabt? Hat es unter diesen Zuschauern, die in das Geschehen verwickelt werden und sich dennoch nicht einwickeln lassen, nicht immer mehr gelitten als unter allem anderen? Ist es deswegen nicht immer schon mehr von jenem schrecklichen Verdacht, bloß Unterhaltung zu sein, befallen als jede andere Kunst? War deswegen nicht der Bürger, den man zu erschrecken versuchen kann, die rettende Figur des Theaters der letzten Jahrzehnte? Wie macht man den Zuschauern klar, dass sie jetzt nur verschont werden, damit auch die nächste Katastrophe ihre Opfer findet?

Auf welches Überleben kann man zählen, wenn man dem Theater entkommen ist? Stanev inszeniert das Spektakel seiner *Villa dei Misteri*, die nach Aufführungen in den Berliner sophiensaelen, am Théâtre La Rose des Vents in Lille und am Pariser Théâtre de la Bastille auch im Forum Freies Theater in Düsseldorf gezeigt worden ist, in drei Akten, „Hystera, die Gebärmutter“, „Metempsychosis, die Seelenwanderung“ und „Liber Pater, Fascinus Deus“. Die Titel deuten bereits an, dass kaum eine Referenz der letzten zweitausend Jahre europäischer Kulturgeschichte ausgelassen wird. Das Stück, geschrieben und inszeniert von Stanev, ist grenzenlos überladen und dennoch gnadenlos durchsichtig. Es hält sich an Aristoteles, dessen Poetik der Tragödie nicht nur vorgeschrieben hat, den Knoten zu knüpfen und wieder zu lösen, sondern darüber hinaus das Schürzen des Knotens und seine Lösung miteinander in Übereinstimmung zu bringen. Stanev zitiert diese Dreiheit ganz zum Schluss der Aufführung: ta drômena, ta legomena, ta deiknumena. Nachahmung, Sprache, Offenlegung: Das Theater lehrt, dass der dritte Akt wieder der erste ist, denn auch die Offenlegung inszeniert, was sie nachahmt, und dass der zweite Akt jene Freiheit enthält, die Akteure, Chor und Publikum sich zurechnen, wenn sie entdecken, dass sie es sind, die nachahmen und die etwas offenlegen. Aber wozu lässt sich die Sprache nutzen, wenn nicht dazu, nachzuahmen und offenzulegen, also dazu, die eigene Freiheit sofort wieder aufs Spiel zu setzen?

Im ersten Akt hat man den Eindruck, dass das Theater nun endgültig das Heft an die Kinoleinwand, den Videobildschirm abgegeben hat. Man täuscht sich, und lernt schon daraus, dass es im Theater nichts Endgültiges gibt außer dem Theater selbst. Minutenlang werden auf der Leinwand, die in die Kulissen der Villa dei Misteri, einem Nachbau einer Villa Pompejis, hineingehängt ist, Ausschnitte aus Roberto Rosselinis Film *Viaggio in Italia* (1954), aus Aufnahmen der heutigen Touristenströme in Pompeji, aus Luft- und Seeschlachten, aus Krawallen und aus Karajans Arbeit am Dirigentenpult gezeigt, bis der Verdacht kristallklar vor aller Augen steht: Geschichte machen heißt Katastrophen inszenieren. Katastrophen sind keine Unfälle, die der Menschheit unglücklicherweise auf ihrem Weg zum ewigen Glück immer wieder in den Weg gelegt werden, sondern Katastrophen sind Zustandswechsel der Systeme, mit denen wir es zu tun haben, durch die diese Systeme sich reproduzieren. Sie sind die äußersten Punkte der Verdichtung physischer, imaginärer und sprachlicher Verwicklungen, die vor allem eines deutlich machen: Es geht nur weiter, wenn man die Dinge auseinanderhält, sortiert, voreinander schützt und erst aus der Ferne wieder aufeinander bezieht, in diesem Bezug jedoch die Katastrophe mitdenkt und wachhält.

Stanevs Thema ist jene Natur der Kulturen, von der Heiner Mühlmann in seinem gleichnamigen Buch gesprochen hat:[1] Das gesamte ‚decorum' Europas, also die Art und Weise, wie wir sprechen, uns kleiden, uns halten, uns einrichten und uns zueinander verhalten, ist das Produkt eines Alltags, der sich zum Krieg bereithält, weil er weiß, dass er sich dem Umstand verdankt, einen Krieg, den jeweils letzten Krieg, überlebt zu haben. Wie in der griechischen Hoplitenphalanx, die dafür das Paradigma ist, halten wir einander unter, die einen etwas zaghafter, die anderen etwas mutiger, und wissen, dass wir entweder gemeinsam siegen oder gemeinsam untergehen. Die Heldengeschichten, die wir uns derweil erzählen, dienen nur jener Ablenkung, die das eigentliche Wissen umso genauer zu pflegen erlaubt.

Das ist der Grund dafür, dass der erste Akt den Einbruch des Kinos in das Theater nicht nur übersteht, sondern dass er das Kino und die Ereignisse, die es zeigt, als Fortsetzung des Theaters mit den Mitteln des Theaters belegen kann. Die Natur spielt Theater und wir spielen Theater, gleichgültig, ob es uns gelingt, uns zu retten, oder ob wir in den Katastrophen untergehen. Wir brauchen das Theater, weil wir die Zuschauer brauchen, die die eine und simple Lehre aus der Katastrophe ziehen, dass sie dieses Mal noch verschont wurden, das nächste Mal jedoch alle Chancen haben, dabeizusein.

Deswegen treten im ersten Akt Dionysos und die Mänaden, Nietzsche und Burroughs auf, damit kein Zweifel daran bleibt, wie künstlich unsere Paradiese sind. Aber jedes dieser künstlichen Paradiese enthält seine eigene Moral. Es studiert die Beobachter ein, die die einzigen sind, die der nächsten Katastrophe gewachsen sind. Stanevs wunderbare Schauspieler, allen voran Jeanette Spassova, aber auch Krylon Superstar, Michaela Stella Bagnoli, Yosephin Graf, Gina Yadegari, Amélie Jalliet, Grischa Kofman, Gabriel Walsh und Paul M Waschkau, eine wahrhaft internationale Truppe, ziehen jedoch noch eine weitere Ebene in das Stück, die den Verdacht noch etwas weitertreibt, aber auch nach neuen Allianzen für jene sich selbst bedrohende Menschheit sucht. Wie wäre es, wenn man sich vorstellt, dass diese Geschehnisse in der Villa dei Misteri gar nicht mehr von uns gespielt und verstanden werden, sondern dass wir es längst mit künstlichen Menschen zu tun haben, die dieser merkwürdigen Geschichte Europas, die sich in Katastrophen realisiert, auf die Spur zu kommen versuchen, indem sie sie nachspielen, nachschmecken, die Worte und großen Sätze nachsprechen, die diese Geschichte skandieren? „Where are we?“, fragt der Beifahrer in Rosselinis Film Ingrid Bergman, die das Auto nach Pompeji lenkt und zur Antwort gibt, „Oh, I don't know exactly.“ Mir fällt dazu George Spencer-Browns Satz ein, „the excursion to infinity undertaken to produce it has denied us our former access to a complete knowledge of where we are in the form.“[2] Unser Wissen zerfällt in das Wissen der Akteure und das Wissen der Beobachter, obwohl und weil das eine auf das andere bezogen ist.

Muss man sich nicht vorstellen, dass wir dank Theater, Kino und Fernsehen, aber auch mit jedem einzelnen Buch längst schon selber in der Situation sind, unserer Künstlichkeit gewahr geworden zu sein und nun stammelnd das Muster zu verstehen suchen, das unsere Geschichte prägt? Sind Dionysos und die Mänaden, Nietzsche und Burroughs nicht selber schon die Roboter, die wir wie die Fremden unter uns lassen, damit wir des fremden Blicks auf uns, der Beobachtung, sicher sein können?

Der zweite Akt jedenfalls macht deutlich, dass es keinen Rückzug gibt. Die Seelenwanderung findet nicht statt. Oder schlimmer noch: Die Seelen kommen da wieder an, wo sie gestartet sind (finden jedoch nur noch die tote Hülle vor). Die Szene ist nun das Bordell, das künstliche Paradies Baudelaires, der Sarg, in den man sich schlafen legt, weil man aus dem ersten Akt noch jenen Satz von T. S. Eliot im Kopf hat, der unsere einzige Trumpfkarte, einen Joker, der immer nur gegen uns ausgespielt wird, bezeichnet: „But I must crawl between dry ribs to keep my metaphysics warm." Die Lust, die im Bordell inszeniert wird, ist vom selben Muster wie jene großartige Fortschrittsemphase, mit der die Menschheit sich von Katastrophe zu Katastrophe ejakuliert. Die Dekadenz des Dandys ist nicht das Gegenteil des europäischen ‚decorums', sondern sein treuester Ausdruck. Der Voyeur ist der Beobachter.

Der dritte Akt erfüllt die aristotelische Vorschrift. Die Lösung des Knotens ist der Knoten. Cafard cosmique. Auftritt von La Mettries Homme machine, von Marinetti, General Totleben und dem Cybergirl, sie alle die Klone ihrer selbst, das 20. Jahrhundert als ein Versuch, die Beobachter zum Schweigen zu bringen, indem die Handelnden zu rasen beginnen. Und haben sie nicht tatsächlich entweder geschwiegen oder sind mit fliegenden Fahnen ins Lager der Handelnden gewechselt? Wurde nicht die Kybernetik, die den Beobachter neu erfand, in den USA wie in der UdSSR in den siebziger Jahren verdrängt und verboten, weil sie das Muster aussprach, das die aristotelische Vorschrift erfüllt? Die Angst ist ein Produkt jener Offenlegung, die keine Nachahmung ist und damit die Reproduktion in Frage stellt, sondern die den Mechanismus freilegt, den niemand sehen will. Lieber eine Orgie als dies. Lieber Theater als kein Theater.

Die Verblüffung, die Stanev mit seinem Theater auslöst, besteht darin, dass es den zweiten Akt, die Sprache, als Höhepunkt zwischen dem ersten Akt, der Nachahmung, und dem dritten Akt, der Offenlegung, inszeniert. Er vertreibt die Begeisterung der Nachahmung und die Angst der Offenlegung mit den Mitteln eines Interesses an der Sprache, die mit der Begeisterung und der Angst nur spielen, um sie ihrerseits vorzuführen. Ich kann mir nicht vorstellen, dass das Theater je etwas anderes wollte. René Girard würde vielleicht sagen, dass es deswegen erfunden wurde. Stanevs Verdacht bringt jedoch auf den Punkt, dass das Theater die Katastrophe selber sein muss, vor der es warnt, und dass es in dieser Identität die Struktur der Gesellschaft ausspricht. Sein Augenzwinkern nimmt zur Kenntnis, dass die Verzweiflung nicht ohne Hoffnung ist beziehungsweise die Identität nicht ohne Differenz. Gleich nebenan passiert etwas anderes. Das allerdings gehorcht, sonst würde der

Verdacht nicht stimmen, derselben Struktur künstlicher Katastrophen. Vermutlich gibt es keine anderen.

Umso wichtiger wird es, danach zu fragen, was die Kurzschlüsse zwischen den verschiedenen Orten der Struktur des Gleichen verhindert. Man gewinnt Interesse an einer Theorie der Differenzen, der Filter, Dämpfer und Kommunikationssperren. Und man fragt sich, ob das Theater nicht zuletzt auch deswegen so theatralisch ist, um den Blick abzulenken und mit allem möglichen anderen zu beschäftigen. Kein Zweifel, dass Ivan Stanevs Theater auch dieser Anforderung genügt.

DIE WEISSE HÖHLE

Kunst ist Polemik, Streit wider unseren Verstand, unsere Sinne oder unsere Gesellschaft. Gleich dreimal macht Claudia Bosses Projekt *Belagerung Bartleby* im Hebbel Theater Berlin im April 2004 auf diese Aussage die Probe aufs Exempel, erstens durch die Auswahl des Theaterraums, in dem das Projekt stattfand, zweitens durch die Auswahl des Textes, dem die „theatrale Installation“ gewidmet wurde, und drittens durch diese Installation selbst.

Erstens. Erinnern wir uns daran, was der Architekt Oskar Kaufmann 1907/08 erreichen wollte, als er seinen Bau des Hebbel-Theaters, damals noch in der Königgrätzer Straße, dem Publikum vorstellte. Niemand hat darüber präziser Auskunft gegeben als er selbst.[1] Er hat einen Tempel gebaut, der im Bewusstsein um das Dilemma, dass der Theaterbau bis dato entweder ein griechisches Amphitheater mit freiem Einblick des Publikums von allen Seiten oder ein Renaissance-Theater mit perspektivischer, Tiefe und Illusion betonender Guckkastenbühne war, die Kunst und nicht die Gewohnheiten des Publikums zum Maßstab nahm. Nichts war ihm wichtiger als die scharfe Betonung der Trennung von Bühne und Zuschauerraum, dies jedoch nicht, um *zwei* Räume, sondern um *einen* Raum zu schaffen, in dem *beides* seinen aufeinander bezogenen Platz hat.

Sein Maßstab war nicht die Beobachtung zweiter Ordnung (Beobachtung von Beobachtern), die das Theater seit den Griechen mit einer Erziehungsfunktion im Umgang mit den fatalen Mechanismen der Auslösung von Gewalt ausgestattet hatte.[2] Und sein Maßstab war auch nicht die Erfindung des Individuums, das sich seit der Renaissance in Perspektive gerückt und auf seinen Blickwinkel ebenso wie auf die Ordnung aller anderen Blickwinkel in einem wohlbestimmten Raum verwiesen sah.[3] Sondern sein Maßstab war der Streit mit einem Bürgertum, das das Theater längst zu seiner Sache gemacht hatte, zur Feier seiner wirtschaftlichen Erfolge, des „Triumphs der Knappheit über die Gewalt“, um mit Niklas Luhmann zu reden,[4] und zur Feier seiner kulturellen Standardisierung des Individuums im Imitationskonflikt mit dem Adel. Kaufmann wollte, dass die Kunst selbst zur Geltung kam, nicht nur als das, was ein Publikum in Kauf nahm, dem es um sich selbst ging, sondern als das, womit dieses Publikum die größten Schwierigkeiten haben würde – immerhin darauf zählend, dass es auch dafür ein Publikum würde geben können.

Kaufmanns Lösung seines Problems besteht darin, dass er die Trennung zwischen Bühne und Zuschauerraum zum wiederkehrenden Gestaltungselement auf allen Ebenen seines Theaterraums werden ließ, wie es nur je eine fraktale, um das Prinzip der Selbstähnlichkeit kreisende Geometrie es sich träumen lassen kann. Von der Fassade über die Treppen zum Vestibül und die Treppen zum Foyer bis zu den Rundungen über den Garderoben, in den Treppenhäusern und in der Gestaltung des Foyers im 1. Stock zitiert der Bau die Unterscheidung der Bühne vom Zuschauerraum, nicht die Bühne selbst, wohlgemerkt, geschweige denn den Zuschauerraum, in späterer, ‚demokratischer' Tradition, sondern die Unterscheidung selbst in ihrer trennenden Wirkung, wie sie erst von der Mathematik George Spencer-Browns als Herstellung eines Zusammenhangs des Unterschiedenen auch beobachtet, gedacht und reflektiert werden kann.[5] Kaufmann will den Rahmen, der den Blick des Publikums von sich selbst ablenkt und auf ein Geschehen lenkt, das nur so den Rahmen auch wieder sprengen kann.[6] Ihm geht es um die autonome, die in sich selbst begründete Kunst, wie sie uns damals und seither immer wieder verdächtig ist, wie sie zugleich aber auch die Bedingung für das ist, was sich Kunst nennen lässt, nämlich die Überraschung der Beobachter mit Formen (Gesten, Farben, Worten, Geschichten, Klängen, Zusammenhängen), mit denen man so nicht gerechnet hätte, die aber stimmig sind in dem Moment, in dem sie vorgeführt werden.[7]

Zweitens. Herman Melvilles Erzählung *Bartleby, the Scrivener*, wie sie Italo Calvino gelesen hätte, wenn ihm nicht der Tod zuvorgekommen wäre,[8] thematisiert das Drama der Konsistenz, der Schlüssigkeit, des Zusammenhangs, der Abgeschlossenheit (im Sinne der Ableitung jedes Elements eines Zusammenhangs aus jedem anderen). Der Schreiber Bartleby antwortet auf jede Bitte seines Chefs, die über die Grenzen einer sehr eng, mit strikter Auslegung des Anstellungsvertrages definierten „Indifferenzzone" hinausgeht,[9] nur, „I would prefer not to", und gibt auf die Bitte, diese Antwort zu begründen, wiederum dieselbe Antwort. Das Drama der Konsistenz, um bei dem von Calvino gewählten Begriff zu bleiben, entwickelt sich bei Melville als ein Drama der Modallogik, innerhalb derer jedes Element auf jedes andere Element verweisen sollte, genau dies aber hinten und vorne nicht gelingt. Melvilles Kunstgriff zur Inszenierung dieses Dramas ist minimal. Er besteht nur darin, einige wenige Worte seiner Erzählung kursiv zu setzen:

- *that* (S. 59)[10] – ein Verweis darauf, dass alles, was der Ich-Erzähler, ein Advokat an der Wall Street, über Bartleby erfuhr, *das* war, was seine eigenen Augen zu sehen bekamen;
- *why* (S. 69) – die Frage danach, *warum* er sich weigert, einer Bitte nachzukommen;

- *you* (S. 70) und *luny* (S. 71) – eine Nachfrage, was *du*, Ginger Nut, vom Verhalten Bartlebys hältst, der daraufhin sagt, er halte ihn für ein bisschen *verrückt;*
- *will* (S. 73) – *willst* oder *wirst* du meine Bitte nicht erfüllen;
- und hier zum ersten Mal kursiv: *prefer* (S. 73) – I *prefer* not;
- *he was always here* (S. 75) – er verließ das Büro nicht mehr;[11]
- *anything* (S. 80) – „‚Will you tell me *anything* about yourself?' ‚I would prefer not to.'";
- *prefer* (S. 81) – hier gleich mehrfach, einmal in der Variante „‚*prefer not*, eh?'";
- wieder *that* (S. 82) – nämlich: „‚*That's* the word, Turkey', said I – ‚*that's* it.' ‚Oh, *prefer?* Oh yes – queer word. (...)'";
- *must* (S. 84) – du *musst* gehen, obwohl du es vorziehen würdest, nicht zu gehen;
- *assume* (S. 85) – „I *assumed* the ground that depart he must";[12]
- noch einmal *assume* (S. 86) – was kann man in einer solchen Angelegenheit *annehmen*?;
- *not* (S. 87) – gleich zweimal;
- *should* (S. 90) – „what does conscience say I *should* do with this man, or, rather, ghost";
- *not*, *as* und *does* (S. 91) – er ist *kein* Stadtstreicher, aber er verhält sich *wie* ein solcher, nein, tatsächlich *unterstützt* er sich selbst.

Als Kulminationspunkt der Geschichte, als Verknüpfung *und* Lösung des Knotens,[13] würde ich die Seiten 84 bis 91 lesen, in denen das *Müssen* auf die Struktur der *Annahme* stößt, die dort ein Müssen unterstellt, wo andere ganz andere Präferenzen haben, am *Nein* scheitert, vergeblich ein *Sollen* herbeibeschwört (aber nur auf ein *Gewissen* trifft, das sich eingesteht, es mit einem *Gespenst* zu tun zu haben) und schließlich in einem Faktum – er ist *kein* Stadtstreicher, er kann für sich selber sorgen – zu einer Ruhe kommt, die nichts erklärt.

Welchen Streit sucht die Kunst Melvilles? Vielleicht bringt kaum eine Erzählung das Skandalon des 19. Jahrhunderts, die Entdeckung nicht nur der Unwiderlegbarkeit der individuellen Präferenz, sondern auch der Fundierung einer ganzen sozialen Ordnung, der Ordnung eines wirtschaftenden Liberalismus, auf diese individuellen Präferenzen, genauer und zugleich ratloser auf den Punkt als diese Geschichte vom Schreiber Bartleby. Wenn jemand sagt, ‚so aber entspricht es meinem Geschmack', ‚so aber will ich es', so waren dies Sätze, die in der Adelsgesellschaft, die bis ins 18. Jahrhundert dominierte, in einen umfangreichen, ‚decorum' genannten Kanon standesgebundener Sittlichkeit eingebettet waren, der es ohne Rückfrage erlaubte, festzuhalten, worin der Geschmack, worin der Wille eines Adligen oder, so weit es diesen überhaupt zugestanden wurde, Bürgern und Bauern bestehen *konnte*. Dass man sich mit einer eigenen Präferenz individuell nicht nur binden, sondern meinen konnte, wäre einem Adligen nie in den Sinn gekommen, der zwar mit Pointen überraschen, mit Exzentrizitäten auf sich aufmerksam machen konnte, aber dies doch nur, um dem gerecht zu werden, was als adliger Lebensstil auch unter diesen Umständen noch überzeugte.[14] Oscar Wilde wird die Geschichte vom Beau Brummell zugeschrieben, die den subalternen Charakter einer wirklich individuellen Präferenz treffend zum Ausdruck bringt: Als der Beau Brummell, der berühmteste Dandy des 19. Jahrhunderts, einmal durch Schottland reist und angesichts eines besonders schönen Panoramas einer Seenkette aus seiner Kutsche aussteigt, um ein paar Schritte zu gehen, bliebt er schließlich an einem Aussichtspunkt stehen, dreht sich zu seinem Diener um und fragt diesen: „Which lake do I prefer?"

Genau darum geht es. Sich auf Präferenzen zu berufen, muss gegenüber der bisherigen Sozialpraxis, sich auf Annahmen zu stützen, um dann zu überprüfen, ob sie zutreffen oder nicht, als Hybris, Hochmut oder Wahnsinn gelten. Wer ist denn dieses Individuum, dass es glauben kann, zu wissen, was es will, sich wünscht, dem einen oder anderen vorzieht? Und wie soll denn eine Gesellschaft aussehen, die sich auf solche Individuen (und man denke hier an den Klang, den das Wort ‚Individuum', dieses ‚Subjekt', im 18. Jahrhundert noch hatte, als man es noch ganz selbstverständlich verdächtigte, sich selbst überlassen nur auf dumme Gedanken kommen zu können) stützt und sie auch noch ermutigt, ihre Präferenzen ernst zu nehmen?

Gegenüber diesem Skandalon hilft es wenig, dass es wenig später, nämlich in einer wohlverstandenen ökonomischen Theorie, als Trick entlarvt wird: Das Paradigma der ökonomischen Theorie, so macht es vor allem Gary S. Becker deutlich,[15] ist vor allem dort unschlagbar, wo es annimmt, dass die Präferenzen der Individuen stabil vorausgesetzt werden können *und* in deren Belieben liegen. Wer diese Paradoxie versteht, hat die ökonomische Theorie verstanden. Denn es kommt nicht etwa darauf an, dem Individuum seine Launen zu konzedieren, sondern darauf, ihm eine Rationalität unterstellen zu können, die es zum Agenten von Präferenzen macht, von denen es auch bei Nachfrage kaum etwas weiß, weil sie nicht etwa einzelne Güter und Dienstleistungen betreffen, sondern deren Verhältnis zum Umgang mit Fragen der eigenen Gesundheit, des eigenen Prestigebewusstseins, der Sinnlichkeit und Sittlichkeit, des guten Willens und des Neides, die jedes Individuum verlässlicher an seine Gesellschaft binden, als es jede Annahme, die dann auch noch zu überprüfen ist (aus der man also etwas lernen kann), vermag. Das Individuum präferiert hochgradig individuell, was es ihm erlaubt, sich mit oder ohne Distinktion in sein soziales Umfeld einzubetten, pfadabhängig seinen Gewohnheiten zu folgen und das Beste aus seinem so oder anders beschränkten Humankapital zu machen. Becker hat vorformuliert, was Pierre Bourdieu dann zu einer durchaus unerbittlichen Soziologie des Geschmacksurteils ausgearbeitet hat.[16] Wenn man dies mitliest, ahnt man etwas vom Schrecken, der Melvilles *Bartleby* durchzieht, und von dem Streit mit der Gesellschaft, den er hier und nicht nur hier ausficht.

Drittens. Claudia Bosse räumt mit ihrem Ensemble das gesamte Gestühl aus dem Zuschauerraum des Hebbel-Theaters, verhandelt mit dem Bühnenmeister so lange, bis sich dieser bereitfindet, während der hundert Stunden des Projekts anwesend zu sein und so zu ermöglichen, den eisernen Vorhang geöffnet zu lassen, legt einen weißen Teppich durch das gesamte Theater, vom Vestibül über die Foyers und die Seitengänge durch den Zuschauerraum bis in den letzten Winkel der Hinterbühne, und beschreibt die weißen Wände des Theaters im Laufe der hundert Stunden, die die Installation dauert, mit Texten von Melville und anderen in vornehmer Bleistiftschrift. Sie verwandelt das Theater in eine weiße „Höhle“ (Peter Laudenbach, *Tagesspiegel* vom 26. April 2004).

Und warum? Um ihm genau jene Intimität auszutreiben, auf die es Kaufmann ankam, um die Trennung von Bühne und Zuschauerraum als Trennung *eines* Raumes, *desselben* Raumes erlebbar zu machen. Und um Bartleby als eine Infektion der Moderne zu beschreiben, die keine Grenzen mehr zu kennen behauptet, sondern den Individualismus der Präferenz nicht etwa nur unter dem Deckmantel einer Ideologie der Freiheit, sondern als Fundament dieser Freiheit zum Gesetz des Ganzen macht. Während der hundert Stunden schlafen sich die Mitglieder des Ensembles und Zuschauer, die sich einfinden, um mitzumachen, Stück für Stück und nach einem strengen Schema durch den gesamten Raum, indem die Matratzen, auf denen sie liegen, Stunde für Stunde ein Stück weitergelegt werden. Zwischendurch werden Vorträge gehalten und werden Diskussionen geführt, in denen es vermutlich strenger um die Möglichkeiten und Aussichten des Theaters geht als in jedem gepflegten Foyergespräch in den Pausen einer normalen Aufführung oder im bemühten Feuilleton von Kunstkritikern, die von Resultaten, fertigen Kunstwerken ausgehen und vom Prozess kaum eine Ahnung haben, den eine Inszenierung hinter sich und vor sich hat.

Claudia Bosse blendet die Bühne zurück in den Zuschauerraum und die Präferenzen für das, was im Theater normalerweise geschieht, zurück auf die Annahmen, dank derer wir immer schon zu wissen glauben, was das Theater leistet und was nicht. Sie lässt im Theater schlafen: Welche Präferenz gerade des professionellen Theatergängers bringt sie damit nicht auf den Punkt! Sie lässt im Theater diskutieren: Wie könnte man übersehen, dass sie damit zum Ausdruck bringt, worauf die meisten Theatergänger sowieso nur warten, um wieder loszuwerden, was sie gerade, anstatt zu schlafen, erlebt haben! Zwischen verhindertem Schlaf und rettender Diskussion stirbt das Theater, um das es eigentlich geht, das Theater Kaufmanns, aber auch die Einsicht des Advokaten, dass man nur weiß, was man mit eigenen Augen gesehen hat, *und deswegen* fast nichts weiß.

Und was passiert in diesen hundert Stunden? Der in fahlem Weiß dämmernde Theaterraum gewinnt aus Schlaf und Diskussion eine neue, ganz andere Intimität, die aber präzise, wenn man nur hinschaut, als Übersetzung der Intimität Kaufmanns zu lesen ist. Und er gewinnt eine Klarheit und Präsenz, die sich allen Annahmen *und* Präferenzen entzieht und stattdessen, horribile dictu, die Autonomie der Kunst erleben lässt, die Autonomie einer Kunst, die den Streit nicht mehr nur mit der Gesellschaft, sondern darüber hinaus auch noch mit sich selbst sucht, streng und ratlos, für einen Moment jedoch auch Heimat ist.

MANCHMAL IST DER TANZ DIE BESSERE SOZIOLOGIE

Manchmal ist der Tanz die bessere Soziologie. Denn er kann nicht nur Beobachtungen sozialer Strukturen auf den Punkt bringen, sondern zugleich darauf reflektieren, wer da eigentlich was aus welcher Position beobachtet.

„For Fools rush in where Angels fear to tread“, ist eine Zeile aus einem Gedicht von Alexander Pope,[1] dessen zweite Hälfte den Refrain eines Tanzstückes bildet, das VA Wölfls Ensemble „Neuer Tanz“ unter dem Titel *REVOLVER* im Herbst 2004 in Zürich uraufgeführt hat und das seither in Düsseldorf und Frankfurt am Main zu sehen war. Bei Wölfl wird daraus: „Fools rush in, but I am in love with you.“ Die Engel bleiben ungesagt, können jedoch mitgehört werden und bleiben während des ganzen Stücks das eigentliche Thema, während immer deutlicher wird, dass Liebesgeschichten, Liebessehnsüchte kein Ersatz für sie sind.

Selten wurde die hilflose Wut angesichts des Einmarsches der Amerikaner im Irak überzeugender zum Ausdruck gebracht als durch dieses Tanzstück. Das Publikum schaut in einen gleißend weiß erleuchteten Bühnenraum, der fast zur Gänze von zwei weißen, aufblasbaren Panzern aus Stoff eingenommen wird, deren Rohre auf das Publikum zeigen und von denen einer, schräg auf den anderen gestellt, mithilfe von Luftpumpen zu einem leichten Pulsieren gebracht wird. Vor diesen Panzern feiert Wölfls Truppe minutenlang eine Rockparty, die ausgelassen beginnt und immer stereotyper wird, bis die Tänzer den Panzern die Luft rauslassen, weiße Teppiche über sie rollen und der Rest des knapp zweistündigen Stücks auf einem leicht ausgebeulten, zum Tanzen gar nicht mehr recht geeigneten Boden stattfindet, unter dem man bis zum Schluss die Panzer weiß. Als reiche diese Behinderung der Tänzer nicht, werden später noch einige Eimer mit gelben Tennisbällen über den Bühnenraum ausgeschüttet, so dass die Tänzer keinen Schritt mehr machen können, ohne aufpassen zu müssen, wo sie gehen und stehen.

Und was passiert in diesem Stück? Junge Frauen probieren unglückliche, aber strenge Haltungen aus. Ein Tänzer spielt den Rocksänger und wiederholt seinen Refrain zu einem Geschehen, das umso rätselhafter wird, je mehr sich die Elemente herausschälen, aus denen es besteht. Junge Männer betreten die Bühne und treten wieder ab, ohne einen Unterschied zu machen. Überhaupt: Eines der wichtigsten Elemente des Stücks ist das dauernde Anprobieren und Umziehen des ganzen Ensembles direkt vor der ersten Reihe der Zuschauertribüne, als gelte es laufend, sich vorzubereiten und einzustellen auf einen Eingriff ins Geschehen auf der Bühne, der dann aber allenfalls stattfindet, um herauszufinden, ob es jemanden gibt, der sich davon beeindrucken lässt.

Zwischendurch wird auf die gesamte Rückwand des Bühnenraums ein Abfangjäger projiziert, mitten im Flug auf ein namenloses Ziel, leicht torkelnd, zugleich bedrohlich und ziellos in seiner begrifflosen Ferne zu einem möglichen Geschehen.

Die Party findet ihren Höhepunkt in einer ausgelassenen, lautlosen Prügelei, in der in Zweier- und Dreierkonstellationen ausprobiert wird, wie ‚chirurgisch präzise' der andere zu treffen ist, und alle Beteiligten einschließlich der Opfer einen Mordsspaß aneinander haben. Die Szene oszilliert zwischen Assoziationen an David Finchers Film *Fight Club* (USA/Deutschland, 1999) auf der einen Seite und Bildern Abu Ghraibs auf der anderen Seite, ohne das eine oder andere wirklich zu meinen.

Denn das Thema dieses Stückes ist eben nicht die Verurteilung der Amerikaner, sondern sind wir selbst, die wir zuschauen, wie ein Krieg um die ‚neue Weltordnung' geführt wird, von der wir profitieren, während wir nicht wissen, worauf sie hinausläuft. Und wenn die militärische Gewalt der Amerikaner den Grundstein einer demokratischen Ordnung legt, die mit Freiheit droht und Freiheit erzwingt? Was ist das für eine Gewalt, wenn wir uns nicht aus ihr herausdividieren können? Was ist das für eine Ordnung, wenn sie dort Märkte schafft, wo bislang das Gesetz der Patriarchen herrscht? Und was ist das für eine Freiheit, wenn die einen schon wissen, was sie darunter verstehen, und die anderen dies, ohne wirklich eine Wahl zu haben, erst mühsam herausfinden müssen?

VA Wölfls *REVOLVER* stellt diese Fragen nicht und beantwortet sie nicht. Aber dieses Stück schafft Raum für sie, weil es neben dem Urteil auch die Urteilenden vorführt. Und es tut dies als Tanz, in dem die Zeile „and I am in love with you" immer unbezweifelbarer wird. Denn natürlich sind die Tänzer allesamt Engel, einer verführerischer in seinem Zögern, seiner Furcht, seinem Hinschauen als der andere. Allerdings singen sie niemandes Loblied mehr, am wenigsten ihr eigenes. Ungläubig, aber genau, konzentrieren sie sich auf die Beobachtung ihrer eigenen Zustände.

ALS EXPERTE AUF EINEM SCHWARZMARKT FÜR NÜTZLICHES WISSEN UND NICHT-WISSEN

Der Schwarzmarkt findet im Theater statt. Das nützliche Wissen und Nicht-Wissen wird auf der Bühne verhandelt und es hat sein Publikum. Erst so wird die Idee, mit der Hannah Hurtzig seit den ersten ‚Schwarzmärkten für nützliches Wissen und Nicht-Wissen' in Berlin, Hamburg und Warschau nun erfolgreich durch ganz Europa tourt, zu einem Format, zu einem Format des Theaters und zu einem Format des Wissens.

Zweimal bereits durfte ich mich als ‚Experte' an diesen Schwarzmärkten beteiligen, und beide Male faszinierten mich mehr noch als die eigene Situation des Zweiergesprächs die Zuschauer, die auf den Rängen saßen und sich stundenlang das Geschehen auf der Bühne anschauten. Einige wenige griffen dabei zu den Kopfhörern, mit deren Hilfe man in ausgewählte Expertengespräche hineinhören kann. Die meisten schauten einfach nur zu, ohne hören zu können, was gesagt wurde, und ich hatte beide Male das Gefühl, dass sie am besten begriffen, was hier geschieht und dass hier etwas Neues geschieht.

Das Setting ist ja ungewöhnlich genug. In strenger ästhetischer Gestaltung stehen mehrere Reihen von kleinen Tischen festgeschraubt auf der Bühne, an denen ein Experte und ein Kunde einander gegenüber Platz nehmen, damit der Experte in einer präzise begrenzten halben Stunde dem Kunden, der sich zuvor am Schalter für ein bis drei Euro diesen Experten gemietet hat, zu erzählen, was er zu erzählen hat. Das kann monologisch geschehen und passiert auch oft genug monologisch, obwohl ich festgestellt habe, das sich ein Monolog in einer Zweiersituation nur mit Schwierigkeiten durchführen lässt. Es liegt nahe, sich von Fragen unterbrechen zu lassen, ins Gespräch zu kommen, den Kunden nach seinem Interesse zu fragen und sich eher über das Thema zu unterhalten, auch streitend, als es in Vortragsform über den Tisch zu reichen. Mit Ausnahme der wenigen Tische, über denen ein Mikrofon hängt, damit das Publikum auf den Rängen hineinhören kann, gibt es für die Gespräche keine Zuhörer. Es gibt also auch keinen Bedarf, einen Dritten im Auge zu behalten, für den der Experte zu inszenieren wäre, während man mit seinem Kunden spricht, um dessen genaueres Interesse herauszufinden.

Für die Experten gibt es nur die eine Regieanweisung, dass es darum geht, sein Wissen (und Nicht-Wissen) an den Mann zu bringen. Es geht darum, sich nützlich zu machen. Der Experte soll sein Wissen für nützlich halten, der Kunde hat dann immerhin die Möglichkeit, es ebenfalls für nützlich zu halten oder eher abzulehnen. Er kann diese Entscheidung jedoch nur in einem begrenzten Umfang treffen, bekommt er es dabei doch auch mit sich selbst zu tun. Denn wie unzufrieden er auch immer mit der Darstellung und dem Wissen des Experten sein mag, bezahlt hat er schon und das bedeutet, dass er dazu neigen wird, die Ausgabe, so gering sie ist, eher für gerechtfertigt zu halten als für verschwendet. Im Mindestfall hat er jemanden kennengelernt, den er andernfalls nicht kennengelernt hätte.

Das ist das Setting, ungewöhnlich genug, wie gesagt, denn wann hat man es schon einmal im Zweiergespräch mit einer so deutlichen Asymmetrie zu tun! Der soziale Normalfall ist die symmetrische Zweiersituation, so sehr diese Symmetrie im Einzelfall auch eher künstlich behauptet sein mag, oder die asymmetrische Situation unter mehreren Anwesenden. Bei Asymmetrien wie denen zwischen Lehrer und Schüler, Arzt und Patient, Richter und Angeklagtem, Vorgesetztem und Mitarbeiter wird meist Sorge getragen, dass genügend Dritte, Beobachter, im Spiel sind, die die Asymmetrie sowohl rechtfertigen können als auch erträglich abzufedern erlauben.

Der Schüler weiß sich mit anderen Schülern im Einverständnis. Und der Lehrer kann, wenn er des Belehrens im Einzelfall müde ist, immer noch darauf ausweichen, dass es sich im Hinblick darauf lohnt, dass auch die anderen zuhören und sich belehren lassen, selbst wenn sie im Moment nicht gemeint sind. Der Patient kann das Gefühl haben, dass dieser Arzt ihm überhaupt nicht hilft, aber mit Rücksicht auf die Assistenzärzte und Krankenschwestern wird er dennoch mitspielen, die Asymmetrie akzeptieren und auf einen besseren Moment warten, um seine Einwände loszuwerden. Der Richter mag bezweifeln, dass dem Angeklagten die Bestrafung nützt, aber allen anderen weiß er sie schuldig. Und der Mitarbeiter wird dem Vorgesetzten schon deswegen den erforderlichen Gehorsam entgegenbringen, weil er andernfalls fürchten muss, dass auch er darunter zu leiden hat, wenn es in der Organisation drunter und drüber geht. Fast immer werden das Wissen, das Recht, die Macht und sogar die Hilfe für Dritte, für Beobachter, inszeniert, die sich angesichts dieser Inszenierung der Ordnung der Gesellschaft vergewissern und die im Rahmen dieser Inszenierung dann auch die asymmetrisch gesetzten Effekte legitimieren, die dann mehr oder minder gewollt unvermeidlich, das heißt: Struktur, werden.

Hannah Hurtzig weiß um diese Ordnungen. Und sie misstraut ihnen schon deswegen, weil sie so gut funktionieren. Das ist das Geschäft des Theaters. Es durchkreuzt und überprüft die Ordnungen des Sozialen. Es schaut sich die Rollen an, die wir spielen, und macht sie an ihren Effekten und Affekten sichtbar. Es führt die Gesten vor und hält sie an, um für den Moment die Frage zu stellen, was es ist, das nicht mehr funktioniert, wenn diese Gesten nicht mehr funktionieren. Es fühlt den Tonfällen den Puls, wenn man so sagen darf, um herauszufinden, was jemand aus sich macht, der laut oder leise, vorsichtig oder auftrumpfend, ängstlich oder trotzig seinen Text zu Gehör bringt.

Kommunikation, so hat George Herbert Mead herausgearbeitet,[1] ist aus mindestens drei Perspektiven zu betrachten, aus der Ich-Perspektive: „Wer sagt etwas?", aus der Du-Perspektive: „Wem wird etwas gesagt?", und aus der Perspektive der Selbstaffektion: „Was mache ich aus mir, indem ich sage, was ich sage, und indem ich es so sage, wie ich es sage?" Da die Kommunikation, die verbale wie die nicht-verbale, überdies in die Struktur der wechselseitigen Wahrnehmung eingebettet ist: „Ich nehme wahr, dass du mich wahrnimmst, und nehme wahr, dass du wahrnimmst, dass ich dich wahrnehme", kann man sich leicht vorstellen, wie schnell die Verhältnisse unübersichtlich werden, weil niemand mehr weiß, wer nun eigentlich worauf wie reagiert hat. Kausalität hilft hier nicht weiter, sondern nur Interpunktion, wie Paul Watzlawick gezeigt hat:[2] Der eine nimmt dies an, der andere etwas anderes, und wenn beides zusammenpasst, kann sich daraus die munterste Kommunikation ergeben, im Guten wie im Bösen. Selbstaffektion ist hierbei im Übrigen nicht die eine Komplikation, auf die man zugunsten einer vernünftigen Ordnung des Ganzen dann doch lieber verzichten müsste, sondern die einzige Rettung, weil sie der Reflexion auf die Kommunikation eine Handhabe dafür gibt, wann man sie fortsetzen möchte und wann lieber nicht.

Dieser Mikrostruktur der Kommunikation wird von einer Makrostruktur sekundiert, die aus ganz anderem Holz ist. Sie bindet jede noch so kleine Kommunikationssequenz in die Strukturen der Gesellschaft ein und verlangt, dass man jederzeit und im Prinzip in der Lage sein sollte, zu rechtfertigen, worüber und wie und zu wem man gerade spricht. Sie verlangt, wie es John W. Meyer in seinem bemerkenswerten Buch *Weltkultur* gezeigt hat,[3] dass man sich selbst im Prinzip und jederzeit als einen ‚Agenten' verstehen können sollte, der im Namen einer höheren Sache unterwegs ist und nur in diesem Namen tut und macht, was er gerade tut und macht. Diese höhere Sache können die Erwartungen der Eltern, die Warnungen des Priesters, die Interessen des Arbeitgebers, die Drohungen der Moral, die Standards des Rechts oder die Kriterien wahrer Liebe sein; irgendetwas dieser Art wird immer eine Rolle spielen und den Handelnden, den Akteur, zum Agenten eines Prinzipals, einer Autorität machen, die überprüft und kontrolliert, was gerade geschieht.

Das Theater ist in unserer Gesellschaft in der privilegierten Situation, Akteur, Agent und Prinzipal in Personalunion und zugleich in verteilten Rollen zu sein. Die Schauspieler handeln, sie sind Stellvertreter derer, die sie darstellen, und sie sind ihre eigene Autorität im Namen der ästhetischen Funktion, die das Theater in der Gesellschaft zu erfüllen hat.

Auf dem *Schwarzmarkt für nützliches Wissen und Nicht-Wissen* wird das auf das Gelungenste sichtbar. Man kommt als Experte nicht darum herum, doch das eine oder andere Wissen zu behaupten, das man seinem Kunden voraushat. Man handelt, indem man sich als Experte inszeniert, das heißt, indem man mitspielt. Selbst wenn man den anderen, den Kunden, ins Gespräch zieht, tut man dies als Experte und im Rahmen der Asymmetrie, die in dieser halben Stunde nicht zu unterlaufen ist. Selten ist es mir gelungen, mit meinen Kunden auch danach noch einmal ins Gespräch zu kommen.

Zugleich ist man Agent. Der Kunde kommt, setzt sich an den Tisch und schon sind all jene Dritte mit im Spiel, die jetzt erwarten, dass etwas gesagt wird, dass informiert und belehrt wird, dass etwas Nützliches passiert, das die Situation übersetzt in die Transformation des Kunden, der nichts weiß, in den Kunden, der etwas mehr weiß. Wenn man als Experte nicht sofort an sich vorbei auf das Wissen zeigen könnte, um das es geht, wäre die Situation lächerlich. So aber geht es; und selbst die anfänglichen Schwierigkeiten, miteinander ins Gespräch zu kommen, erklären sich daraus, dass der Agent ja erst einmal herausfinden muss, wie genau er den Kunden bei seinem Nichtwissen zu packen bekommt. Nachfragen welcher Art auch immer können abgefangen werden. Man ist Experte. Man steht nicht für sich, sondern für etwas.

Und nicht zuletzt hat damit der Prinzipal, das Wissen im schönsten Singular, bereits seine Hand im Spiel. Er regelt, dass jetzt zwar Vieles, aber nichts Beliebiges geschehen kann. Es kann unterhaltsam werden oder trocken, lehrreich oder allzu vertraut; nicht in Frage stehen jedoch darf, dass Wissen vermittelt wird, das zuerst nur einer, der Experte, und anschließend beide, der Experte und sein Kunde, haben.

Aber wie gesagt, das Ganze findet im Theater, auf der Bühne und vor einem Publikum statt. Experte und Kunde mögen ihre Sache ernst meinen, das Publikum weiß es besser. Es sieht sie alle fünf agieren, den Kunden, den Experten, den Akteur, den Agenten und den Prinzipal. Und es traut seinen Augen nicht. Denn wie soll das funktionieren? Wie soll hier zusammenkommen, was in jedem einzelnen Element, ausgestattet mit verschiedenen Körpern und Erinnerungen, eingebettet in jahrhundertalte Strukturen des Handelns und der Autorität (nicht umsonst zieht John W. Meyer den Faden zurück bis ins alte Athen und Rom, nicht vergessend, dass Jerusalem seine eigene Rolle spielt) so voraussetzungsreich und unwahrscheinlich gebaut ist?

Das Publikum genießt. Das steht außer Frage. Es weiß sich von der Autorität des Theaters im Besonderen und der Kunst im Allgemeinen (eigenwilliges Handeln vor interesselosen Beobachtern) geschützt, die die so streng ästhetische Inszenierung des Ganzen so perfekt bedient, während es der Dekonstruktion der Situation des Experten mehr zuschaut als beiwohnt. Einem Ritual wohnt man bei, dem Theater schaut man zu, selbst wenn dieses Zuschauen seinerseits ein Ritual ist, dem die Gesellschaft spät genug erst mit Vergnügen sich zu widmen gelernt hat. Beim Zuschauen, beim bloßen Zuschauen bleibt es, während die Struktur des Wissens in der Situation seiner Vermittlung auf dem Prüfstand steht.

Soll das heißen, dass wir uns auf das Zuschauen eher verlassen können als auf das Wissen? Haben die Schwarzmärkte des Wissens und Nicht-Wissens diesen tieferen Sinn? Sollen wir dem Format immerhin zu trauen lernen, während wir eher ungläubig der Behauptung glauben, dass sich Experte und Kunde im Zweiergespräch etwas zu sagen haben?

Die Moral des Ganzen, so will mir scheinen, liegt in der Inszenierung einer Ökologie des Wissens. Was muss passieren, woran muss man glauben, was muss man gesehen haben, wie kann man belegen, was muss man zitieren, wenn in der Strapaze des Gespräch unter Zweien die Autorität des Wissens noch eine Chance haben soll? Darunter hat der Kunde ebenso zu leiden wie der Experte. Zwar ist der Experte derjenige, der das Wissen ‚haben' soll. Aber der Kunde ist in der vor allem im Moment der Situation ungleich schwierigeren Lage, überprüfen zu müssen, was er glauben will und was nicht. William James hat das Problem ja auf den Punkt gebracht: „As a rule we believe as much as we can. We would believe everything if we only could."[4] Der Kunde will glauben, aber er würde jeden Respekt vor sich selber verlieren, täte er dies so ohne Weiteres. Er möchte den Experten zum schönsten Vortrag motivieren, aber wie kann er das, wenn er gleichzeitig ganz allein die Rolle zu übernehmen hat, den Experten mit der Skepsis zu konfrontieren, die er schon deswegen verdient, weil er Experte ist, also selbst nur auf dem Umweg einer immer berechtigten, aber immer schwierigen Skepsis zu seinem Wissen oder dem, was er dafür hält, gekommen ist?

Die theatrale Inszenierung des Wissens unterläuft (soll heißen: führt vor) dieses an einem seiner wichtigsten Verankerungspunkte in der Gesellschaft. Wenn Niklas Luhmanns Vermutung stimmt, dass Wissenschaft in jeder Gesellschaft davon lebt, dass sie das Wissen als erlebt und nicht als gemacht vorzuführen vermag (dazu dient das der Wissenschaft eigene Theater der ‚Objektivität'),[5] dann erlebt man auf dem Schwarzmarkt, dass und wie sehr dieses Erleben selbst ein Handeln ist. Man muss sich das Wissen erhandeln, wenn man es behaupten will. Und man muss es sich erhandeln, wenn man es übernehmen will. Auch wenn dieses Handeln ein Handeln der gesellschaftlichen Vermittlung des Wissens ist, gehen hier doch so viele Strukturen dieser Gesellschaft mit ein, dass es fast ausgeschlossen ist, dass dieses Handeln nicht auf das Wissen abfärbt, das hier von Experten noch behauptet werden kann.

Hannah Hurtzig stellt die Merkel-Frage: Wie können wir sicher sein, dass wir auch das wissen, was wir wissen müssen, während wir nichts anderes tun als das, was wir immer schon getan haben? Die DDR ist daran zugrunde gegangen, dass sie sich diese Frage nicht gestellt hat. Angela Merkel stellt sie sich als Kanzlerin der Bundesrepublik Deutschland. Auf den Schwarzmärkten für nützliches Wissen und Nicht-Wissen schwingt sich das Theater zu einer kritischen Beobachtung der Art und Weise auf, wie in der Gesellschaft Wissen erzeugt und verarbeitet wird. Ganz so enttäuschend scheint das Ergebnis nicht zu sein. Denn dann würde das Publikum anfangen, sich zu gruseln. Aber das Gegenteil ist der Fall. Es genießt.

FRAUENTAUSCH

Der Schlüssel zu Richard Wagners *Das Rheingold* ist eine Regieanweisung gleich zu Beginn des Werkes.[1] Ort der Handlung: „Auf dem Grunde des Rheines". Und dann heißt es: „Die Höhe ist von wogendem Wasser erfüllt, das rastlos von rechts nach links zu strömt." Offenbar schauen wir von unten zur Wasseroberfläche hinauf. Aber ganz so einfach ist die Erklärung nicht, denn gleichzeitig sehen wir Alberich über schroffes Gestein steigen, gelockt, verführt und verspottet von den Rheintöchtern, die verführerisch zu ihm hinabtauchen und sich doch nicht fangen lassen. Und: „Nach der Tiefe zu lösen die Fluten sich in einen immer feineren feuchten Nebel auf, so dass der Raum in Manneshöhe vom Boden auf gänzlich frei von Wasser zu sein scheint." Befinden wir uns in einer verkehrten Welt, in der das Wasser oben fließt?

Zwei weitere Anweisungen unterstützen diese Erklärung. Als Alberich das Gold aus dem Felsen herausgerissen hat und mit dem Gold in die Tiefe stürzt und die Mädchen auf der Jagd nach ihm hinterhertauchen, „fällt" auch „die Flut (...) mit ihnen nach der Tiefe hinab." Damit endet die erste Szene des Stücks, und die zweite Szene eröffnet mit Gewölke, das sich verzieht und den Blick auf eine „freie Gegend auf Bergeshöhen" freigibt. Jetzt befinden wir uns in der Welt, die wir kennen: Oben ist Luft und unten ist Wasser.

Doch erst in dieser, in der richtigen Welt ergeben sich all die Verwicklungen, von denen *Das Rheingold* berichtet. In der verkehrten Welt war noch alles in Ordnung: Die Liebe ist die Liebe, und das Gold glänzt zwar, ist jedoch nicht mehr als Tand, ohne jeden Wert im Vergleich zur Anmut der Rheintöchter und zur Lust, mit ihnen zu spielen. In dem Moment, in dem Alberich statt der Mädchen das Gold greift, ist jene Verwechslung geschehen, die der Märchenwelt ein Ende macht und uns mit der Wirklichkeit konfrontiert.

Das schon oft beschriebene große Thema des *Rheingolds* ist die Verwirrung, die in die Welt, in unsere, die wirkliche Welt kommt, wenn Liebe und Gold nicht nur konvertibel, sondern wechselseitig substituierbar werden. Man kann sich die Liebe kaufen. Das versucht Wotan, indem er Fricka eine Burg bauen lässt. Sie jedoch durchschaut den Handel und lehnt ihn zunächst ab, weil sie erkennt, dass dieses Geschenk an sie zugleich seinen Ruhm mehren soll. Man kann die Liebe verkaufen. Das tut Fafner, indem er in einem grandiosen Bild in der vierten Szene den Ring verlangt, um eine Lücke im Hort des Goldes zu stopfen, durch die er noch das Auge von Freia blitzen sehen kann, die hinter dem

Schatz steht, der so hoch aufgetürmt werden soll, dass man sie nicht mehr erkennen kann. Denn dann ist nicht nur ihr Wert aufgewogen in Gold, sondern auch ihrem Reiz die Chance genommen, doch noch andere Maßstäbe zu setzen. Und nicht zuletzt kann man die Liebe gegen das Gold eintauschen, wozu sich Wotan nur zögernd und erst auf dunkles Anraten Erdas hin entschließt, indem er den Riesen auch den Ring aushändigt und sich mit dem Leben mit Fricka und so auf die „maßlose Macht" verzichtend zufriedengibt. Zumindest rettet er so seine Ehe.

Dieses große Thema des *Rheingolds* enthält zugleich eine These, die Richard Wagner in allen ihren Verästelungen in den drei anschließenden Teilen der Tetralogie ausloten wird. Die These ist, dass die richtige Welt ohne diese Verwirrung nicht zu haben ist, und dass eine Welt, in der die Liebe unanfechtbar nur als Liebe gilt und Tand nur als Tand, eine verkehrte, eine Traumwelt ist. Verkehrt wäre es also, zu glauben, man könne auf die Verwirrung verzichten. Verkehrt wäre es, den Versuch zu machen, die Welt wieder so zu ordnen, dass Konvertibilität, Vergleich und Entscheidung nicht mehr nötig sind, so sehr sie auch immer wieder Verstand und Herz des Menschen prüfen. Verkehrt wäre es also, der dauernden Prüfung aus dem Wege gehen zu wollen. Verkehrt wäre es, Eindeutigkeit zu verlangen oder zu erwarten.

Wagner ist allerdings nicht bereit, dieser These umstandslos zu folgen. Zu sehr ist ihm bewusst, wie hoch ihr Preis ist. Wie Goethe im *Faust* würde er lieber glauben, dass die Welt der Schönheit wiedergewonnen werden kann, wenn es nur gelänge, der Welt der Sorge zu entfliehen, denn „Sorg' und Furcht / fesseln den Sinn", wie Wotan gegen Ende des *Rheingolds* grübelnd feststellt, nachdem er den Ring den Riesen überlassen hat. Der Preis ist so hoch, weil das liberale Bürgertum des 19. Jahrhunderts eben doch nicht Recht mit seiner Vermutung hat, dass sorgender Handel auf der Basis aufgeklärter Interessen der Welt bereits die friedliche Zivilgesellschaft garantiert. Denn nicht das Interesse, sondern der Neid beherrscht auch die bürgerliche Gesellschaft, die damit so leidenschaftlich konstruiert ist wie einst die adlige, wenn auch weitgehend unter Verzicht auf Triumph und Prunk und Stil.

Und der Neid, so ahnt Wagner, ist nicht nur selber eine Leidenschaft, sondern fatalerweise eine Leidenschaft, die mit dem Streit bereits Gesellschaft stiftet. Wen ich beneide, dem verwandle ich mich an. Ich begehre, was er schon hat, und mache mich ihm darin gleich. Zugleich werde ich zu seinem Rivalen. Man nehme den Versuch beider, zu schützen, was man schon hat, hinzu, und man hat den perfekten Algorithmus dieser Gesellschaft: Man kämpft miteinander um das Gleiche, weiß sich also in verlässlicher Feindschaft verbunden. Was könnte den Zusammenhalt der Gesellschaft und ihre laufend neue Auseinandersetzung mit ihren Gegebenheiten besser sicherstellen? Ruhe gibt es hier nicht; jeder wartet auf seine Gelegenheit.

Wagner zeigt im *Rheingold*, dass eine Gesellschaft außerhalb der Märchenwelt der Rheintöchter, aber auch unterhalb der Macht der Götter, ohne diese Dialektik der positiven Effekte eines negativen Gefühls nicht zu haben ist. Er unterläuft damit die triviale Anthropologie einer bürgerlichen Gesellschaft, die daran glaubt, dass Individuen mit sich identisch Interessen haben können, die sie friedlich verfolgen, wenn Politik und Polizei ihnen nur verlässliche Rahmenbedingungen schaffen. Tatsächlich sind Individuen, wie es die großen Tragödien und Komödien der Theatergeschichte, aber auch die großen Romane der Neuzeit immer schon gewusst haben, mit sich höchst different auf andere angewiesen. Diese anderen zeigen ihr Begehren und fordern dazu heraus, es zu kopieren, denn wie sonst sollen sie selbst wiederum sicher sein, dass sich lohnt, was sie begehren? Diese nicht-triviale Anthropologie hat vor allem René Girard in vielen Arbeiten auf den Punkt gebracht, so in seinem Hauptwerk *Das Heilige und die Gewalt*. Bereits vor ihm hat dies Gabriel Tarde *(Die Gesetze der Nachahmung)* zu einer Soziologie der Imitation ausgearbeitet. Man kommt ins Grübeln, wenn man sieht, wie hier Religionswissenschaft, vertreten durch Girard, und Kriminologie, vertreten durch Tarde, zum selben Ergebnis kommen.[2]

Wagner konnte weder Girard noch Tarde kennen, aber er kannte natürlich die Tradition der Tragödie und offenbar war er wie später Girard auf die Idee gekommen, die ältesten Mythen daraufhin zu durchstöbern, ob sich irgendwo der genetische Fehler dieser neidvollen Verfassung der Menschheit auffinden lässt. Girard las Homer und die griechischen Tragöden, Wagner las die nordischen Mythen.

Der Neid also, dieses hässliche Gefühl, diese scharfe Beobachtung, diese gnadenlose Orientierung an den Erfolgen der anderen, begleitet durch die Schadenfreude, die den Misserfolgen gilt, dieser Neid ist es, der Gesellschaft stiftet. *Der Ring des Nibelungen* ist jedoch mindestens so sehr eine Mathematik wie eine Kulturkritik der Gesellschaft. Natürlich zeigt Richard Wagner, welches Unheil der Neid anrichtet. Und natürlich schlägt er sich auf die Seite von Erda, die Wotan rät, dem Ring und damit der maßlosen Macht zu entsagen. Wotan steht jedoch bereits die *Götterdämmerung* bevor, vor der ihn auch die List Loges nicht bewahren wird.

Das eigentliche Thema des *Rheingolds* ist jedoch die Mathematik des Neids, nicht die Kulturkritik. Man hat sich oft darüber gewundert und hat es auch bedauert, wie Egon Voss in seinem Nachwort zur Reclam-

Ausgabe des Librettos zum *Rheingold* berichtet, dass Loge an den auf diesen Vorabend folgenden drei Abenden nicht mehr auftritt. Vermutlich ist genau das eine der Pointen des *Rings*. Man braucht den Listigen nicht, wenn die Gesellschaft selber listig aufgestellt ist. Man braucht die betrügerischen Tricks von Loge nicht, wenn die Gesellschaft selbst Mittel und Wege gefunden hat, noch die kriminellen Abwege, auf die sie ihre neidischen Mitglieder schickt, als Bestätigung ihrer Gesetze zu inszenieren. Darauf hat der amerikanische Soziologe Robert K. Merton bereits in den vierziger Jahren des vergangenen Jahrhunderts aufmerksam gemacht: Diebstahl, Raub und Mord mögen zwar Mittel sein, die die Gesellschaft für abweichend hält, aber in den Zielen stimmen sie vielfach mit dem überein, was auch die Gesetzestreuen für erstrebenswert halten.[3]

Die Mathematik des Neids, so zeigt Wagner, besteht in zwei einfachen Austauschoperationen, die in jeder sozialen Situation unmittelbare Evidenz haben und dennoch eine Vielzahl überraschender Konstellationen hervorrufen und tragen können. Die erste Austauschoperation konfrontiert den Neidischen mit dem Beneideten, die beide dasselbe haben beziehungsweise behalten wollen. Und die zweite Austauschoperation konfrontiert die Liebe mit dem Gold und im Rahmen des Mythos des *Rheingolds* auch die Liebe mit der Macht. In beiden Operationen geht es jeweils um dasselbe. In der ersten liegt das auf der Hand, denn es geht um das, worum der Neidische den Beneideten beneidet. In der zweiten ist es nicht ganz so offenkundig: In der zweiten Operation konkurriert die Macht mit der Macht, die Macht der Liebe mit der Macht des Goldes. Wagners eigentliche Frage lautet, wie sehr sich diese beiden Mächte ähneln und ob es nicht doch gelingen kann, sie voneinander zu unterscheiden.

Vermutlich dreht sich genau darum auch das Drama der Musik. Das muss man sich anhören: Wie intoniert Wagner die Macht der Liebe und wie die Macht des Goldes? Immerhin ist die Oper davon getragen, dass das eine mit dem anderen verglichen und daher wechselnd gleichgesetzt und dann doch wieder unterschieden wird. Denn wie könnte man vergleichen, was nicht zugleich auch unterschieden ist? Eine beunruhigende Bewegung, die aber ihrerseits im präzisen Sinne des Wortes Gesellschaft stiftet.

Wir haben es mit zwei symmetrischen Operationen zu tun, ausgelöst vom Neid, getragen davon, dass sich Umwege lohnen, wenn man nicht direkt zum Ziel kommt, und getragen auch davon, dass man Ersatzangebote akzeptiert, wenn sich die größeren Ziele nicht realisieren lassen. Gerahmt werden diese beiden Symmetrien von einer Asymmetrie, auf die sich Wagner jedoch auch nicht restlos verlässt, von der Asymmetrie zwischen Männern und Frauen. Im *Rheingold* sind es immer die Frauen, die erobert und geraubt und um derentwillen Burgen gebaut werden, aber auch auf den Ring verzichtet wird. Und es sind die Männer, die die Initiative ergreifen, auf Abwege kommen und glauben, die Situation retten zu müssen.

Subtil wird jedoch auch diese Asymmetrie zugunsten einer Symmetrie unterlaufen. Immerhin müssen die Rheintöchter erst locken, bevor Alberich ihnen nachstellt. Immerhin sind sie es, deren letztlich bösartiges Spiel die Geschichte erst in Gang setzt, weil sie das Geheimnis des Goldes verraten und Alberich so sehr in Wut versetzen, dass er das Gold aus dem Felsen herausreißt. Auch Fricka ist nicht unschuldig, hat sie sich doch eine Burg, wenngleich eine weniger machtvolle und schon gar nicht eine mit Freia zu bezahlende Burg gewünscht, woran sie Wotan durchaus zu erinnern versteht. Auch Erda, die dea ex machina, resymmetrisiert das Verhältnis der Geschlechter, denn sie allein weiß, wenn auch der Traumwelt entstammend, was Wotan bevorsteht. Und selbst Freia hat so ihre Mittelchen, wären doch die Götter ohne die Äpfel, die sie anbaut, schnell ihrer ewigen Jugend beraubt.

Die Mathematik des Neids ist eine Mathematik auf Kosten von Frauen, ausgelöst durch Frauen und laufend moderiert durch die Aussicht auf eine Liebe, die es dann doch auch ermöglicht, sich dem grausamen Spiel der Gesellschaft wieder zu entziehen, in eine traute Zweisamkeit, die sich jedoch sicher sein kann, hinreichend viel Neid auf sich zu ziehen, und die daher den Frieden, den sie vielleicht genießt, mit Festen bezahlen muss, zu denen man alle anderen einlädt. Die Frauen sind der Einsatz in einem Spiel, das sie selbst zu initiieren und zu befördern verstehen.

Drei Differenzen strukturieren daher in laufendem Wechselspiel eine Mathematik des Neids, die zugleich der Algorithmus der Gesellschaft ist: die Differenz zwischen den Neidischen und den Beneideten, die Differenz zwischen der Macht der Liebe und der Macht des Goldes und die Differenz der Männer, verführt von den Frauen, und der Frauen, geraubt von den Männern. Alle drei Differenzen gelten und gelten nicht, strukturieren und werden unterlaufen, bieten Orientierung und verunsichern. Sie stiften die Gesellschaft als Wechselspiel ihrer selbst und sind doch in jedem Moment so zuverlässig wie unverzichtbar. Es gibt sie immer doppelt, das macht sie so quirlig, nämlich als Asymmetrie und als Symmetrie. Es ist, als würde die Gesellschaft nur Konstruktionen trauen, die sie laufend dekonstruieren kann. Immerhin muss man immer wieder neu durchschauen, was andere noch nicht durchschauen, ohne sich je darauf verlassen zu können, dass diese nicht etwas durchschauen, was man selber nicht durchschaut. Haben nicht deswegen die Mathematiker die Spieltheorie erfunden?

Wie in den archaischen Gesellschaften ist es der Frauentausch, der das Spiel zusammenhält, sei es, weil er verweigert wird, siehe Alberich und die Rheintöchter, sei es, weil er in Aussicht gestellt wird, siehe Freia und die Riesen, oder sei es, weil er dann doch den Frieden in Aussicht stellt, siehe Fricka und Wotan. Der Frauentausch regiert die Gesellschaft auf der manifesten Oberfläche, indem er zeigt, wo man steht und was man schon hat, und zugleich und oft gegenläufig dazu im latenten Untergrund, weil er eben immer auch in Aussicht stellt, was man noch nicht hat und wo man noch nicht steht.

Der entscheidende Punkt der von Wagner im *Rheingold* entfalteten Mathematik des Neids ist jedoch nicht die Zurückführung aller Gesellschaft auf die Lust an der Sexualität (das auch), sondern der Nachweis der Mechanismen, dank derer es möglich ist, diese Lust an der Sexualität zu einem Spiel der Gesellschaft zu entfalten, das für die unterschiedlichsten Verwicklungen Sinn und Platz hat. Hinzu kommt, dass das Begehren, angestachelt durch den Neid, sich nicht an Dingen orientieren muss, sondern ebenso, ja machtvoller von Leerstellen ausgehen kann, also von dem, was man nicht hat.

In der aktuellen Mathematik komplexer dynamischer Systeme würde man von einem einfachen Algorithmus sprechen, der jedoch nichtlinear, also stör- und fehlerfreundlich genug gebaut ist, um zu chaotischen Oberflächen und bei minimal verschobenen Anfangsbedingungen auch zu höchst unterschiedlichen Pfadabhängigkeiten zu kommen. Nicht die Frau, sondern der Tausch ist das Gesetz dieser Gesellschaft. Dieser Tausch integriert Interessen mit Leidenschaften und damit auch Transparenz mit Intransparenz. In Wagners großangelegtem Bühnenfestspiel gehen nicht nur die Götter zugrunde, sondern wird auch der triviale Liberalismus der Zivilgesellschaft zu Grabe getragen, der geglaubt hat, in einem Tausch ginge es immer nur um Äquivalente.

DIE FORM DER KUNST IM MEDIUM DER ÖFFENTLICHKEIT

Das Öffentliche fasziniert umso mehr, je gefährdeter es immer schon scheint. Wir wissen vom Öffentlichen im Modus seiner ‚Krise' (Reinhart Koselleck), seines ‚Strukturwandels' (Jürgen Habermas), seines kulturindustriell beschlagnahmten ‚Erfahrungshorizonts' (Oskar Negt und Alexander Kluge), so als könnten wir uns auf genau das nicht mehr verlassen, worauf einzig wir uns verlassen können. Ausgerechnet dort, wo der Bürger aus seinem privaten Raum heraustritt, um mit anderen Bürgern zu einem offenen Gespräch zu kommen, findet eine Gesellschaft bereits statt, die durchzogen ist von politischen Kalkülen, wirtschaftlichen Interessen, ästhetischen Empfindlichkeiten und moralischen Ansprüchen, von religiösen Rücksichten und wissenschaftlichem Zweifel ganz zu schweigen, und ihm diktiert, was er von wem unter welchen Umständen zu erwarten hat. All das, was nach der Aufklärungsversion des Öffentlichen Gegenstand des Gesprächs und dann sogar der Entscheidung der Bürger sein sollte, ist schon da und strukturiert vorab, wie das Gespräch stattfindet, wer es führt und wer von ihm ausgeschlossen ist.

Es ist daher nur konsequent, wenn die Stadt Duisburg ein Forum zur Vorbereitung auf die Kulturhauptstadt Europas Ruhr 2010 sowohl auf den Begriff der ‚Paradoxien' als auch der ‚Selbstorganisation' des Öffentlichen bringt. Vom Anspruch auf das Öffentliche und an das Öffentliche verabschiedet sich die Gesellschaft auch dann nicht, wenn sie beobachten muss, wie dieser Anspruch immer wieder unterlaufen und in sein Gegenteil verkehrt wird. Was ist das Öffentliche anderes als ein Raum der Begegnung mit Werbeflächen? Was ist ein öffentlicher Raum anderes als eine Erleichterung der Möglichkeit, den Arbeitsplatz zu erreichen, seine Konsumwünsche zu erfüllen und dann auch wieder nach Hause zu finden? Und was sind das denn für Gespräche, die in diesem öffentlichen Raum noch stattfinden, ganz zu schweigen von den Entscheidungen, die dort noch nie gefällt worden sind? Und dennoch: Laufend bedroht, entsteht das Öffentliche doch immer wieder neu. Wenn jemand zuhört, genügt es, dass jemand es zitiert.

Jürgen Habermas hatte das schöne Wort von den ‚oikosdespoten', den ‚Hausherren' in einem sehr drastischen Sinne geprägt, die sich auf der griechischen Agora treffen, um dort durchweg streitlustig über die Belange der Polis zu beraten.[1] Dem entsprach empirisch und nicht ganz im Einklang (aber doch in loser Kopplung) mit seinem von Anfang an arg normativ gefärbten Begriff wohl schon bei den alten Griechen, geschweige denn danach, ein öffentlicher Raum, den die Jungen nutzen, um herumzulümmeln und darauf aufmerksam zu machen, dass es sie auch noch gibt; den die Alten nutzen, um ihren Kaffee zu trinken und alte Zeiten wieder aufleben zu lassen; und den die Rüstigen nutzen, um entweder zur Ordnung zu rufen oder geschäftig vorüberzueilen und sich um Wichtigeres zu kümmern. Und dennoch, keine Frage, würde niemand darauf verzichten wollen, diesen Raum zur Verfügung zu haben. Die Shopping Mall, die die Familie aufsucht, um die Kinder ins Kino zu schicken, die Alten ins Café und die Jungen in die Boutiquen, bevor man sich zum gemeinsamen Essen trifft, ist für diesen öffentlichen Raum schon deswegen kein Ersatz, weil sie nicht dazu taugt, abweichende Befindlichkeiten zu registrieren. Die Shopping Mall wird nur von Kaufleuten beobachtet, die die Bewegungen und Kaufentscheidungen der Kunden verbuchen. Und die Kunden sind vollauf damit beschäftigt, herauszufinden, welche Waren auf ihre Entscheidung warten.

Im öffentlichen Raum hingegen registriert die Gesellschaft ihren eigenen Zustand: Wer hat was zu tun? Wer protestiert wogegen? Wer erinnert sich woran? Diesen Raum als Leerstelle vorzuhalten, in der Eintragungen jeweils erst vorgenommen werden können und die auch als Leerstelle ihren Informationswert hat – in der Gesellschaft sind auch Nicht-Ereignisse Ereignisse –, ist eine Leistung der Gesellschaft, die man in der Tat nicht geringschätzen sollte.

Dennoch bedarf die Überlegung auf diesem Forum, ausgerechnet Künstler damit zu beauftragen, sich mit dem Zustand des Öffentlichen, mit seinen Paradoxien und seiner Selbstorganisation zu beschäftigen, einer besonderen Begründung. Warum fragt man nicht Architekten und Städteplaner, die sich mit Fragen der Raumplanung auskennen, Politologen und Philosophen, die Prozesse der Meinungsbildung beobachten, oder Juristen und Polizisten, die darüber Auskunft geben können, welche Konflikte im Öffentlichen wie geregelt werden? Warum schickt man Künstler ins Feld, die Busfahrten organisieren, Spazierwege anlegen, Autobahnen und Datenräume kartografieren, handygestützte Parallelgesellschaften inszenieren und wie weiland William Burroughs die Bilder und Töne des Geschehens aufnehmen und ins Geschehen wieder einspielen, um es über seine eigene Widerholung ins Stolpern zu bringen?[2]

Auf diese Fragen gibt es eine einfache und eine etwas kompliziertere Antwort. Die einfache Antwort ist, dass der Einsatz von Künstlern die Sache publikumsfreundlicher macht. Und die etwas kompliziertere Antwort ist, dass diese publikumsfreundliche Bestandsaufnahme der Paradoxien des Öffentlichen mit künstlerischem Beistand bereits ein Teil der Lösung des Problems wie auch des Problems selber ist. Sie ist ein Teil der Lösung des Problems, weil die künstlerischen Aktionen einen Beitrag dazu leisten können, dass das Publikum wieder damit anfängt, einen Blick auf sich selbst, auf die Gesellschaft und auf deren aktuelle Zustände zu werfen, so dass bei der Suche nach dem Status des Öffentlichen dieses bereits stattfindet und man sich schon ‚in der Bewegung' befindet, von der das Öffentliche lebt. Und sie ist ein Teil des Problems, weil das Öffentliche, bearbeitet durch die Kunst, schon diese Leerstelle nicht mehr ist, in der sich die sich selbst in den Blick nehmende Selbstorganisation des Öffentlichen ja zuallererst ereignen soll. Wenn das Publikum etwa auf der Rundfahrt durch ‚Duismülsen', die das raumlaborberlin organisiert hat, so oft mit sich alleingelassen wird, ist das deswegen zwar künstlerisch und ästhetisch ein Problem, weil die konsequente Dramaturgie zu fehlen scheint, aber doch zugleich sozial ein Beitrag zur Lösung des Problems, weil die Leerstellen geschaffen werden, auf die es ankommt. So war denn auch zu beobachten, dass es auf dieser Rundfahrt zu den charmantesten Formen der Selbstorganisation kam. Gerade hier war zu lernen, dass man den Paradoxien des Öffentlichen nur dann auf die Spur kommt, wenn man sich eine Dramaturgie überlegt, in der nicht nur die Personen auf der Suche nach einem Autor sind (Luigi Pirandello), sondern auch die Rollen auf der Suche nach den Personen und die Plätze auf der Suche nach den Ereignissen sowie diese Ereignisse auf der Suche nach ihrer Bedeutung. Die Kunst kann auf den öffentlichen Raum nur referieren, nutzen müssen wir ihn, unbehindert durch die Kunst, dann selber.

Ein Ausflug in die Geschichte

Was also hat es mit diesen Paradoxien, mit dieser Selbstorganisation des Öffentlichen im Feld der eigenen Unwahrscheinlichkeit, wenn nicht Unmöglichkeit auf sich? Ich möchte einen kleinen Ausflug in die Geschichte der Gesellschaft vorschlagen, um zum einen das Gefühl dafür zu wecken, was sich in diesem Raum des Öffentlichen aus einer soziologischen Perspektive abspielt, und zum anderen danach zu fragen, wie es der Kunst gelingen kann, hier eine Funktion zu übernehmen, die die Leerstelle respektiert, aber auch weiß, was in ihr jeweils auf dem Spiel steht.

Vier Formen der Gesellschaft kann man unterscheiden, wenn man sich an der von Marshall McLuhan, Manuel Castells, Niklas Luhmann und anderen formulierten These orientiert, dass es jeweils die von Verbreitungsmedien der Kommunikation geschaffenen Probleme sind, deren dauernde Bearbeitung die Form einer Gesellschaft, ihre Struktur und ihre Kultur definieren. Dann haben wir es mit einer Stammesgesellschaft zu tun, die den Schock der Einführung der Sprache verarbeitet (noch einmal William Burroughs: „Language is a virus from outer space"), mit der antiken Hochkultur, die zusätzlich zur Sprache mit der Schrift fertig werden muss (Platon beklagt ihre Kälte, die dem Menschen sein lebendiges Gedächtnis raubt, lobt aber auch, dass sie das gesprochene Wort anhält und so den Menschen aus der Mimesis befreit, die diesen in den Fluss der Rede bannte), mit der modernen Gesellschaft, die sich mithilfe des Buchdrucks in eine höchst ungewohnte Dynamik getrieben hat (Montaigne und Descartes entdecken, dass jetzt nur noch der Zweifel Bestand hat), und mit einer ‚nächsten Gesellschaft' (Peter F. Drucker), die gerade damit begonnen hat, sich auf die neuartigen Kontrollprojekte einzustellen, die im Medium des Computers und seiner Vernetzung entstehen.

Die These von der Dominanz eines Verbreitungsmediums hat ihren archäologischen und heuristischen Wert auch dann, wenn man berechtigterweise danach fragt, welche Rolle die Fotografie, der Film, das Telefon, der Rundfunk, das Fernsehen und das mobile Telefon in diesem Drama der Evolution der Gesellschaft spielen. Zusätzliche Tiefenschärfe lässt sich leicht gewinnen, wenn die Problemstellung erst einmal hinreichend deutlich ist. Wenn man die Buchdruckgesellschaft als eine Gesellschaft versteht, die sich im Medium ihrer Kritik laufend selbst kommentiert und variiert (in der Moderne ist die Gesellschaft nur ein Modus ihrer selbst), wird man die Fotografie und den Rundfunk als Verbreitungsmedien beschreiben können, die ein Mehr desselben nach sich gezogen haben, wenn auch mit erheblichen zusätzlichen Effekten der Beanspruchung von Wahrnehmung, die nicht zu vernachlässigen sind.

Dramatischer jedoch ist der Schritt vom unbewegten zum bewegten Bild, der mit Film und Fernsehen vollzogen wird, weil hiermit, wie Luhmann beobachtet hat,[3] die Kommunikation insgesamt zum Gegenstand der Wahrnehmung wird und damit eine Negationsresistenz gewinnt, der nur mit einem großen Aufwand der kritischen Medienkunde begegnet werden kann, und dies ähnlich wie im Fall der Sprache erst dann, wenn es bereits zu spät ist. Lesen und Schreiben lernt man nur, indem man lernt, zu lesen und zu schreiben. Hier sind, mit weitreichenden Folgen für das ‚analytische' Selbstverständnis von Antike und Moderne, die kritischen und damit ‚rationalen', die Welt an ihre Brüchen kenntlich machenden Kompetenzen in den Umgang mit dem Medium gleich mit eingebaut. Für die Sprache, das unbewegte und das bewegte Bild gilt das nicht. Hier hat man schon gehört und gesehen und muss dann mühsam lernen, was das heißt und wie sich aktive und passive Rollen auf den Prozess der Produktion von Wörtern und Bildern zurechnen lassen. Die Alphabetisierung und Literalisierung verstehen sich hier deswegen nicht von selbst, weil sie denen, die schon können, was sie nicht beherrschen, überflüssig scheint.

Diese Komplikationen unserer These sind interessant, müssen uns hier jedoch nicht beschäftigen. Wichtiger ist es uns hier, nach dem Status des Öffentlichen und der Kunst in diesen vier Gesellschaften zu fragen, wohl wissend, dass das Öffentliche eine emphatische Kategorie ist, die erst für das athenische (im Unterschied zum mykenischen) Griechenland[4] und die demokratische (im Unterschied zur feudalen) Moderne[5] und somit nicht für die Stammesgesellschaft und auch nicht, da ist man sich nicht sicher, für die nächste Gesellschaft in Anspruch genommen wird, und ebenso in Rechnung stellend, dass auch unser Begriff von Kunst Schwierigkeiten hat, die Produktion und Rezeption von Kunst in der Stammesgesellschaft und in der nächsten Gesellschaft wiederzuerkennen. Die ritualisierte Stammesgesellschaft scheint die autonome Kunst auszuschließen, die ökologisierte nächste Gesellschaft ihrer überdrüssig zu sein. Aber wir werden sehen, dass diese Einschätzung in beiden Fällen ein Fehler der Optik ist, der auf die moderne und sehr bürgerliche Überschätzung der Autonomie der Kunst zurückzuführen ist.

Unsere These ist, dass das Öffentliche wie das Private wie auch die Kunst und ihr Publikum so genannte Einmalerfindungen sind, die in unterschiedlichem Gewand in jeder bekannten Form von Gesellschaft auftreten und ihre Wiedererkennbarkeit wie auch damit ihre Reproduzierbarkeit aus ihrem funktionalen Stellenwert im Rahmen der Autopoiesis, der Selbstherstellung der Gesellschaft im Ganzen erhalten. Unter einer ‚Funktion' verstehen wir hier ganz mathematisch und ganz im Sinne der Kulturtheorie von Bronisław Malinowski[6] einen Interdependenzzusammenhang von Variablen, keine teleologische Struktur der Erfüllung letzter Zwecke. Und wenn wir davon reden, dass eine Institution wie die des Öffentlichen oder der Kunst ihre Funktion ‚im Ganzen' der Gesellschaft erfüllt, so unterstellen wir hier einen Begriff des Ganzen, der nur in dem Sinne holistisch gemeint ist, als jedes Einzelne mit Blick auf dieses Ganze mit einer Struktur der Ergänzung konfrontiert ist, die nicht vom Ganzen, sondern nur vom Einzelnen und damit auch immer nur als Einzelnes erbracht werden kann. Diese Struktur der Ergänzung hat Martin Heidegger in seiner Vorlesung über *Die Grundbegriffe der Metaphysik* freigelegt.[7]

In einer Gesellschaft, die sich hier schon und im Anschluss an die biologische Theorie von den Organismen in ihren Umwelten radikal ökologisch denkt,[8] kann das Ganze als solches nicht auftreten, sondern nur vom Einzelnen ‚repräsentiert' werden, das dieses Ganze nicht ist. Kein Supersystem und erst recht kein ‚Ökosystem' (schon der Begriff ist widersinnig, siehe dazu die Arbeiten von Joseph H. Reichholf)[9] hält dieses Ganze zusammen, sondern nur der funktionale Bezug auf dieses Ganze im Zuge der Ergänzung jedes Einzelnen im Kontakt mit anderem. Dass dabei eine ‚Kultur' entsteht, die ihrerseits autoritäre Ansprüche stellt, der sich das Einzelne mehr oder minder freiwillig unterwirft, wenn es Anschluss an anderes sucht, soll damit nicht bestritten werden und ist für den Fall der „Weltkultur" überzeugend von John W. Meyer aufgezeigt worden.[10]

Was also sind wir bereit, in diesem Zusammenhang ein Öffentliches zu nennen, und welche Rolle spielt im Umgang mit diesem Öffentlichen die Kunst?

Das Öffentliche, so sein weniger emphatischer als vielmehr soziologischer Begriff, wie ihn Harrison C. White im Anschluss an Erving Goffman entwickelt hat,[11] ist jene Leerstelle in der Gesellschaft, in der sich ein Wechsel zwischen den Stellen der Gesellschaft ereignen kann. Das Öffentliche ermöglicht den Switch zwischen den Kontexten: vom eigenen Haus an den Arbeitsplatz, von der Freizeit in den Konsum, von der Kultur in den Sport. Gäbe es diese Leerstelle nicht, an der sich zunächst nichts anderes ereignet als der Switch selber, könnte dieser Switch nicht stattfinden und wäre man auf immer in den jeweiligen Kontext eingebunden, in den man vielleicht hineingeboren wurde und den man dann als immerhin wählbaren ‚Kontext' nie kennenlernen könnte, weil er mit der Welt schlechthin verschmelzen würde. Das Öffentliche ist die Garantie der Fragmentierung des Sozialen, der Pluralität der Kontexte des Sozialen und damit der Wählbarkeit dieser Kontexte und jeden Freiheitsverständnisses, das nur daran anknüpfen kann. Nur der Switch befreit, wenn auch nur zum nächsten Kontext.

Wenn sich dieser Begriff des Öffentlichen bewährt, könnte man die Kunst als Markierung der Leerstelle begreifen, als Offenlegung der Paradoxie, dass die Fülle der Gesellschaft nur dort zum Vorschein kommt, wo nichts anderes stattfindet als die Wahl zwischen ihren Möglichkeiten, eine Wahl immerhin, die selbst nicht unter dieses Mögliche fällt, sondern in der Gesellschaft und von der Gesellschaft für so notwendig gehalten wird, dass sie in der nächsten Paradoxie nur dem zwecklosesten aller Funktionsbereiche, der Kunst, überantwortet werden kann. Mit „interesselosem Wohlgefallen" (Immanuel Kant) bestehen wir darauf, dass wir die Wahl haben, und verlangen wir von der Kunst immer aufs Neue, dies und nur dies zu dokumentieren. Die Kunst will nichts außer dem Eigensinn, der überraschenden Wendung. Sie ist Poiesis im Auftrag der Praxis: Hervorbringung von Werken, die nichts anderes wollen als sich selbst, dies aber als Markierung nicht von Vollkommenheit, Perfektion, sondern der Möglichkeit einer Wahl als Notwendigkeit einer Entscheidung.

Vier Formen der Gesellschaft

Trifft es zu, dass man die Stammesgesellschaft etwa mit Claude Lévi-Strauss[12] als Struktur von Ritualgemeinschaften verstehen kann und dass diese Ritualgemeinschaften nicht zuletzt zur Kontrolle des Referenzüberschusses des gesprochenen Wortes eingerichtet werden (Wer darf zu wem wann worüber sprechen und wovon etwas hören?), dann hat das Öffentliche in dieser Gesellschaft die Gestalt der Grenze zwischen diesen Ritualgemeinschaften. Der Platz in der Mitte des Dorfes, der Zaun zwischen Garten und Wildnis, der Pfad auf dem Weg zum Nachbarstamm sind deswegen Räume des Öffentlichen in unserem Sinne, weil hier Entscheidungen getroffen und Kontexte gewechselt werden können.

Diese Räume sind strikt kontrolliert. Sie bekommen ihrerseits eine rituelle Funktion, die davor warnt, die falsche Entscheidung zu treffen und einen Kontext zu wählen, der einem nicht zukommt oder für den man die passende Initiation noch nicht vorzuweisen hat. Nichts ist zufällig an den Bewegungen von Männern und Frauen, Kindern und Alten, Häuptlingen und Schamanen in diesem von Grenzen durchzogenen und mit Geheimnissen aller Art ebenso indizierten wie geschützten Raum. Deswegen haben diese Räume nichts mit dem zu tun, was wir unter einer Öffentlichkeit zu verstehen gelernt haben. Wir sehen die Freiheit nicht, die die Privaten hier zur Bestimmung ihres nächsten Schrittes in Anspruch nehmen könnten. Aber damit täuschen wir uns. Die Freiheit ist da. Sie besteht darin, an jeder Grenze des eigenen Status ansichtig zu werden und für einen Moment, einen winzigen Moment, den Status der anderen als einen anderen Status zu erleben und mit dem Gedanken zu spielen, die Grenze zu kreuzen. Und das genügt. Damit ist die Gesellschaft als Differenz der verschiedenen Status markiert, und mehr braucht man nicht, um sich der Möglichkeit des Wechsels auch dann zu vergewissern, wenn man ihn nicht vornimmt.

Schaut man genauer hin, wird man feststellen, dass all das, was wir am ehesten mit ‚Kunst' in Verbindung bringen, weil es zum Beispiel einen ornamentalen, also ‚überflüssig' sich selbst markierenden Charakter hat, in Stammesgesellschaften an diesen Grenzen stattfindet. Amulette, Totems und Masken, Verzierungen an Häusern und von Plätzen sind ebenso viele Markierungen von Grenzen, die zu überschreiten grundsätzlich verboten und nur ausnahmsweise, also sozial konditionierbar, gestattet ist. Wir nennen Kunst, was in diesem Sinne zugleich zu faszinieren und abzuschrecken vermag. Man weiß, dass sich hinter der Maske etwas abspielt, dass die Totems ein Geheimnis bewachen und dass die Amulette eine Person vor den bösen Blicken anderer schützen, aber man weiß auch, dass man nur im Ausnahmefall die Maske abnehmen, das Geheimnis offenlegen und die Amulette entfernen darf. Was wir Kunst nennen, markiert diese Möglichkeit und hegt sie zugleich ein in eine Reflexion der ganzen Gesellschaft, die in dieser einen Grenze, in jeder Grenze, mit auf dem Spiel steht.

Ganz anders die Schriftgesellschaften der antiken Hochkulturen in Ägypten und Griechenland, in China und bei den Inkas. Hatte die Sprache die Stammesgesellschaften mit einem Referenzüberschuss konfrontiert, so bekommen es die Hochkulturen dank der Einführung der Schrift mit einem Symbolüberschuss zu tun, der deswegen problematisch ist, weil die Gesellschaft es dank dieses Überschusses, wie dies jeder Schriftbegriff seither nachzuzeichnen versucht, damit zu tun bekommt, dass jetzt die Abwesenden und das Abwesende mitkommunizieren. Über ihre Symbole (Inschriften, Botschaften, Urkunden, Gutschriften) sind sie in Situationen präsent, die zuvor noch in der Lage waren, ausschließlich unter den Anwesenden ihren Sinn und Zweck zu verhandeln. Die Kultur der Gesellschaft springt um von einer Kultur der Geheimnisse auf eine Kultur der Zwecke, die es erlauben, dem Symbolüberschuss mit Selektionsfähigkeit, das heißt mit der Möglichkeit der Ablehnung wie, profiliert durch diese, der Annahme zu begegnen. Andernorts werden diese Zusammenhänge genauer ausgeführt.[13]

Das Öffentliche behält in dieser Gesellschaft seinen Stellenwert, erhält jedoch ein neues Gewand. Es tritt jetzt zum einen auf als Schwelle, als Übergangsbereich zwischen Haus (oikos) und Stadt (polis), und zum anderen als Versammlungsort und Marktplatz (agorá, forum), auf dem und um den herum versammelt wird, was in dieser Gesellschaft Anspruch darauf erhebt, perfekt zu sein, und damit immer mitlaufend als korrupt beobachtet werden kann. Die Unterscheidung von Perfektion und Korruption ist das Supplement der Unterscheidung der Zwecke (teloi) untereinander. Am Dialog *Politeia* von Platon kann man studieren, dass das eine nicht ohne das andere zu denken, die Frage nach der gerechten Ordnung der Stadt nicht von der lebendigen Beschreibung ihres tatsächlichen und höchst ungerechten Durcheinanders abzulösen ist. Das Öffentliche versammelt daher das Perfekte und das Korrupte, um im Streit über die Zwecke aushandeln zu können, wer welchen moralischen Kredit eingeräumt bekommt und wer nicht.

Die Kunst macht diesen Gewandwechsel mit. Sie ist nicht mehr Maske und Totem, sondern Plastik und Bild. Sie steht herum auf der

Agora und sie findet sich auf den Vasen und Schalen des festlichen Gebrauchs. Sie zeigt perfekte, schöne Körper von Göttern, Helden und Athleten und sie zeigt das pralle Leben, Lust und Trunkenheit, komische und tragische Momente der Wahl, in denen die Korruption lockt und das Perfekte dennoch möglich bleibt. Sie markiert den Wechsel zwischen dem einen und dem anderen, indem sie beides kopräsent hält. Und sie zelebriert als wahrhaft vollkommen jene Leerstelle, in der gerade eben möglich wird, was gerade noch ausgeschlossen schien, die perfekte Bewegung, die schöne Geste, das sinnvolle Wort. Dank Eric A. Havelocks Studie *Preface to Plato* glaubt man zu wissen, warum Platon die Kunst (Homers und Hesiods) aus seiner gerechten Stadt zu vertreiben versuchte.[14] Sie war ihm zu wenig Schrift (trotz seiner Warnung vor der Kälte der Schrift), zu sehr bloßes Wort im Sinne eines Wahrnehmungsmediums, das Hörer und Sprecher eher emotional als analytisch, eben mimetisch oder ‚heiß' (McLuhan) in Anspruch nimmt. Aber damit hätte er verkannt, dass die Kunst nicht etwa Partei ergreift, sondern noch in der Mimesis diese mitinszeniert und in eine Bewegung des entweder Tragischen oder Komischen versetzt, die ohne ihre ‚Verknotung' (Aristoteles) im Medium kontingenter Entscheidungen schlechterdings nicht zu denken sind. Doch das gilt nur für Platons Aussage, wie Carol Jacobs im Anschluss an John Sallis gezeigt hat, nicht jedoch für seine Argumentation:[15] Die Bewegung seines Arguments ist so angemessen widerspruchsvoll, wie seine Aussage alle Widersprüche hinter sich lassen will. Keine schlechte Voraussetzung, um Klassiker zu werden.

Die moderne Gesellschaft lässt im Medium des Buchdrucks die Struktur und Kultur der Schriftgesellschaft hinter sich, wobei der Charakter dieses Hintersichlassens darin besteht, dass die ältere Struktur und Kultur erst jetzt zum Bewusstsein der Selbstbeschreibung der Gesellschaft kommen und Herz und Verstand der Menschen in dieser Gesellschaft beschäftigen, während ihr Handeln und ihre Kommunikation längst woanders sind. Die aristotelische Teleologie begleitet die moderne Gesellschaft als Traum und Philosophie ihres eigenen Ethos bis heute, während sich dank der mithilfe des Buchdrucks massenhaft verbreiteten Schriften (Flugblätter, Zeitungen, Bücher, Akten, Zeugnisse, Geldscheine) eine Struktur herausbildet, die nicht mehr vom Symbolüberschuss, sondern vom Kritiküberschuss geprägt ist. Jeder hat gelesen (oder fällt gerade daran auf, dass er nicht gelesen hat) und jeder muss unterstellen, dass alle anderen gelesen haben (oder eben nicht gelesen haben), so dass es keine Meinung zu nichts mehr gibt, die nicht mit der Möglichkeit ihres Gegenteils, mit der Möglichkeit einer Abweichung, zuweilen auch mit der Möglichkeit ihrer Begründung mit unwillkommenen Motiven konterkariert werden kann. Gleichgültig, ob man unternehmerisch investiert oder politisch entscheidet, ob man die eine oder die andere Schule besucht, sich jetzt oder später verheiratet, an diesen oder jenen Gott glaubt, seine Kinder so oder anders erzieht, diese oder jene Sexualtechniken präferiert, lieber die Erdbeeren aus der Region oder die Ananas aus Übersee isst, zu jeder dieser Möglichkeit gibt es gute Gründe und kritische Gegenmeinungen. Schon deswegen muss man laufend wählen. Wie sonst könnte man sich der Kritik würdig erweisen? Das hat der vielzitierte Bartleby des Herman Melville mit seiner Standardantwort, „I would prefer not to“, messerscharf erkannt und ex negativo auf den Punkt gebracht.

Die moderne Gesellschaft stabilisiert sich beziehungsweise restabilisiert sich auf der Ebene einer Dynamik der Beobachtung zweiter Ordnung, auf der jedermann laufend mit Kritik rechnet und genau dafür Vorkehrungen trifft. Unternehmer sind offen für Konkurrenz, solange die Politik nachhilft; Politiker sind offen für Neuwahlen, solange der Rest der Gesellschaft dafür Sorge trägt, dass es auch für abgewählte Politiker eine Zukunft gibt; Liebhaber fühlen sich nicht nur an die eigene, sondern auch an die Lust der Geliebten gebunden; Wissenschaftler lassen sich fragen, ob sie auch empirisch zeigen können, was sie theoretisch behaupten; sogar die Priester fühlen sich daran gebunden, ob ihnen die Seele der Gläubigen folgen kann oder nicht. Jeder beobachtet die Beobachtungen der anderen und in fröhlichster und hartnäckigster Rekursivität entstehen die Eigenwerte dessen, was wir dann die Institutionen der Moderne nennen, Demokratie und Markt, romantische Liebe und empirische Wissenschaft, säkulare Religion und positives (‚gesetztes‘) Recht.

Das Öffentliche verdünnt sich hier zum Switch schlechthin. Die Plätze und Räume von einst ‚symbolisieren‘ nur noch, worum es eigentlich geht. Die Einrichtungen des Verkehrs, des Ortswechsels, der Erreichbarkeit der verschiedenen Stellen der Gesellschaft sind wichtiger als die Versammlung der Symbole der Perfektion im öffentlichen Raum des Durcheinanders. Und der Mobilität zwischen den Stellen der Gesellschaft entspricht eine erst jetzt entwickelte Kultur der Geselligkeit, die ihrerseits und in striktem Sinne leer ist, weil es in ihr nur darum geht, ausprobieren zu können, mit welchen Themen man wem gegenüber wie weit kommt. Überall, wo diese Geselligkeit stattfindet, findet Öffentliches statt, seien es die großen Feste, die privaten Einladungen, die Stammtischgespräche , das Plaudern in den heißen Bädern der Wellnesscenter oder auch die Cafés der Shopping Malls. Überall, wo das Publikum noch nicht definiert ist, sondern erst gefunden werden muss, und die Akteure deswegen noch zwischen ihren Rollen schwanken können, findet Öffentliches in diesem präzisen Sinn der Appräsentation der Möglichkeiten der Gesellschaft statt, und seien es die mäandernden Gespräche des Kunden mit dem Taxifahrer, dem Friseur und dem Barkeeper.

Nur dort, wo nicht mehr gewechselt werden kann, ist das Öffentliche vertrieben. Die ‚Nicht-Orte', von denen Marc Augé mit Blick auf Flughäfen, Hotels, Restaurantketten und Bordelle spricht,[16] sind keine Orte des Öffentlichen, weil an ihnen die Kontexte nicht gewechselt, sondern andernorts getroffene Entscheidungen programmgemäß nur noch ausgeführt werden. Und die Zonen der Exklusion, die Giorgio Agamben mit Blick auf Asylantenzellen, Intensivstationen und Konzentrationslager beschreibt,[17] sind natürlich schon deswegen keine Orte des Öffentlichen, weil an ihnen der Kontextwechsel ausgeschlossen ist beziehungsweise auf eine Art und Weise verfügt wird, die sich jeder Kritik und Diskussion entziehen.

Die moderne Kunst hat es in dieser Situation nicht leicht. Die Gesellschaft und mit ihr das Öffentliche verlieren jede Anschaulichkeit, so dass sich auch die Kunst in der Musik wie in der Malerei, aber tendenziell auch im Theater und im Tanz, ohne recht zu wissen, warum, auf das Studium abstrakter Kontraste und bloßen Formenspiels zurückzieht. Aber natürlich stimmt das nicht ganz. Mindestens so attraktiv wie die Abstraktion ist das Individuum, und dies sowohl in der Fassung des Künstlers, der erst in der Moderne in die Falle des autonomen Genies gejagt wird, als auch in der Fassung des Gegenstands, indem das Individuum auf Bildern und als Musikhörer, im Tanz und im Theater in einem Ausmaß mit seiner eigenen Fragilität konfrontiert wird, die nur in der erneuten Markierung dieser Leerstelle einer möglichen, aber nicht vorwegzunehmenden Entscheidung ihre Pointe haben kann.

Im Mittelpunkt der modernen Kunst stehen nicht mehr die Maske und nicht mehr der entweder perfekte, leidende oder deviant monströse Körper, sondern der leere Mensch, der in jedem denkbaren Moment zum Objekt und zum Subjekt einer nicht auszudenkenden Kritik auf dem Weg zu einem nicht auszudenkenden Kontext wird. Diese Leerstelle, nicht etwa der perfekte Mensch der Antike, ist die heimlich-unheimliche Botschaft des Humanismus. Aber noch beunruhigender ist, dass die Öffentlichkeit in letzter Konsequenz dann im Individuum selber stattfindet, in seiner Fähigkeit, sich ein Publikum zu suchen oder zum Publikum zu machen und zwischen den Akteursrollen zu wählen, die ihm in unverminderter Ironie immer wieder neu zur Verfügung gestellt werden. Man weiß nicht, ob die Kunst diesem Individuum beisteht oder ihm noch gnadenloser als der Rest der Gesellschaft nachstellt. Denn je mehr sie sich um das Individuum kümmert, desto leerer wird es, ein Entwurf seiner selbst mit einem genauen Wissen nur um die Hölle der anderen (Jean-Paul Sartre).

Das Leben der Formen

Gottlob beginnen wir, auch dieses hinter uns zu haben. Auch wenn wir über die nächste Gesellschaft naturgemäß noch nichts Genaues sagen können, immerhin haben wir es erst seit etwa sechzig Jahren mit der Einführung des Computers zu tun und erst seit den 1960er Jahren gelernt, die Frage nach dem Einfluss der Verbreitungsmedien auf die Struktur und Kultur der Gesellschaft auch nur zu stellen, so ist doch immerhin bereits sichtbar, worin die Herausforderung besteht. Der Computer ist nicht nur die erste Maschine, die über ein eigenes Gedächtnis verfügt – von einer ‚memory-stored control' spricht John von Neumann[18] –, sondern zugleich auch eine Maschine, die sich auf dieser Grundlage anschickt, sich ebenso überraschend und unzugänglich an der Kommunikation der Gesellschaft zu beteiligen, wie wir dies bisher nur von Menschen und auch hier auf der Grundlage des ihnen zugesprochenen und für andere unverfügbaren Gedächtnisses gewohnt sind.

Welche Rolle könnten hier das Öffentliche und die Kunst spielen? Halten wir uns streng an die bisherige Begrifflichkeit – das ist ja schließlich die Funktion eines Begriffs: auch in neuartigen Zusammenhängen auf seine Tauglichkeit hin erprobt werden zu können –, so bleibt es dabei, dass das Öffentliche darin bestehen wird, jene Leerstellen zur Verfügung zu stellen, die es erlauben, den Kontext zu wechseln.[19] Damit lautet unsere Frage, mit welchen Kontexten wir rechnen müssen und mit welchem Typ von Leerstellen wir es zu tun bekommen. In der modernen Gesellschaft waren die für die Struktur und Kultur der Gesellschaft wesentlichen Kontexte so genannte Sachkontexte. Man wusste, wenn man gelesen hatte und kritisieren wollte, dass man zwar die Moral für jede beliebige Kritik in Anspruch nehmen konnte, darüber hinaus jedoch Politiker nur auf dem Feld der Politik, Unternehmer nur auf dem Feld der Wirtschaft, Künstler nur auf dem Feld der Kunst, Pädagogen nur auf dem Feld der Erziehung, Priester nur auf dem Feld der Religion und Wissenschaftler nur auf dem Feld der Wissenschaft kritisieren konnte. Das schränkte die Kritik erheblich ein und versorgte die Felder zugleich mit einer punktgenauen und nach Belieben steigerbaren, jedoch nie ins Prinzipielle ausgreifenden Kritik. Man musste ja anerkennen, was man kritisierte, indem man es kritisierte. Das ist zwar nur auf dem Feld der Kulturkritik besonders aufgefallen,[20] gilt aber für alle anderen Felder gleichermaßen. Darüber hinwegsehen konnte man nur, weil der Rückgriff auf die Moral bei Bedarf als Rückgriff auf die Gesellschaft insgesamt ausgelegt wurde.

Mit welchen Kontexten bekommt es die nächste Gesellschaft zu tun? Ich vermute, dass es die Kontexte der Kontrollprojekte selber sind, insofern man sich jedes dieser Kontrollprojekte als ein Projekt im Medium eines Computer Grids vorstellen kann (Wertpapierhandel, militärische Manöver, Ingenieurdesigns, Produktionsplanung und Logistik, aber auch Blogosphären, verteilte Computerspiele und andere über Portale integrierte Communities) und jedes dieser Projekte eine Rolle in einem eigenen Netzwerk spielt. Es ist kein Zufall, dass Manuel Castells die nächste Gesellschaft unter dem Namen ‚Netzwerkgesellschaft' beschreibt.[21] Es könnte sein, dass Netzwerke, die sich an der Differenz von Zentrum und Peripherie orientieren oder auch dezentral über den Mechanismus der geteilten Risikostruktur organisiert sind, an die Stelle der Funktionssysteme der modernen Gesellschaft, der sozialen Schichten der Hochkultur und der Stämme der Stammesgesellschaft treten, so sehr alle diese früheren Strukturen, das sei vorsichtshalber noch einmal gesagt, nach wie vor ihre Rolle, wenn auch keine dominierende Rolle spielen.

Wenn wir davon ausgehen, dass jedes Netzwerk einen Kontext in unserem Sinne der Beschreibung eines Horizonts sozialer Anschlussmöglichkeiten darstellt, bekäme das Öffentliche die Aufgabe und Funktion, den Wechsel zwischen diesen Kontexten nach wie vor sicherzustellen. Wie wird dieses Öffentliche aussehen und wie wird es funktionieren?

Ich weiß es nicht. Wenn wir allerdings unseren Abduktionszusammenhang einmal umkehren und zuerst nach der Kunst und dann nach dem Öffentlichen fragen, könnte es sein, dass wir den einen oder anderen Hinweis aus der gegenwärtigen Kunstproduktion erhalten. Das wäre dann auch der tiefere Grund dafür, dass auf dem Duisburger Forum ‚Paradoxien des Öffentlichen' die Kunst und nicht die Architektur, die Stadtplanung, die Philosophie oder die Polizei in den Mittelpunkt der Aufmerksamkeit gerückt werden. Die Kunst agiert sensibler. Sie ist mit ihren Werken zwangsläufig eher auf der Handlungsebene als auf der Diskursebene verankert (trotz aller „Kommentarbedürftigkeit" der Kunst, so Arnold Gehlen, der noch dachte, das ginge vorüber)[22] und hat so freies Spiel, auch dann auf der Höhe der aktuellen Gesellschaft zu agieren, wenn diese keinen Begriff von sich hat. Umgekehrt profitieren zunächst der Kulturbetrieb und dann auch die Sozialwissenschaft davon, diese Kunst bei ihrem Treiben zu beobachten und expliziter zu fragen, worauf ihre Diagnose zielt. Das allerdings setzt voraus, dass sich dieser Begriff der Gesellschaft von sich selbst schon andeutet. Sonst wüsste man nicht, worauf man achten soll, und stünde schweigend vor den Emanationen der Kunst.

Nehmen wir also an, es ginge bereits um die Computergesellschaft, von der die Kunst in der ewigen Unruhe ihrer selbst Wind bekommen hat. Es genügt ja, dass die Kunst merkt, dass die alten Bilder, Klänge, Tänze und Inszenierungen ihre Stimmigkeit verloren haben, dass sie weder ästhetisch überzeugen noch jener Stimmung den Puls fühlen, die sich in der Gesellschaft, gezwungen oder verführt zu neuen Handlungsmustern, zu verbreiten begonnen hat. Was sähe man dann? Man sieht, wie sich die Kunst vom fragilen Individuum abwendet, sowohl im Künstler wie in seinem Gegenstand, und sich stattdessen fragilen Räumen zuwendet, konstruiert von Künstlern, die ihr Handwerk ebenso präzise beherrschen wie ihre Karriere gezielt verfolgen. In Installationen und Ambienten (wenn es dieses Wort im Plural gibt), in Klangsphären, Happenings und Performances hat die Kunst spätestens in der zweiten Hälfte des vergangenen Jahrhunderts damit begonnen, ökologische Projekte zu verfolgen, das heißt, die Frage zu stellen, welche Formen sich unter welchen Bedingungen in welchem Typ von Kontakt zu welchen Kontexten zu erhalten in der Lage sind. Man möchte fast sagen, dass die Kunst begonnen hat, sich für das Leben zu interessieren. Henri Focillon hat bereits 1934 ein Buch unter dem Titel *La vie des formes* veröffentlicht,[23] das schon nicht mehr lebensphilosophisch-vitalistisch, sondern bereits ökologisch orientiert war. Dabei ist es seither geblieben. In den unterschiedlichen Künsten in unterschiedlicher Strenge und Konsequenz wird erforscht, was sich auf dem Papier hält, in den Stein meißeln lässt, noch anhören lässt und gestisch tragen lässt, als ginge es darum, herauszufinden, in welchen Räumen welche Formen sich immer noch mit Erfolg ansiedeln lassen.

Das Publikum ist den Künsten darin gefolgt. Und genau das gibt uns zu denken. Das Publikum, als wüsste es um den Begriff vom Komplexen, gemäß dem das Komplexe nicht mehr zu verstehen, sondern nur noch in der Interaktion mit ihm zu erschließen ist, hat gelernt, innezuhalten und nicht zu analysieren (diese Geste lässt ein Kunstwerk nur noch oberflächlich zu), sondern nachzuempfinden, wohl wissend, dass es hierbei ebenfalls nur oberflächlich um emotionale und in Wirklichkeit um zutiefst analytische Fähigkeiten geht, die jetzt jedoch nicht mehr auf das Kunstwerk zielen, sondern auf den Betrachter, den Leser, den Hörer selbst. Das Publikum übt sich in einem Modus der Analyse, der auf das Publikum selber zielt. ‚Wer sind wir und wo leben wir, dass wir uns dafür interessieren', so scheint es dauernd zu fragen. Man schaue sich nur einmal und unter diesem Gesichtspunkt die Videoaufnahmen vom

Publikum jener Galerien an, in denen Joseph Beuys seine Performances zelebrierte. Das ist kein kontemplatives Staunen, wie es sich die Griechen angesichts des Schönen gewünscht haben, und kein gefasstes Schweigen, wie es in der modernen Kunst dem Kenner empfohlen war, um der Autonomie Rechnung zu tragen, sondern das ist eine Selbstanalyse, Selbstpsycho- und Selbstsozioanalyse im Modus der Kunstbetrachtung, angeregt durch die Kunst, fasziniert durch die Kunst, aber interessiert nur daran, wie man zu sich einen Zugang findet, wenn man nicht in Abrede stellen kann, dass man dank dieser Kunst vor einem Rätsel steht. Das Kunstwerk ist das stellvertretende Rätsel für das eigentliche Rätsel, das Publikum.

Das aber würde bedeuten, dass das Öffentliche jetzt und heute im Gewand der Fragen nach der Art der Sphären, nach dem Unterschied zwischen den Sphären und nach den Möglichkeiten des Zugangs zu diesen Sphären auftritt. Das Exempel dafür ist das Gespräch der Kosmonauten mit der Sphäre von *Solaris* in Stanislaw Lems gleichnamigem Roman. Die Interaktion mit der Sphäre ist die einzige Ebene, auf die jetzt noch Verlass ist, wenn in dieser Interaktion streng nach Ranulph Glanvilles Formel, „Inside every white box there are two black boxes trying to get out",[24] die Sphäre unverständlich bleibt und der Kosmonaut sich unverständlich oder, was interessanterweise dasselbe bedeutet, nur allzu verständlich wird.

Wenn die Kunst nach dem Leben der Formen fragt, dann bekommt das Öffentliche den Status einer Nische, von der aus alle anderen Nischen in bester ökologischer Gleichrangigkeit, jeder Wirt der Parasit eines anderen Wirts, zugänglich sind, sofern man nur den Schlüssel findet, das heißt parasitär willkommen geheißen wird. Dafür gibt es einstweilen mehr Bilder als Begriffe, das Kino erzählt die dazu passenden Geschichten seit Jahrzehnten ohne Unterlass, aber zumindest wissen wir jetzt, worauf wir achten können.

KUNSTFORMATE DER KULTURRECHERCHE

Kunst setzt auf das Erleben

Kunst recherchiert. Sie stellt Fragen, sie experimentiert, sie variiert mit Methode und Zufall, sie theoretisiert und spekuliert, sie wirft Probleme auf. Und sie tut all dies immer schon, das wäre die These des vorliegenden Textes, und somit nicht erst, seit man neuerdings und vor allem im freien Theater von einer recherchierenden Kunst spricht. Eine Kunst, die ihre Motive, ihr Material, ihre Dramaturgie, ihre Präsentation vor dem Publikum und mit alldem nicht zuletzt auch ihr Selbstverständnis nicht immer schon erforscht, während sie an ihren Werken arbeitet, kann man sich weder für die Höhlenmalerei noch für die alten Griechen und Römer, weder für den mittelalterlichen Dombaumeister noch für die Multitalente der Renaissance, weder für den akademischen Maler noch für den modernen Choreografen vorstellen.

Im Gegenteil, dass in der Kunst nicht nur am Schönen und Erhabenen, am Hässlichen und Banalen, am Unauffälligen und Selbstverständlichen gearbeitet wird, sondern dass über all dies ein Wissen erworben, dargestellt und zur Rede gestellt wird, erscheint auf den zweiten Blick so selbstverständlich, dass man sich fragt, warum diese Form des Erkenntnisgewinns traditionell nur der Wissenschaft, aber nicht der Kunst zugeschrieben wird. Man wird sagen, dass nur die Wissenschaft mit der Unterscheidung von wahr und unwahr operiert und daher nur sie in der Lage ist, die Erkenntnis als solche, ohne Beimischung von religiösen Untertönen der Verehrung, von politischen Untertönen der Repräsentation, von wirtschaftlichen Untertönen des Kommerz oder von pädagogischen Untertönen der Arbeit am besseren Menschen, zu suchen und zu diskutieren. Das ist sicherlich richtig. Aber erfordert dies in der Wissenschaft nicht mindestens so viel harte Arbeit am Code, um all die Interventionen des Wissenschaftsbetriebs, seiner Organisation, seiner Finanzierung, seiner politischen Inanspruchnahme, seiner ideologischen Überhöhung und seiner Absichten der Aufklärung wieder herauszufiltern, wie wir es gewohnt sind, ein Kunstwerk oder einen künstlerischen Prozess von ihren persönlichen Motiven, ihrer Orientierung am Markt, ihrer Liebedienerei gegenüber aktuellen Themen, ihrer Wichtigtuerei zu befreien, um sie in die Kontexte einzubetten, über die wir etwas erfahren können und wollen, während wir die Kunst als Kunst genießen?

Dass die Kunst am Erkenntnisgewinn nicht nur wie alle anderen gesellschaftlichen Bereiche interessiert ist, um sich mit dem für ihre eigenen Absichten relevanten Wissen auszustatten – so gesehen betreiben auch der Priester, der Politiker, der Unternehmer, der Lehrer, der Buchhalter ihre Formen des Erkenntnisgewinns –, sondern systematisch, nämlich orientiert an der Unterscheidung von Wissen und Nichtwissen, von Einsicht und Blindheit, konnte man vermutlich nur deswegen aus den Augen verlieren, weil die moderne Gesellschaft sich auf das Ordnungsprinzip der funktionalen Differenzierung eingeschworen hat und daher für die Kunst nicht gelten konnte, was bereits für die Wissenschaft galt. Die Wissenschaft betreibt den Erkenntnisgewinn, die Kunst die Pflege des Schönen und Erhabenen. Das Wahre ist nicht schön, das Unwahre übrigens auch nicht. Und das Schöne ist nicht wahr, kann gar nicht wahr sein, das Hässliche hingegen vielleicht schon eher. Niklas Luhmann hat diese Unterscheidungen des Wahren vom Unwahren, des Schönen vom Hässlichen und damit auch der Wissenschaft von der Kunst in seiner Theorie der funktional differenzierten Moderne nicht ohne ein charakteristisches Zögern übernommen, festgeschrieben und auf die Spitze getrieben, indem er die funktionalen Notwendigkeiten herausgearbeitet hat, auf die die so unterschiedliche Codierung der beiden Systeme reagiert:[1] Die Wissenschaft kann nur dann für das Stellen von Fragen und das Aufwerfen von Problemen, das heißt für die Beschäftigung mit Nichtwissen und damit für die Steigerung (!) von Ungewissheit freigestellt werden, wenn dieser Beschäftigung zunächst einmal jede Handlungsrelevanz abgesprochen wird und die Ergebnisse dieses Interesses an Erkenntnis nur dafür in Anspruch genommen werden, unser Erleben der Welt, unser Wissen von ihr zu verändern. Das war, wie Hans Blumenberg nacherzählt hat,[2] der Preis dafür, dass die Neugier, der Blick in die Schöpfung des Herrn, gesellschaftlich freigegeben werden konnte. Zugleich jedoch wurde sie auf eine Wissenschaftlergemeinde begrenzt, über deren Handlungsuntauglichkeit (‚Zerstreutheit') man sich seither pflichtschuldig lustig macht.

Wissenschaftler erleben, aber sie handeln nicht. Denn handeln tun nur die anderen, die Politiker und die Unternehmer. Die Wissenschaftler müssen aushalten, dass die anderen entscheiden, was mit ihren Erkenntnissen technologisch oder ideologisch angestellt wird. Dafür dürfen sie forschen und sogar lehren und sich darüber wundern, wie schlecht man sie versteht. Aber wie könnte man sie besser verstehen, solange der Bezug zum Handeln so unbestimmt bleibt, ja bleiben muss? Andererseits jedoch: Wie hätte die Gesellschaft sich öffnen können für die Geschichte der Menschheit, für die Geheimnisse der Poesie und Belletristik, für die Faszinationen der Natur und des Lebens, für die Abgründe der menschlichen Psyche und die unangenehmen Wahrheiten des geselligen Verkehrs, wenn sie nicht en bloc entschieden hätte, dass all dies neu erworbene und immer wieder neu befragte Wissen Konsequenzen für das Handeln haben kann (denn ausschließen lässt sich das nicht), aber eben nicht muss?

Der Kunst erging es in der funktional differenzierten Moderne jedoch nicht viel besser. Auch sie hat für ihre viel gepriesene Autonomie einen hohen Preis bezahlt, so viel sie und die Gesellschaft dieser Autonomie dann auch zu verdanken haben. In der Kunst, so wiederum Luhmann, wird dem Künstler sein seltsames Tun: seine Wahl verrückter Farben, seine Präferenz für künstliche Themen, sein nervender Umgang mit rascher und zäher Zeit, seine aufdringliche Zurschaustellung von unmotivierten Perspektiven, nur konzediert, indem all dies auf sein Handeln, seine individuellen und damit arbiträren und damit niemand anderen bindenden Entscheidungen zurückgeführt wird und indem dem Betrachter nur abverlangt wird, es zu betrachten, das heißt stillzuhalten und sich ganz auf sein Erleben zu konzentrieren, ohne daraus irgendwelche Konsequenzen für sein Handeln ziehen zu müssen. Wenn man dies so nacherzählt, fängt man an, sich zu wundern, dass das funktionieren konnte. Tatsächlich jedoch belegt nicht nur jede Auseinandersetzung über akademische versus avantgardistische, über affirmative versus kritische, über absolute versus engagierte Kunst in allen ihren historischen Varianten, dass man diese Bedingung der modernen Kunst weder akzeptierte noch ablehnen konnte, sondern ist auch jeder kleine oder große Durchbruch in der Kunst, von den nackten Damen des Praxiteles über die Infanten des Velázquez bis zur Oper Wagners und dem schwarzen Quadrat von Malewitsch genau diesem Umstand geschuldet, dass die einen konsequenzenfrei (was nicht heißt: unumstritten) handeln durften, während die anderen (ohne auf den einen oder anderen Protest zu verzichten) nichts anderes taten als zuzuschauen.

Aber es ist wie so oft in der Geschichte der Menschheit, in der die Zuhörer sich einen andere Reim auf das Erzählte machen als die Erzähler: Kaum ist es gelungen, die Ordnungsprinzipien der funktionalen Differenzierung herauszuarbeiten und zu zeigen, wie fruchtbar der Streit über sie war und wie ertragreich die Unterwerfung unter sie, da zeigen sich die ersten Risse und funktioniert schon nichts mehr so, wie man es sich gerade gedacht und jedem erzählt hat. Für die Wissenschaft zeigt die mittlerweile gut etablierte Schule der Social Science Studies, dass die Wissenschaft ihre Erkenntnisse mindestens so sehr erhandelt, wie sie sie erlebt.[3] In Texten, Laborstudien, Feldexperimenten, mathematischen Modellen, Visualisierungen wird die Wirklichkeit nicht einfach aufgedeckt, sondern konstruiert in genau dem Sinne, in dem ein Architekt ein Haus konstruiert. Wir richten uns ein in unserer Hermeneutik einer schriftlichen Ausmessung der Welt, in unserem Verständnis chemischer Prozesse und evolutionärer Vorgänge, in unserem Austesten abhängiger und unabhängiger Variablen (ganz zu schweigen von der Auflösung von Konstanten in Variablen) und in unseren Bildern einer unzugänglichen (astronomischen, atomaren und neuronalen) Wirklichkeit, die diese bei ihrem von uns erfundenen Wort zu nehmen versuchen. Wir richten uns ein, wir staffieren uns aus, wir halten das eine für möglich und das andere für unmöglich und variieren so unsere Eingriffe, unser Handeln in der Welt.

Und die Kunst konnte noch so sehr von ihrer Autonomie profitieren, mit ihr abgefunden hat sie sich nie. Immer schon hat sie sie auf der einen Seite gegen alle ungebührlichen Angriffe von außen verteidigt und zugleich von innen nach Kräften aufzulösen versucht. Grenzüberschreitung war in der Kunst immer schon das Gebot der Stunde; kein künstlerisches Selbstverständnis begnügte sich damit, die Grenzen nur zu beschreiten, zu verschieben, auszuweiten und zurückzunehmen, obwohl genau dies doch nur getan werden konnte (denn jenseits der Grenze hat man es nicht mehr mit Kunst zu tun). Es gibt keine Kunst, die sich nicht als Kunst (und nicht nur als Ornament oder Kunsthandwerk) im Zweifel auch politisch verpflichten, gut verkaufen, erzieherisch einsetzen oder therapeutisch fruchtbar machen lässt. Die Kunst verändert das Handeln ihrer Betrachter, und sei es auch nur dadurch, dass diese, anspruchsvoll genug, mit ihrem eigenen Erleben konfrontiert und so aus der Verankerung in einem allzu selbstverständlichen Handeln herausgelöst werden. Danach wird man anders handeln. Und darin besteht die unauffällige, aber weitreichende zivilisierende Bedeutung der Kunst, die allerdings, das haben der abgewiesene Kunstakademieschüler Adolf Hitler und der selbsternannte Literat Josef Stalin vor Augen geführt, auch in das Gegenteil der Erschaffung brutal gewalttätiger Phantasiewelten umschlagen kann.

Wichtiger jedoch als das Handeln der Kunstbetrachter, auch das zeigt das gerade genannte Beispiel unkontrolliert totalitärer Künstlerkarrieren, ist das Erleben der Künstler. Der Versuch der modernen Kunst, dieses Erleben ausschließlich in den Dienst der zunächst genialen, dann zunehmend gängigen (‚Jeder Mensch ist ein Künstler') Individualisierung zu stellen, um es so für die Rekrutierung arbiträren, aber die Welt verschönernden Handelns zu gewinnen, scheiterte jedoch. Die Kunst ließ sich auf die Funktion der Pflege zweckfreien Wohlgefallens nicht begrenzen. Im Schutz dieser platonischen Zuweisung der Aufgabe, das Loblied der schönen Welt zu singen, öfter noch bedrängt durch diese Aufgabe, kam der Künstler nie umhin, nicht nur anders zu erleben als seine Zeitgenossen, sondern dieses andere Erleben auch zu dokumentieren und so das Wissen zu verändern, das die Gesellschaft von ihrer

Wirklichkeit hat. Selbst wenn er sich auf diese Aufgabe besten Wissens und Gewissens einließ, kam er nicht umhin, sich um die immer schon knappe Aufmerksamkeit seiner Zeitgenossen zu bemühen, zu diesem Zweck Spannung aufzubauen (die ‚Knoten' der Poetik des Aristoteles, die es dramaturgisch zu schnüren und aufzulösen gilt), an diesem Leitfaden Widersprüche sowohl zu entdecken als auch zu pflegen und so über die Welt Dinge zu erfahren, die die Welt zuvor Gründe genug hatte, nicht sehen zu lassen. Eine Kunst ohne Recherche, ohne ein wechselseitiges Variieren von Handeln und Erleben zunächst beim Künstler, dann beim Betrachter (nicht selten auch umgekehrt, denn auch die Publikumsreaktionen werden erforscht) gibt es nicht.

Kunst als symbiotisches Symbol

Wir setzen deswegen noch einmal neu an. Wir relativieren die moderne Zuspitzung auf eine funktionale Differenzierung der Gesellschaft und damit auf eine scharfe Trennung zwischen Kunst und Wissenschaft, indem wir sie als ‚modern' bezeichnen und damit von der Antike und den noch früheren Stammesgesellschaften einerseits und von der nächsten Gesellschaft, die im Begriff ist, die moderne abzulösen, andererseits absetzen. Wir gehen der Vermutung nach, dass die moderne Zuspitzung für die tribale, antike und nächste Gesellschaft nicht gilt, definitionsgemäß nicht gilt, wie man hinzufügen darf, und daher auch für die moderne relativiert werden kann. Sie kann relativiert werden auf eine Akzentuierung, die für den evolutionären Prozess der Ausdifferenzierung des Kunstsystems und damit für die Akkordierung dieses Systems mit dem Rest der Gesellschaft eine wichtige und unverzichtbare Rolle gespielt hat, aber eben doch nur eine Akzentuierung ist, die über andere Aspekte des Formats der Kunst in der Gesellschaft nicht hinwegtäuschen darf.

Wir können in diesem Artikel nicht das weite Feld der funktionalen Differenzierung der modernen Gesellschaft in so genannte Subsysteme wie die Politik, die Wirtschaft, die Erziehung, das Recht, die Religion, die Wissenschaft und eben auch die Kunst bearbeiten. Uns geht es im Folgenden nur darum, die gängige These, dass die funktionale Differenzierung ihrerseits die Form war, in der die Gesellschaft auf die Einführung des Buchdrucks und die Dynamisierung aller gesellschaftlichen Verhältnisse (die die Folge der massenhaften Verbreitung von Büchern, Flugblättern, Zeitungen und Zeitschriften war) reagiert hat, zu unterstreichen und mit der weitergehenden These zu ergänzen, dass die Einführung der Elektrizität, des Computers und seiner Derivate (Internet, Intranet, Hardware und Software, Grids und Clouds) vergleichbare Konsequenzen für die Gesellschaft und ihre bewährte Ordnung hat, der nur mit einer neuen Form der gesellschaftlichen Differenzierung begegnet werden kann. Die feudale Ordnung der sozialen Schichten, auf die die Gesellschaft sich nach der noch früheren Einführung der Schrift umgestellt hatte, brach mit der ‚Aufklärung', die das mit dem Buchdruck verbreitete Wissen über die Gesellschaft heraufbeschworen hatte, zusammen und machte einer rationalen Sachordnung Platz, die dem Bücherwissen (und seiner kategorialen Ordnung in der Bibliothek) sowohl gewachsen war als auch es zu nutzen und zu steigern verstand. Die rationale Sachordnung der Moderne war ihrerseits sozial begründet, aber das fiel vor lauter Fortschrittsbegeisterung und Dekadenzbefürchtungen nur den Marxisten auf, die angesichts ungleich verteilter Gewinne Grund genug hatten, der Behauptung der Wirtschaft als Naturzusammenhang zu misstrauen.

In der nächsten Gesellschaft, die als Netzwerkgesellschaft jetzt heraufzieht, werden viele der Akzentuierungen der modernen Gesellschaft neu adjustiert, womit sich für die Soziologie ein unendliches Forschungsfeld auftut. Denn es gilt nicht nur, die wie immer ‚katastrophalen', das heißt von einem globalen Systemzustand zu einem anderen globalen Systemzustand springenden Formen des Übergangs zu beobachten und nach Möglichkeit zu beschreiben, sondern es gilt auch, die Selbststilisierung der Moderne im Hinblick auf eine so noch nie erreichte Ordnung der Vernunft zurückzunehmen und stattdessen die Vergleichbarkeit der gesellschaftlichen Problemstellungen und ihrer institutionellen Lösungen von der tribalen bis zur nächsten Gesellschaft herauszustellen. Die Möglichkeit, dass eine diese Vergleichbarkeit postulierende Kulturtheorie und Kulturanalyse ihrerseits eine Rolle dabei spielen könnte, den anstehenden Übergang von der modernen zur nächsten Gesellschaft vielleicht zu erleichtern (indem die Identität der Institutionen im Zeitablauf behauptet wird), unter Umständen aber auch zu erschweren (und wieder: indem die Identität der Institutionen im Zeitablauf behauptet wird), müssen wir dabei billigend in Kauf nehmen.

Für die Kunst jedenfalls gilt, dass sie im freien Theater, in der bildenden Kunst, in der neuen, in der alten und in der Weltmusik, im Tanz und in der Performance immer öfter recherchierend auftritt. Sie will etwas wissen und darstellen, was man so vorher noch nicht wusste. Sie will etwas zeigen, was man so noch nicht gesehen hat. Sie will etwas zu Gehör bringen, was man so noch nicht gehört hat. Und, das macht es so interessant, sie beruft sich dafür nicht nur auf die Lizenz des Künstlers zum freien Spiel der Formen, sondern auf die systematische Verankerung der Kunst in einer Schnittstelle zwischen Kommunikation und Wahrnehmung, die zwar von jedem gesellschaftlichen Bereich in Anspruch genommen wird, aber nur von der Kunst eigens beobachtet, reflektiert und dokumentiert wird.

Niklas Luhmann spricht in diesem Zusammenhang von symbiotischen Symbolen und symbiotischen Mechanismen.[4] Jeder gesellschaftliche Bereich ist auf symbiotische Symbole angewiesen, die die jeweilige Kommunikation innerhalb ihres jeweiligen Mediums zur Rücksichtnahme, Luhmann sagt: zu einer irritierbaren Rücksichtnahme, auf Körper zwingen. Symbole bringen etwas zusammen, was man sich auch auf seine Differenz hin anschauen kann. Symbiotische Symbole verweisen darauf, dass die Differenz zwar viel Raum für ein freies Spiel der beiden Seiten der Differenz bietet, letztlich aber nur um den Preis der Gefährdung beider Seiten, in unserem Fall der Gesellschaft auf der einen Seite und der Körper der Menschen (und anderer Teilnehmer an Gesellschaft) andererseits, negiert werden darf. Symbiotische Mechanismen stellen daher sowohl das freie Spiel als auch den immer mitlaufenden Rückbezug sicher. Sie bestehen, wie Luhmann sagt, in Organisationen. Organisationen, nämlich Unternehmen, binden das freie Spiel des Geldes an Produkte, mit denen zahlungskräftige Bedürfnisse bedient werden können. Organisationen, nämlich Parteien, Verwaltungen und Parlamente, binden das freie Spiel der Macht an kollektiv bindende Entscheidungen, für die man riskieren kann, die Androhung von Gewalt in Anspruch zu nehmen. Organisationen, nämlich Universitäten und Forschungseinrichtungen, binden das freie Spiel der Wahrheit und Unwahrheit an Theorien und Methoden, mit deren Hilfe auch die Wahrnehmung anderer von der Existenz bestimmter Phänomene überzeugt werden kann. Organisationen, nämlich Kirchen und Klöster, binden das freie Spiel des Glaubens an Sakramente, mit denen die trostbedürftige Seele des Menschen auch im Alltag erreicht werden kann.

In den Symbolen der Bedürfnisse, der Gewalt, der Wahrnehmung und des Trosts wird der menschliche Körper auf eine Art und Weise adressiert, die diesem, wenn man so sagen darf, unmittelbar einleuchtet und ihn so zur Teilnahme an der jeweiligen Kommunikation motiviert. An dieser Beziehung zwischen Kommunikation und Körper ist nur die Beziehung selber eindeutig; wie sie ausgestaltet wird, ist soziokulturell hochgradig variierbar. Und darauf bezieht sich die Kunst. Sie reagiert auf die Gesellschaft, als sei diese ihr Konkurrent. Während sie mit ihren Bildern und Kompositionen, mit ihren Tanzstücken und Inszenierungen, mit ihren Happenings und Performances die Blicke, das Gehör, das Erstaunen, die Faszination und den Schrecken der Menschen auf sich zu lenken versucht, stellt sie fest, dass dies der Gesellschaft und ihrem Symbolapparat immer schon viel besser gelungen ist. Also dreht sie den

Spieß um. Sie nimmt die Kommunikation beim Wort, indem sie sie in einen Sachverhalt der Wahrnehmung verwandelt und studiert, was sie mit den Körpern macht, an die sie sich richtet.

Die Kunst ist das einzige gesellschaftliche System, das über kein symbiotisches Symbol verfügt, sondern selber eines ist. Das ist ihr Glück und ihr Dilemma. Ohne zu wissen, was sie symbolisieren soll, symbolisiert sie alles und nichts. Sie ist das freie Spiel der Symbole, dem keinerlei Notwendigkeit zu unterlegen ist. Genau damit wird sie zum ebenso scharfen wie jederzeit neutralisierbaren Beobachter der Gesellschaft und deren Symbolapparat. Sie hat immer Recht, ohne dass das irgendetwas zu bedeuten hätte. Denn Symbole zu adressieren, ihnen zu misstrauen, sie auf den Kopf zu stellen und zu dekonstruieren ist eines. Daran anschließend jedoch eine andere Form von Politik oder Wirtschaft, Wissenschaft oder Religion anzuregen, ist etwas anderes. Die Anregungen fallen auf, sie finden Interesse, sie amüsieren, unterhalten und faszinieren. Aber sie tun all dies im Rahmen der Kunst. Sie lockern den allzu festgefahrenen Symbolhaushalt der Gesellschaft, bringen frischen Wind in das Sehen und Hören, Ahnen und Fühlen, sie fahren den Menschen in die Glieder und bringen ihre Vorstellungen zum Tanzen. Aber gleich anschließend, wenn es um Wirtschaft und Politik, Wissenschaft und Religion geht, muss man sich wieder darauf einlassen, dass das Geld und die Macht, die Wahrnehmung und der Trost engere Bedingungen setzen, als die Kunst sie für sinnvoll hält.

Die symbiotischen Mechanismen der Kunst können das nur unterstreichen. Auch die Kunst ist auf Organisation angewiesen, um ihren Bezug auf sich selbst als symbiotisches Symbol der Gesellschaft zu finden und zu variieren. Schauspiel-, Opern- und Konzerthäuser, Museen und Galerien, Ausstellungen und Messen müssen je für sich eine Form des Spektakels finden, die die Aufmerksamkeit attrahiert und ihr den Rahmen gibt, in dem sie sich ausleben kann, ohne über das Ziel hinauszuschießen und die Gesellschaft insgesamt anders als in der Form generalisierter (also folgenloser) Affirmation oder Kritik in die Pflicht zu nehmen. Organisationen jeder Art, in der Kunst und andernorts, treten immer im Plural auf. Nur Lenin dachte, dass für eine Gesellschaft eine Partei, eine Firma und eine Universität genügen. Organisationen sind gezwungen, sich Programme zu geben, die sich untereinander vergleichen lassen, miteinander im Wettbewerb stehen und scheitern oder erfolgreich sein können. Spätestens an diesem Punkt wird die zwingende Notwendigkeit, die ein Kunstwerk oder ein künstlerischer Prozess möglicherweise erreichen, wieder zurückübersetzt in ein Kunstangebot unter anderen und damit: in Kunst.

Freiheit und Notwendigkeit

In dieser Form des freien Spiels der Symbole hat die Kunst jedoch ihre eigene Notwendigkeit. Nur diese Kombination von Freiheit und Notwendigkeit erlaubt es, von einer recherchierenden Kunst zu sprechen. Denn Recherche ist ohne die Erfahrung und, daraus gewonnen, die Erkenntnis von Restriktion nicht möglich. Schärfer noch formuliert, sind es erst die selbst auferlegten Restriktionen, der Stein der Plastik, der Rahmen des Bildes, die Wahl der Worte, der Tanz auf den Zehenspitzen, die Harmonie der Fuge, die dazu disponieren, die Restriktionen auch des Materials, der Motive, der Themen beobachten und beschreiben zu können. Auch daraus zieht die Kunst einen Teil des ihr eigenen Übermuts: Wenn es, so scheint sie immer wieder neu zu fragen, von der Variation der eigenen Restriktionen abhängt, was man über sich und anderes herausfindet, was sollte dann daran hindern, auch alle anderen Restriktionen zu variieren?

In dieser Disposition finden wir die Kunst in allen Medienepochen der Gesellschaft vor, in der tribalen wie in der antiken, in der modernen wie in der nächsten Gesellschaft. In jeder dieser Epochen agiert die Kunst als Symbol ihrer selbst wie der Gesellschaft, die sie braucht, um den Menschen die Glieder zu lockern und, kaum gelockert, wieder auf sie einzuschwören. In jeder dieser Gesellschaften ist die Kunst daher eine Form der Recherche, die es erlaubt, von den Zuständen der Gesellschaft, des Körper und des Bewusstseins eine Bestandsaufnahme zu machen, für einen Moment das eine vom anderen zu trennen und je für sich dem freien Spiel zu überlassen, um dann gleich anschließend die gewonnenen Erfahrungen einer gesellschaftlichen Evolution zu überlassen, die nicht nach der Pfeife der Kunst tanzt, sondern ihre eigene Dynamik hat.

In der tribalen Gesellschaft, deren Struktur und Kultur, das heißt Verteilung und Verdichtung von Sinn, von der Einführung der Sprache gekennzeichnet sind und für die daher nichts wichtiger ist als der Respekt vor Grenzen, die zu regeln erlauben, wer mit wem worüber spricht, arbeitet die Kunst im Wesentlichen am Fetisch und am Ritus. Sie ist das Theater der Grausamkeit, das sich Antonin Artaud sehr viel später vergeblich (beziehungsweise, schaut man auf den historischen Kontext, allzu erfolgreich) zurückgewünscht hat, indem sie auf den Schrecken, die Ekstase und den Rausch setzt und die Menschen in ihrer Gesellschaft Grenzerfahrungen in der Kommunikation der Gruppe, der Körper, des Bewusstseins und der Geister machen lässt, die nur insofern ritualisiert sind, als das Ritual immer auch zu scheitern droht. Verkleidet als Zauberer, Medizinmänner und Schamanen sind hier Künstler am Werk, deren gesamte Expertise gefordert ist, um den Fetisch sowohl locken als auch drohen und das Ritual sowohl kippen als auch sich wieder fangen zu lassen. Denn anders würden sie nicht funktionieren. Wenn diese Künstler nicht zuvor und währenddessen recherchieren würden, was ihre Gesellschaft und deren Personalbestand in der Auseinandersetzung mit den immer zu lockeren und immer zu strengen Normen gerade braucht, wären die Fetische und Rituale wirkungslos und würde die Gesellschaft sang- und klanglos auseinanderfallen.

In der antiken Gesellschaft, deren Struktur und Kultur, das heißt Verteilung und Verdichtung von Sinn, von der Einführung der Schrift, insbesondere der alphabetischen Schrift, gekennzeichnet sind und für die daher nichts wichtiger ist als ein im wahrsten Sinne des Wortes teleologischer Umgang mit den Möglichkeiten eines Kosmos, der die Kommunikation mit Abwesenden im Medium der Schrift sowohl vorsehen und aushalten als auch beschränken können muss, wird die Figur des Telos (griechisch für Ziel, Grenze, angemessener Platz), eingeführt von Aristoteles, zur Reflexionsfigur, die es erlaubt, jede Kommunikation, auch die mit Abwesenden, auf ihre Angemessenheit hin zu prüfen und entweder zu akzeptieren oder abzulehnen.

In der antiken Gesellschaft arbeitet die Kunst mit der Figur der Mimesis. Sie ahmt das Schöne, Wahre und Gute des Kosmos nach und kontrastiert es mit dem Chaos der sublunaren Welt. Götter und ihre Boten machen klar, dass das eine nicht vom anderen zu trennen ist. Jedes Werk und jeder Prozess der antiken Töpferkunst und Malerei, Plastik und Architektur, Musik und Theater wird zur Metapher, die sowohl übersetzt als auch für sich steht, die die kosmische Einbettung sucht, aber auch ihren Eigensinn herausstellt, die den rhetorischen Rahmen akzeptiert, aber auch laufend auf die Probe stellt. Die Kunst sucht für Götter, Helden und Menschen, für Wörter, Sätze und Schicksale und nicht zuletzt auch für sich selbst (siehe Platon, der ihre dauernden Lügen, ihr Geschrei und ihren Übermut verbannen wollte) den angemessenen Platz im Kosmos, um das Chaos wissend, ja es komisch und tragisch herausfordernd und bannend zugleich, und daher immer wieder neu auf eine Recherche angewiesen, der jetzt, nicht zuletzt dank der Schrift, ungleich mehr Material zur Verfügung steht als je zuvor.

In der modernen Gesellschaft, deren Struktur und Kultur von der Einführung des Buchdrucks gekennzeichnet sind und für die in der Auseinandersetzung mit einer hochgetriebenen Dynamisierung aller gesellschaftlichen Verhältnisse nichts wichtiger ist als die Umstellung auf eine Beobachtung zweiter Ordnung, die auch im Unübersichtlichen das Gleichgewicht zu wahren versteht, wird die Kunst repräsentativ und allegorisch. Sie bildet ab, was den Anspruch erhebt, für das Allgemeine zu stehen, und doch schon längst nichts anderes mehr ist als ein Besonderes unter anderem Besonderen. Und sie gewinnt daraus ein neues Spiel der freien Kombination dieses Besonderen, das die Notwendigkeiten des Zusammenhangs nur sucht, um sie zur Disposition zu stellen. Allegorien funktionieren immer, aber immer nur für einen Moment.

Es ist nicht mehr der Ritus und nicht mehr das Telos, sondern ein unbestimmt bestimmtes Gleichgewicht, das zwischen dem unbestimmt gewordenen Allgemeinen und dem erst jetzt und in der Reaktion darauf gewiss gewordenen Individuellen zu vermitteln sucht und doch nie zur Ruhe kommt. Für die Kunst bedeutet das nicht nur eine bis heute folgenreiche Freisetzung des Künstlers als Individuum (romantisch: als ‚Genie' mit ‚Witz' und ‚Scharfsinn'), sondern auch eine Entdeckung des Individuums als Thema, als Betrachter und als Käufer. Denn auch für den Künstler, das Thema, den Betrachter und den Käufer gilt, dass das Individuum gewiss und doch alles Weitere ungewiss ist. Damit war eine ungeheure Lizenz ausgesprochen, verankert in nichts anderem als der Unbezweifelbarkeit eines nicht mitteilbaren Geschmacks, die alle Bemühung um kollektive, für alle geltende Werte nur insoweit wieder auffangen konnte, als sich Subkulturen bildeten, deren hinreichend identische Profile attraktiv für paradoxerweise Orientierung suchende, nur ihrer selbst gewisse Individuen wurden.

Künstlerisch erforscht wurde jetzt alles, was das individuell Gewisse und das allgemein Ungewisse zu konturieren, zu relationieren und zu testen erlaubte. Die Literatur, das Gedicht, das Drama, die Oper und der Tanz beschäftigen sich in dieser Moderne mit Vorliebe mit dem unvergleichbar Singulären und mit dem immer wieder überraschend haltlosen Generellen. Ohne dies besonders amüsant zu finden, wird das Künstlersubjekt selber zum symbiotischen Symbol, das in der Gesellschaft aufzeigt, welche Lizenz die Kunst besitzt, und zugleich festhält, wie wenig weit man damit kommt.

In der nächsten Gesellschaft, die die unsere zu werden verspricht, haben wir es mit einer Struktur und einer Kultur zu tun, die von der Einführung der schnellen Rechner, der großen Datenspeicher und der globalen Verknüpfung von allem und jedem gekennzeichnet ist. Mit Recht kann man zwar fragen, ob die Computer, das Internet und die Intranets nicht bereits die Formen der Zähmung des eigentlichen Schocks sind, der laut Marshall McLuhan in der Einführung der Elektrizität und des Prinzips der Instantaneität aller möglichen Verbindungen bestand, so dass die Geburtsstunde der nächsten Gesellschaft und ihrer Kunst in der Tat an jener Wende des 19. zum 20. Jahrhundert zu verorten ist, die in der gängigen Geschichtsschreibung als die Geburtsstunde der

‚Moderne' gilt. Das würde es immerhin auch erlauben, die Auseinandersetzungen mit den bewegten Bildern, die von Malewitsch bis Walter Benjamin die Kunsttheorie auf eine neue Grundlage stellen, zur recherchierenden Kunst der nächsten Gesellschaft hinzuzuzählen. Und doch möchte ich einstweilen daran festhalten, dass mit dem Computer in den 1940er Jahren und dem Internet in den 1990er Jahren das, was heute Kunst ist, noch einmal neu herausgefordert und formatiert worden ist.

So oder so besteht das Struktur- und Kulturproblem der nächsten Gesellschaft nicht mehr darin, das mündliche Wort unter Kontrolle zu halten (durch Grenzen), den Abwesenden eine Stimme zu geben, ohne sie, da aktuell jeweils unkontrollierbar, übermächtig werden zu lassen (durch Teloi), oder darin, unter den Bedingungen dynamischer Kontingenz das Gleichgewicht zu halten (durch Individualität), sondern darin, mit dem Konnektionismus der Elektrizität, der Rechner und ihrer Netzwerke sowohl Schritt zu halten als auch ihn auf Abstand zu halten, um sich den freien, „aber schwachen",[5] Willen der Menschen nicht gänzlich abkaufen zu lassen.

Schlagworte wie Prozessualität und Interaktivität machen deutlich, dass sich die Akzente der Kunst markant verschoben haben. Es geht nicht mehr um Rituale, Mimesis, Repräsentation und Individualität, sondern um die performativen Qualitäten einer künstlerischen Recherche, deren Fokus erstaunlich konstant in der Irritation zu liegen scheint. Die Irritation gilt jedem Gegenstand oder Thema, seien sie ins Bild, in den Klang, in die Bewegung oder in den Text zu bringen; sie gilt aber auch der Kunst selber, die sich radikaler noch als je zuvor, wenn auch nach wie vor in den Grenzen ihrer Wahrnehmbarkeit, auf ihre eigenen Operationen, auf ihre Bindung an Künstler, Werke und das Publikum, hin zu befragen scheint und diese Frage einschließlich der schwankenden Antworten auf sie in den Prozess der Kunst mit hineinnimmt.

Die Kunst medialisiert sich; sie übersetzt jede ihrer Formen in das Medium möglicher anderer Formen; und sie tut das nicht aus bloßem Spaß an der Sache, sondern weil sie eingestanden oder uneingestanden von jenen aktuellen Kognitionswissenschaften mit beeindruckt ist, die die Differenz von Organismus, Bewusstsein und Kommunikation schärfer in den Blick nehmen als jede Wissenschaft zuvor. Irritation heißt hier, dass man Prozesse, wie man es vom Kino gewohnt ist, sowohl zu beschleunigen als auch zu verlangsamen versucht, um zu schauen, welche Anschlüsse dann noch funktionieren und aus welchem Raum der Möglichkeiten und Zwänge diese gewonnen werden. Das kann man mit jedem Wort, mit jedem Ton, mit jeder Geste, mit jedem Bild, mit jeder Bewegung machen; und nur wenn man das versteht, versteht man, was die aktuelle Kunst sich selbst und ihren Betrachtern abverlangt.

Die aktuelle Kunst erforscht sich selbst als das symbiotische Symbol einer nächsten Gesellschaft, deren Struktur und Kultur noch lange nicht voll entwickelt sind. Sie misstraut dem Symbol und sie misstraut der Symbiose, von den Organisationen der Kunst zu schweigen, die zuweilen allzu schnell die symbiotischen Symbole auf den Punkt der Moderne bringen und vielfach allzu wenig Raum für eine Recherche bieten, die diesen Punkt zu vermeiden versuchen muss. Deswegen erleben wir gegenwärtig ein Dehnen, Verschieben, Übersetzen, Verreißen und Vermeiden aller Formate, auf die die tribale, die antike und die moderne Kunst sich noch verlassen hatten, während sie ihre ganz anderen Forschungsziele verfolgten. Die Formate der bildenden, der tönenden und der performativen Kunst werden allesamt auf ihre Form, ihre Einschlüsse und ihre Ausschlüsse, hin überprüft, weil nur diese Überprüfung den hermeneutischen Zirkel insgesamt in den Blick zu nehmen und neu in Schwung zu setzen erlaubt.

Die recherchierende Kunst wird zur sich selbst neu formatierenden Kunst, weswegen in den Experimenten mit den Formaten gegenwärtig die wichtigsten Impulse der Kunst liegen. Die Bilder verlassen ihre Rahmen und das Museum und verlieren sich als Land Art im Raum. Das Theater drängt auf die Straße, mindestens aber auf die Leinwand. Die Oper überträgt sich in den öffentlichen Raum. Die Musik wird ambient und environment, noise und rap. Die Akademien werden Schwarzmärkte und darüber selber zum Theater. Kaum eine Kunst ist nicht zugleich Performance und dies schon deswegen, weil dem Publikum der Schutz des white cube, der vierten Wand, des Sessels im Parkett nicht mehr gegönnt wird und es hineingeholt wird in die zu ihrer eigenen black box gewordenen Kunst. Weil das Medium die Botschaft ist, stellt man sich auf den Standpunkt, nichts mehr zu verstehen. Und nur, was dann noch verstanden wird, taugt als Ansatzpunkt für ein Werk, einen Prozess.

Entscheidend jedoch ist, dass man dieses Experimentieren mit den Formaten der Kunst nur versteht, wenn man akzeptiert, dass die Kunst eine Form der Recherche ist und dass sie dies immer schon war, in allen Medienepochen der Gesellschaft auf eine je unterschiedliche Art und Weise:

- als ritualisierend-ekstatische Kunst der tribalen Gesellschaft,
- als mimetisch-teleologische Kunst der antiken Gesellschaft,
- als repräsentativ-individualisierende Kunst der modernen Gesellschaft
- und als irritierend-prozessualisierende Kunst der nächsten Gesellschaft.

In jedem dieser Formate bestätigt und überprüft die Kunst die Kultur der jeweiligen Gesellschaft. Mit minimalen, in jedem Einzelfall zunächst Aufsehen erregenden, dann formal überzeugenden Variationen bestätigt sie ein freies Spiel zwischen dem Körper und seinen Sinnen, dem Bewusstsein und seinen Vorstellungen sowie der Gesellschaft und ihren Möglichkeiten, von dem man im Alltag der Gesellschaft zwar einiges ahnt, sonst gäbe es für die Kunst keinen Ansatzpunkt, aber doch nur wenig weiß.

In der Form der verschiedenen Künste und ihrer Stile sowie im immer rebellischen Umgang der Kunst mit ihren eigenen Settings werden diese Formate der Kunst der jeweiligen Medienepoche ihrerseits variiert, erprobt und angepasst. Aus der Binnenperspektive der Kunst ist diese nichts anderes als ihre eigene Variation, ein unübersichtliches Feld pluraler Formen immer wieder neuer Originalitätsansprüche. Aus einer gesellschaftstheoretischen Perspektive jedoch, wie wir sie hier einnehmen, partizipiert auch die Kunst an dem großen Abenteuer der Redundanzproduktion, als das wir jede Kommunikation zu verstehen gelernt haben. Damit ist sie auch bestens beschäftigt; denn Redundanz bestätigt sich nur am Exempel der Variation.

Körper, Bewusstsein und Gesellschaft

Die Kunst ist jedoch nach wie vor keine Wissensrecherche im wissenschaftlich kontrollierten, zwischen Wahrheit und Unwahrheit unterscheidenden Sinn, sondern eine Kulturrecherche. Es geht ihr nicht um einen Erkenntnisgewinn, der durch die Unterscheidung von Wahrheit und Unwahrheit theoretisch und methodisch gesteuert ist, sondern um einen Formgewinn, der sich, wie vermutlich alle Kultur, an der Unterscheidung von Glück und Unglück orientiert. In allen ihren Formaten, sei es als Ritual, als Mimesis, als Repräsentation oder als Irritation, geht es der Kunst um Zustandsbeschreibungen, die im Verhältnis von Körper, Bewusstsein und Gesellschaft ihren Dreh- und Angelpunkt haben. Diese Zustandsbeschreibungen resultieren nicht in einem Wissen, das anschließend formuliert, textförmig ausgearbeitet und als Semantik überliefert werden könnte, obwohl sich genau darum die Kunstgeschichte, insofern sie Kulturgeschichte ist, immer wieder bemüht,[6] sondern in Bewertungen, die Intellekt und Affekt, Problemlösungswissen und solidarische Bindung gleichermaßen sind.

Das gibt jedem Kunstformat seinen Anlass und sein Maß. Die Kunst feiert und leidet, sie besingt und betrauert, sie berauscht und ernüchtert, sie regt auf und beruhigt; und sie tut all dies in den jeweils verlässlichen Bahnen, die ihr die Koevolution von Körper, Psyche und Gesellschaft jeweils vorgeben, aber eben auch eine Spur daneben: als Variation, die ihrerseits einen Anschluss sucht, als Selektion, die auf vorgefundene Variationen positiv oder negativ reagiert, und nicht zuletzt auch als Experiment in Sachen Restabilisierung, das schon einmal ausprobiert, bevor die Körper, die Psyche und die Gesellschaft ihr darin möglicherweise folgen, wie neue Variationen und Selektionen im Verhältnis von Körper, Psyche und Gesellschaft längerfristig balanciert und reproduziert werden könnten.

Mit einem Wissen um die Subtilitäten der soziokulturellen Evolution wäre die Kunst, wäre jeder Künstler und wäre auch jedes Publikum überfordert, mit einer Beobachtung von Glück und Unglück als Auslöser und Resultat dieser Evolution jedoch nicht. Zur Kulturrecherche wird die Kunst in dem Moment, in dem sie Glück und Unglück nicht nur festhält und entweder preist oder an den Pranger stellt, sondern im strengsten Sinne aufeinander bezieht, das heißt unterscheidet *und* identifiziert. Das kann im Einzelfall auch bedeuten, dass die Kunst sich darauf spezialisiert, im Unglück das Glück und im Glück das Unglück aufzuzeigen, um so die kulturelle Ambivalenz eher als die kulturelle Eindeutigkeit herauszustellen. In dieser Form leistet die Kunst als Kulturrecherche ihren eigenen Beitrag zur soziokulturellen Evolution, indem sie sich mit keinem erreichten Zustand zufriedengibt, sondern in jedem Zustand seine mögliche Verschiebung, seinen semantischen Mehrwert, seine strukturelle Subversion, seine uneindeutige Geschichte und seine offene Zukunft aufzeigt und nachweist. Deswegen kann man nie genau wissen, was auf einem Bild, in einem Theaterstück, in einem Gedicht, in einer Symphonie tatsächlich passiert. Es zu wissen, verrät in jedem Fall ein zu großes Interesse an Eindeutigkeit und damit an einer Reduktion des evolutionären Potentials.

Interessanter als jede Eindeutigkeit ist das Offenhalten der Möglichkeit, das, was in einem Kunstwerk oder künstlerischen Prozess geschieht, jeweils in alle drei Richtungen zu verfolgen, in die Richtung körperlicher Orientierung, in die Richtung bewusst-unbewusster Vorstellungen und in die Richtung gesellschaftlicher Situationen. Ein Kunstwerk, einen künstlerischen Prozess erkennt man daran, dass sie die Differenz der koevolutionären Anschlüsse in genau dem Moment auffangen, in dem sie fast – und sei es Langeweile, sei es Schrecken auslösend – sichtbar geworden wäre. Das macht die Kunst zur Kulturrecherche. Sie fängt ein, was aus dem Ruder läuft; und sie setzt frei, was zu sehr gefangen ist.

Für die Kunstgeschichte ebenso wie für die Kunstwissenschaft (als nicht unbedingt historisch gebundene Wissenschaft der Künste) birgt dieses Verständnis der Kunst als Kulturrecherche ein bemerkenswertes Forschungsfeld. Im Gegensatz zu den Künsten selbst, die dies allenfalls sporadisch und wiederum gebunden an ihre Wahrnehmung von Glück und Unglück tun, können die Kunstgeschichte und die Kunstwissenschaft die Koevolution von Körper, Psyche und Gesellschaft theoretisch und methodisch kontrolliert, das heißt orientiert an der Unterscheidung von wahr und unwahr, in den Blick nehmen. Sie können sich an der Biologie, der Psychologie und der Soziologie sowie darüber hinaus an den Lebenswissenschaften, Kulturwissenschaften und Kognitionswissenschaften orientieren, um zu untersuchen und zu beschreiben, auf welche Gemengelagen der Koevolution die Kunst mit ihrem kulturellen Gespür für Glück und Unglück jeweils reagiert. Dazu gehört es auch, die Blindheiten der Kunst zu beschreiben, die pfadabhängig an ihre eigene Geschichte gebunden ist und in Gattungen, Stilen und Formaten an Formen der Feier und Formen der Kritik festhält, die ihrerseits auf eine möglicherweise problematische Weise zum Glück und Unglück der Menschen beitragen.

Insofern ist die Kunstwissenschaft zugleich auch die Reflexionstheorie der Kunst, die sich an deren Unterscheidung gebunden fühlt und doch diese Unterscheidung auf das hin zu beobachten versucht, was man mit ihrer Hilfe zu sehen vermag und was man in ihrem Rahmen eher übersieht. Damit können und sollen die Restriktionen der Kunst nicht gesprengt werden, die Mittel der Wissenschaft wären damit überfordert, aber es kann und soll die Kunst ihrerseits beunruhigt, stellenweise auch beruhigt werden, damit diese ihrer koevolutionären Funktion mindestens in dem Ausmaß zu misstrauen lernt, wie sie allen anderen Funktionen misstraut. Unter dieser Bedingung, und damit beschließen wir die hier nur skizzenhaft vorgetragenen Überlegungen, kann sich die Kunstwissenschaft, interdisziplinär informiert durch andere Wissenschaften, durchaus in die Kunst auch einmischen und von der Kunst in Anspruch nehmen lassen. Das ist landauf, landab ja auch schon längst zu beobachten. Aber es funktioniert nur, wenn die drei in diesem Spiel involvierten Eigenformen der Gesellschaft, die Kunst, die Kultur und die Wissenschaft, nicht nur aufeinander bezogen, sondern auch voneinander unterschieden werden. Auch wenn man an die funktionale Differenzierung der Moderne nicht mehr glaubt, so haben wir es doch nach wie vor mit einer institutionellen Differenzierung zu tun, innerhalb derer die Unterscheidungen von wahr und unwahr, glücklich und unglücklich sowie schön und hässlich (als Indikatoren koevolutionärer Balancen!) ihren Wert nur behalten, wenn sie sowohl durchmischt als auch immer wieder getrennt werden.

Die Negativität der Kunst

Nur weniges ist in der Kunsttheorie so unumstritten wie die Negativität der Kunst. Kunst ist immer Einwand gegen die Verhältnisse, und sei es nur, um sich von diesen zu entkoppeln.[1] Die Kunst ist der Gesellschaft daher seit jeher verdächtig, ihr Weinen ebenso wie ihr Lachen, ihre lügnerischen ebenso wie ihre schrecklichen Geschichten, mit denen sie den Ernst, die Würde und das Vertraute der Wirklichkeit ständig unterläuft.[2] Versöhnt ist die Gesellschaft mit der Kunst nur dort, wo diese das Schöne präsentiert, und sei es im Gewand des Hässlichen.[3] Das Schöne kann in der Gesellschaft wahlweise als das Natürliche oder das Unwirkliche gelten, und damit kann sich auch die Kunst anfreunden, so sehr sie auch gegen die Versöhnung rebelliert.[4]

Achtet man darauf, dass sich das Schöne der Kunst keiner Positivität, sondern einer Negativität verdankt, läuft man nicht Gefahr, dieses mit dem Gefälligen und daher Harmlosen zu verwechseln. Das Gefällige und daher Harmlose ist Sache der Kultur, nicht der Kunst. Und auch in der Kultur ist es nur der Akt einer Grenzziehung, der die Negativität der Kunst zwar gesellschaftlich einbetten, aber nicht unmöglich machen soll. Die Kultur entschärft das interesselose, aber notwendige Wohlgefallen des künstlerischen Geschmacksurteils[5] zu einem interesselosen, aber kontingenten Wohlgefallen, das in dieser Form allerdings nur umso besser zu beunruhigen vermag, weil man glaubt, sich ihm ungefährdet aussetzen zu können.[6] Man glaubt sich durch den Rahmen geschützt und merkt nicht, wie das Schöne der Kunst eine Wahrnehmung adressiert, die den Betrachter seines Selbst entkleidet und ihn auf eine Sinnlichkeit verweist, die ihm genauso wie dem Gegenstand zuzurechnen ist.[7]

Denn das ist die Pointe der Negativität. Sie bricht mit der positiven Welt und ihren sei es geordneten, sei es ungeordneten Sachverhalten, zu denen auch das Subjekt sich so gerne zählt, und verweist auf eine Leere, die nur durch einen Willen zu füllen ist, der nur in sich, aber nicht in einem Sachverhalt, begründet ist.[8] Gotthard Günther präzisiert, dass diese durch eine Negativität auf den Plan gerufene Leere, auf die ein dann durchaus positiver Wille antwortet, nicht das leere Nichts ist, keine gleichsam beliebige Freiheit, aus der alles und nichts abzuleiten wäre, sondern das Ergebnis von „Reflexionsgeschichten“,[9] die in der Form einer Negativsprache jede Positivsprache begleiten. Kunst wäre dann das Register einer Welt, die sich zu schnell mit ihrer eigenen Wirklichkeit verwechselt und in dieser Verwechslung stillstellt; und sie wäre dieses Register im Medium einer Menge von Neins zu jedem einzelnen Aspekt dieser Wirklichkeit. Diese Neins zerstören die jeweils negierte Wirklichkeit nicht, so sehr sie auch für einen Moment aus diesem Eindruck ihre eigene, durchaus positive Lust, ihren Übermut gewinnen mögen,[10] sondern sie zählen sie,[11] das heißt, sie unterscheiden sie in ihrem eigenen Zusammenhang und geben ihr eine Stelle, die in diesem Moment so streng bezeichnet wie auch bereits relativiert ist. Genau das heißt Reflexion. Und genau das erfordert einen vermutlich gleich doppelt konnotierten Willen, muss man doch das jeweilige Nein sowohl aufrufen als auch von ihm wieder zurückfinden in einen Aspekt der Wirklichkeit, zu dem man ebenfalls Nein sagen könnte. Der Wille verknüpft neu und anders, was der Erkenntnis verknüpft bereits vorliegt.

Das ist die Freiheit, die die Kunst sich nimmt. Die Negativität ist der Preis, den sie bezahlt, um neue Verknüpfungen vorzunehmen, die nur insofern aus dem Nichts gegriffen sind, als dieses das Produkt einer immer punktgenauen Reflexion ist. Das Spiel, das man der Kunst gerne nachsagt, hat hierin seinen Grund. Es verdankt sich der Freiheit des Neins, verbunden mit der Entscheidung für eine Entscheidung.

Kunst im Netzwerk

Wir ergänzen diese erste Überlegung zur Negativität der Kunst durch eine zweite Überlegung, die sich ebenfalls der Absicht verdankt, der Frage auf die Spur zu kommen, ob sich die Typik künstlerischer Arbeiten in der nächsten Gesellschaft von jener in der modernen Gesellschaft unterscheidet. Wenn für diese nächste Gesellschaft die Annahme gewagt werden darf, dass ihr primäres Differenzierungsprinzip nicht mehr die sachlich geordneten und ordnenden Funktionssysteme der modernen Gesellschaft sind, sondern Netzwerke, die einer Risikologik der Kombination heterogener Identitäten (Akteure, Institutionen, Narrationen, Praktiken) folgen,[12] dann stellt sich die Frage, ob auch die Kunst die Form des Netzwerks annimmt beziehungsweise sich mit der Form des Netzwerks auf eine Art und Weise konfrontiert, die die bisherigen Motive, Modi und Ergebnisse der Kunstproduktion verändert. Die Vermutung, dass signifikante Phänomene der aktuellen Kunstproduktion eher unter das Stichwort einer ‚distribuierten Ästhetik' gefasst werden können als unter das Stichwort einer modernen Werkästhetik, ist nicht nur bereits formuliert worden, sondern sie geht bezeichnenderweise bereits im Moment ihrer Formulierung mit einer dezidierten Skepsis gegenüber gesellschaftlichen Erwartungen an das vorgeblich so interaktive und partizipative Vergemeinschaftungsprinzip des Netzwerks einher.[13]

Wie sieht eine Kunst der Netzwerkgesellschaft aus, wenn sie sich in verbreiteten Bemühungen, sich zu vernetzen (to network, im Englischen ein Verb), sicherlich nicht erschöpft? Unsere zweite Überlegung greift in der Auseinandersetzung mit dieser Frage auf die soziologische Netzwerktheorie von Harrison C. White zurück,[14] auch wenn diese der Kunst in ihrer Theoriearchitektur keinen prominenten Platz einräumt. An anderer Stelle hat White eine Institutionen- und Systemtheorie der Kunst entworfen[15] und Fragen der Identitätskonstruktion dank Kunst sowie Problemen der Performanzmessung seine Aufmerksamkeit geschenkt,[16] doch an der entscheidenden Stelle seiner Theorie, dort nämlich, wo er sich mit basalen sozialen Molekülen, genannt Disziplinen, beschäftigt, scheint für die Kunst und ihr Produkt kein Platz zu sein.

White unterscheidet drei Disziplinen, drei unterschiedliche Formen von Hackordnungen, nämlich das Interface, dem es um die Wertung von Qualität, die Arena, der es um die Wertung von Reinheit, und das Council, dem es um die Wertung von Prestige geht; das Interface verpflichtet auf einen gewissen Instrumentalismus, die Arena trifft eine Auswahl aus Freunden und Feinden und das Council vermittelt zwischen Oben und Unten.[17] Aspekte dieser drei Disziplinen finden sich auch in der Kunst: Die Organisation der Kunstproduktion in ein Netzwerk von Projekten[18] erfüllt die Anforderungen eines Interface, die Preisfindung zwischen Künstlern, Kunsthändlern und Kunstkäufern[19] erinnert an eine Arena und die Logik von Geschmacksurteilen im Kontext der Distinktion sozialer Schichtung[20] funktioniert wie ein gesellschaftsweit operierendes Council. Das Spezifische der Kunst wird damit jedoch nicht erfasst.

Nicht um die Kunst von allen anderen Disziplinen zu unterscheiden, sondern um einen künstlerischen Aspekt zu erfassen, jenen der Produktion von Negativität, der dann unter Umständen auch in anderen Feldern sozialer Aktivität auffindbar ist, machen wir daher hier den Vorschlag, eine vierte Disziplin einzuführen, der wir den Namen der Posse geben. Dieser Name orientiert sich an einem Vorschlag von Michael Hardt und Antonio Negri,[21] von einer Posse immer dann zu sprechen, wenn man es mit Singularitäten zu tun hat, in der Regel bestehend aus einer Handvoll von Leuten, Ressourcen und Adressen, denen es in einer offenen Vielheit (multitude) von Möglichkeiten gelingt, etwas zu produzieren, das heißt ein Können, ein Potential (lat. posse) unter Beweis zu stellen. Die Wertung, die diese Disziplin der Posse verfolgt, ist die der Schönheit, worunter wir innerhalb einer Logik der Negativität die Setzung eines Unterschieds zwischen dem Ungewöhnlichen und dem Vertrauten verstehen. Dieses Verständnis des Schönen greift Konnotationen des Erhabenen, des Sublimen auf, das Kant als das Überwältigende, Erschreckende und Bewegende vom Begrenzten und Gefälligen des Schönen unterscheidet.[22] Possen, so wollen wir vorschlagen, arbeiten an einem Schönen, das gegen unser Interesse auf unser Interesse stößt und das insofern stört, aber als berechtigte und gut begründete Störung überzeugt. Sie dokumentieren einen Willen, der zwangsläufig negativ ansetzt, um sich vom bereits Vorhandenen zu unterscheiden, dabei jedoch ein positives Produkt produziert, das mit dem Vorhandenen abgestimmt ist und insofern aufgenommen und eingebettet werden kann.

Man könnte auch von Reparaturmaßnahmen sprechen und so die in der Kunstproduktion vor allem unter Musikern des Rap und des Hip-Hop bereits bekannten Possen mit den bereits früher aufgetretenen Possen polizeilicher und militärischer Einheiten (task forces) verknüpfen. Allerdings sind diese Possen nicht auf die Sicherstellung von Recht und Ordnung zu begrenzen, sondern betreffen Reparaturmaßnahmen, die auch subversive, kontroverse und gewalttätige Dimensionen annehmen können, wenn Positionen der Negativität bezogen werden, die entsprechend weit außerhalb des praktizierten Konsenses einer Gesellschaft zu finden sind.[23]

Possen des Schönen sind Possen, die künstlerische Strategien der Kommunikation von Negativität im Medium der Adressierung von Wahrnehmung verfolgen. Wahrnehmung zu adressieren heißt, Schnittstellen zwischen Kommunikation, Psyche und Organismus zu adressieren und es so mit der human condition schlechthin zu tun zu bekommen, insofern diese darin besteht, unwahrscheinliche Balancen gesellschaftlicher Anforderungen, individueller Befindlichkeiten und körperlicher Zurichtungen dennoch zu bewältigen.[24] Possen sind Disziplinen, die in Kunst und Politik, Wirtschaft und Wissenschaft, Religion und Erziehung von Routinen abweichen und kreative Energien mobilisieren, die aus Spannungen zwischen Kommunikation, Psyche und Organismus resultieren, die nach Ausdruck und Ausgleich suchen. Das Schöne ist das überraschend Sinnvolle, das Angemessene im Umgang mit einer unruhigen Welt, das nach wie vor Unwahrscheinliche, aber evolutionär Gelungene und Stimmige. Man müsste eine neue logische Kategorie erfinden, um es zu beschreiben: eine kontingente Notwendigkeit, weder zufällig noch unmöglich.

Parteigründungen, Werbekampagnen, Guerillataktiken, pädagogische Konzepte, religiöse Missionen und wissenschaftliche Methodologien können in diesem Sinne als Possen verstanden werden, wenn sie ein Produkt (ein Objekt, ein Prozess, eine Idee) offerieren, das dort eine Lösung anbietet, wo man bislang noch nicht einmal ein Problem gesehen hat. Es handelt sich um, wenn man so will, nietzscheanische Strategien,[25] die nicht auf die Kausalität von Sachfragen, sondern auf eine Ästhetik der überraschenden, kreativen Lösung setzen, auf ein Risiko, eine Übersetzung, ein Design. Das ästhetische Urteil beschließt hier ein Gelingen, das man Mühe hätte, sachlich zu begründen. Es besiegelt eine Reduktion, die mit der Komplexität und Rekursivität der Verhältnisse nicht nur abgestimmt, sondern auch auf sie angewiesen ist.

Performance

Possen der Negativität laufen in der aktuellen Kunstproduktion vielfach unter dem Namen der Performance. Eine Performance ist eine künstlerische Form, die die Selbstreferenz und die Fremdreferenz der Kunst bis zum Punkt der Unerträglichkeit aufeinander bezieht und voneinander unterscheidet. Der Betrachter und Teilnehmer wird in eine Oszillation hineingezogen, die die Welt sowohl verzaubert, wenn man sich mit ihrer Faszination begnügt,[26] als auch entzaubert, wenn man darauf achtet, dass die vorgeführten Verfahren nichts anderes vorführen als sich selbst.[27] Die Performance legt ihre Erkenntnisbedingungen offen, indem man Schritt für Schritt mitverfolgen kann, was jeweils geschieht, und lässt, umso besser dies gelingt, vollkommen rätselhaft werden, worum es geht.

Dada, Fluxus, Happening, Poetry Slam, Aktionstheater, Intermedia und Web Art besetzen in der Netzwerkgesellschaft eine Position der Negativität, die dort mit Differenz und Kontrollverlust arbeitet, wo Netzwerke auf Identität und Kontrolle setzen. Zwar sind Identität und Kontrolle in der Netzwerkgesellschaft Konzepte des Umgangs mit dem Riskanten, Prekären und Unwahrscheinlichen,[28] doch verliert man dies beim Networking gerne aus den Augen, wenn es eher darum geht, Verbindung und Verknüpfung, Schwärme und Kaskaden zu betonen, als darauf hinzuweisen, dass sich viele Netzwerke in den Geschichten erschöpfen, die man über sie erzählt. „A tie," so sagt White,[29] „is a failed discipline", denn in dem Moment, in dem Verbindungen gesichert sind, spricht man nicht mehr von einem Netzwerk. Netzwerke bestehen aus potentiellen, nicht aus aktuellen Verknüpfungen; schlimmer noch, sie bestehen aus den Verbindungen, die sich als Alternativen zu den aktuellen darstellen.

Die Performance ist eine Posse, die der Positivität des Netzwerks dessen Negativität gegenüberstellt. Selbst eine Art Knoten im Netz, dokumentiert die Performance einen Kontrollverlust über Kommunikation, Psyche und Organismus, aus dem im selben Zug eine neue Form gewonnen wird, die überzeugt, ohne einen Anschluss zu bieten. In dem Moment, in dem die Performance gelungen ist, muss sie zu Ende sein. Sie darf zwar als Kunstwerk und insofern als Kommunikation, nicht aber als

Bewusstsein und nicht als Verhalten ihre Fortsetzung finden. Das hat die Performance mit jedem Kunstwerk gemeinsam. Der Preis für die Position der Negativität ist eine Autonomie, die einen gesellschaftlich leeren und nur insofern signifikanten Ort besetzt. Die Negativsprache der Performance reflektiert die Gesellschaft, doch sie kann außerhalb der Kunst nicht gesprochen werden. Sie zählt die Einheiten des Netzwerks anhand von dessen Lücken, aber sie füllt diese Lücken nicht.

Interessant ist die gesellschaftliche Funktion dieser Performance. Vergleichbar manchen Formen eines tribalen Kunstwerks (Ritual, Totem, Kult) akzeptiert sie die Trennung vom Publikum nicht, sondern begreift auch dieses als ein Element des Netzwerks, dessen Rolle sowohl negiert als auch neu formatiert werden muss. Das Publikum wird zu einer Adresse im Netzwerk der Kunstproduktion, die jedoch genauso unzuverlässig ist wie jede andere Adresse in einem Netzwerk, dessen Wirklichkeit die Reflexion auf potentielle Alternativen ist. Das Publikum spielt mit; selbst passiv entdeckt es seine aktive Rolle beim Entstehen eines Kunstwerks, das offenlässt, worin diese Rolle besteht. Auch der Künstler entzieht sich der Definition seiner zum Publikum komplementären Rolle der Darstellung, indem er sich vom Darsteller in das Medium der Darstellung verwandelt, in dem sich etwas darstellt, was seine Adresse im Netzwerk erst noch finden muss. Das können soziale Orientierungen, psychische Befindlichkeiten oder körperliche Zurichtungen sein, die in der Performance sowohl unterlaufen als auch neu formatiert werden.

Darüber hinaus können Formate erprobt werden, in denen fast alles, was seit der antiken und modernen Kunst zur Kunst gehört, auch abwesend sein darf, der Künstler, die Bühne, das Publikum, Anfang, Höhepunkt und Ende, das Drama und seine Auflösung, die Komik und ihr Witz, der Kitsch und seine guten Gründe. Stattdessen zählen Effekte, die nur noch in ihrem Halo auf Kunst, in allem Übrigen jedoch andeutend und ausspielend, verständlich und unverständlich, geschmackvoll und geschmacklos auf jeden nur denkbaren Sinn verweisen. Die ideale Performance findet statt, ohne dass es jemand merkt, am wenigsten der eventuelle Künstler. Daher kann Jon McKenzie formulieren, „perform or else".[30] Am Fluchtpunkt jeder Performance wird die Gesellschaft zu einer Posse, deren Schönheit sich ihrer eigenen, scheinbar so unterschiedslosen Fortsetzung entgegenstellt.

Man darf sich fragen, was das soll. Die Antwort ist denkbar einfach. Die Negativsprache dieser performativen Kunst reflektiert eine Gesellschaft, deren Anschlüsse mit und ohne Rückgriff auf elektronische Medien eine Instantaneität angenommen haben, die ohne jede Entscheidung auszukommen scheint. War die Sachlogik der modernen Gesellschaft ohne den Verweis auf Information und Expertise und damit ohne Reflexion und Distanz nicht zu haben, so setzt die Risikologik der nächsten Gesellschaft sich fast von selber durch. Die Performanz der Posse hält dies an und auf. Sie zerstreut alle Evidenzen bis zu jenem Punkt, an dem eine Entscheidung unausweichlich wird. Schön ist nicht mehr die Übereinkunft von Wahrnehmung, Befindlichkeit und Ausdruck, sondern schön sind die Aufkündigung dieser Übereinkunft und damit der Neuanfang.

Possen

Possen im Netz zielen nicht mehr auf das Große und Ganze. Weder der Kosmos wie in der Antike noch die Gesellschaft wie in der Moderne zählen hier als Referenzpunkte, auf deren Inszenierung und Feier es positiv oder negativ ankäme. Stattdessen haben wir es auch hier mit jener ökologischen Logik nachbarschaftlicher Beziehungen zu tun, die eher nach dem Muster von Wirt, Gast und Nische funktioniert als nach dem Muster übergeordneter Zwecke oder einer noch zu findenden Vernunft.[31] Possen bewähren sich darin, dass sie für einen Moment eine Gemeinschaft (community) stiften, die aus friends und followers besteht, wie Social Media im Netz sie treffenderweise nennen, die ihre Aufmerksamkeit und ihre Anerkennung zu verteilen haben und dies je nach den Umständen durch Zahlungen, Wahlen oder Beitritte auch zu dokumentieren bereit sind. Jeder dieser friends und followers kann zu jedem Zeitpunkt ein leader werden, der eine Kampagne startet, die zu einer neuen Posse wird.

Die Kunst macht sich dies zunutze. Sie tritt erkennbar expertenfeindlich auf, um die sich formierenden Netze nicht durch Asymmetrien zu stören, die nicht wieder aufgelöst werden können. Wenn sie dennoch Experten nutzt, sind es Laien wie du und ich, deren Position so scharf markiert wird, dass sie ohne jedes Autoritätsproblem zum Modul unter anderen Modulen wird. Die Inszenierung einer Posse verlangt eine Kunstfertigkeit, die nicht sichtbar werden darf. Es überwiegt eine Spontaneität, die den Eindruck erweckt, dass jeder Freund oder Gefolgsmann die Rolle eines Führers zu jedem Zeitpunkt auch selber übernehmen kann. Selbstverständlich weiß man, dass dieser Eindruck täuscht, doch man genießt die Täuschung, während man sie zulässt.

Die Possen betreiben nicht nur eine Kunst im Netzwerk, sondern auch eine Kunst des Netzwerks. Distant Art ist dafür vielleicht eine treffende Bezeichnung, wenn man darunter eine Konzentration auf Effekte versteht, die die Bedingungen der Anwesenheit überschreiten und schon deswegen gerne auf Medien verweisen, unter denen die alten Götter und

Geister zwar noch eine Rolle spielen können, es aber letztlich eher um die Musik und den Film, die Zeitung, den Rundfunk und das Fernsehen, den Computer und das Internet geht, beziehungsweise um ein Mischen und Covern von Geste, Wort, Klang, Bild, Text, Zahl, Codierung und Übersetzung, die jeweils nicht in ihrer Dinglichkeit, sondern in ihrer Funktionalität und Dysfunktionalität, in ihrer Unauffälligkeit und Zudringlichkeit, in ihrer Dezentrierung und Fokussierung interessieren. Das verwandelt sowohl das Kollektiv derer, die die Kunst weniger machen als im Medium ihrer eigenen Störung geschehen lassen,[32] als auch das Publikum, das sich nicht mehr als Adressat, sondern als Verteiler und Verstärker im Horizont einer eher immer wieder neu zu erprobenden als bereits bekannten Medienöffentlichkeit begreifen muss,[33] ihrerseits in Netzwerkeffekte, die nach der modernen Logik der Subjekte und Objekte nicht mehr geordnet werden können.

Diese Possen interessiert ein Design der Welt, das in keinem seiner Züge unschuldig ist. Sie nutzen eine Negativität, die eine bessere Weltkundigkeit erfordert als so manch ein Projekt, auf das die Moderne so stolz ist. Projekte dürfen scheitern, Possen müssen gelingen. Projekte erschöpfen sich in einer gewissen Sachlogik, eben jener der Moderne, Possen sind darauf angewiesen, jene Kombination von Kontingenz und Notwendigkeit zu realisieren, die wir hier mit dem vielleicht unzureichenden Wort der Schönheit gekennzeichnet haben.

Will man Possen der Performanz eine gesellschaftliche Funktion zuschreiben, so könnte man an die eines Immunsystems denken. Allerdings ist ihre Aufgabe eine andere als diejenige eines Angebots von Formen zivilisierter Konfliktaustragung durch das Rechtssystem.[34] Auch das Recht liefert eine Negativsprache, die es erlaubt, überall dort, wo die einen sich im Recht glauben, Unrecht zu vermuten und dafür nach den passenden Argumenten zu suchen. Die Negativität der Possen reagiert jedoch nicht auf das Risiko eines Unrechts, sondern allgemeiner auf das Risiko der Beobachtung. Das ist der Grund dafür, dass Possen Selbstreferenz und Fremdreferenz so paradox verschränken, dass unentscheidbar wird, worauf sie referieren. Denn so inszenieren sie sich als Beobachter eigener Art und ziehen darauf die Aufmerksamkeit und das Interesse der Betrachter. Das Beobachten als solches wird auffällig, und zwar im negativen wie positiven Sinne auffällig. Man kann studieren, dass es unter dem Vorwand des Interesses aufspürt und aufstört, was möglicherweise keinerlei Beobachtung verträgt. Die Posse hat dabei die Wahl, ob sie sichtbar macht, was nicht sichtbar sein wollte, oder den Schutz vor der Sichtbarkeit dort reklamiert, wo er bereits aufgegeben ist. In der Regel macht sie beides und verstört damit nur umso gewisser.[35]

Auf diese Art und Weise schützt sich die Netzwerkgesellschaft vor der Allgegenwart der Blicke, auf die sie zugleich angewiesen ist. Den neugierigen Blicken der tribalen Gesellschaft, den agonalen Blicken der Antike und den interessierten Blicken der Moderne, allesamt sozial nicht ungefährlich, überlagert sich in der Netzwerkgesellschaft der kontrollierende Blick im Umgang mit der eigenen Community. Ständig muss man befürchten, eine wichtige Gelegenheit zu übersehen oder an Reputation und damit an Wahlmöglichkeiten zu verlieren. Die Posse macht das genauso und führt es gleichzeitig auch vor. Sie ist taktlos und dennoch, so lange sie als Kunst auftritt: taktvoll. Sie konfrontiert die Kontrollgesellschaft, in der die Individuen nicht mehr nur auf Stand, Interesse und Rolle, sondern tiefer greifend auf Flexibilität und Modulierbarkeit festgelegt werden,[36] mit ihrer eigenen Unmöglichkeit. Die Posse ist eine feste Kopplung unter losen Kopplungen, das macht sie so flüchtig wie unversöhnlich. Nichts an ihr ist nachhaltig, alles an ihr ein Traum.

VON DER EINHEIT DER INSTITUTION ZUR DIFFERENZ DER FORMATE

Das Theater als Einmalerfindung

In menschlichen Gesellschaften ist das Theater eine Institution. Man hat immer schon Theater gespielt, angefangen bei den Tänzen und Maskenspielen der Stammesgesellschaften über die Mysterien, Komödien und Tragödien der Antike, die Passionsspiele des Mittelalters, die Puppen- und Schattenspiele verschiedener Hochkulturen und die Dramen und Lustspiele der Moderne bis zu den aktuellen Formen des Multimediatheaters der Gegenwart: Man wird vermutlich auch weiterhin Theater spielen, und sei es nur, weil es kaum eine geeignetere Form gibt, die Tücken der menschlichen Kommunikation, die Täuschungsanfälligkeit des menschlichen Umgangs miteinander, zu erkunden.[1] Das Theater ist die Form schlechthin, um der Beobachtung des Menschen durch den Menschen selbst eine Form zu geben und so die Beobachtung zweiter Ordnung in die Gesellschaft wieder einzuführen und dort auf ihre Verführung und Ansteckung, ihre Risiken und Gefahren hin – zu beobachten. Eine der mächtigsten Theatertheorien überhaupt, die Theorie René Girards, sieht deshalb im Theater eine der wesentlichen Voraussetzungen dafür, dass die Dynamik einer rivalisierenden Imitation, die jede Gesellschaft heimzusuchen droht, überhaupt erkannt und einigermaßen gebändigt werden konnte.[2]

Wie die menschliche Gesellschaft selber, aber auch wie die Welt, das Leben, der Mensch oder das Bewusstsein, ist das Theater eine Einmalerfindung. Das macht es schwer, es mit anderen Fällen zu vergleichen. Der Vergleich jedoch ist der Königsweg, um wissenschaftliche Argumentationen zu entwickeln, die theoretisch kontrolliert und empirisch belegt werden können. Wenn man nicht vergleichen kann, kann man nur feiern oder ablehnen, aber nicht beurteilen. Dann ist etwas eine Institution. Die Wissenschaft behilft sich in solchen Fällen mit der Einführung interner Vergleichbarkeit. Man beschreibt die Geschichte des Theaters, die regionalen Varianten, die verschiedenen Gattungen, die zugrunde liegenden Ästhetiken, die Organisationsformen, die verschiedenen Formen gesellschaftlicher Akzeptanz und Einbettung, möglicherweise auch das Verhältnis zu anderen Künsten. Damit bewegt man sich jedoch streng im Rahmen der Institution. Man stellt sie nicht in Frage und kommt ihr nicht auf die Spur, sondern man unterscheidet nur Grade: Grade der Ausdifferenzierung, Grade der Entwicklung, Grade der Subtilität, Grade der Anerkennung.

Einen Schritt weiter kommt man, wenn man nach dem Problem fragt, das die Einmalerfindung der jeweiligen Institution löst. Für die Welt, das Leben, den Menschen, die Gesellschaft oder das Bewusstsein ist das wohl eher nicht möglich, aber für das Theater ist dies möglich. Wir haben es eben schon getan. Man kann nach der Funktion des Theaters in der Gesellschaft und für die Gesellschaft fragen und diese Frage durch einen Verweis auf das Problem beantworten, das das Theater löst. So haben wir gerade gesagt, dass das Theater das Problem löst, die Dynamik der Imitationskonflikte, die in der für die Gesellschaft unvermeidbaren Struktur der Beobachtung zweiter Ordnung stecken, auf der Bühne darzustellen, damit der kritischen Beobachtung der Gesellschaft auszusetzen und die in ihr liegenden Gefahren dadurch zu bannen. Das ist angesichts der aktuellen Wiederentdeckung von Ansteckungsprozessen menschlicher Verhaltensweisen durch die Soziophysik, eine Art Epidemiologie der Kommunikation,[3] so aktuell wie eh und je. Menschen orientieren sich in ihren Bedürfnissen und Interessen aneinander, bestärken sich dadurch in diesen Bedürfnissen und Interessen, geraten dadurch jedoch auch in Konkurrenz um dieselben Einsätze und müssen daher mit Mühe und Not dazu gebracht werden, wieder getrennte Wege zu gehen.[4]

Die Zwergkängurus, die in den 1980er Jahren am Lehrstuhl für Verhaltensforschung an der Universität Bielefeld erforscht worden sind,[5] hatten ein ähnliches Problem. Auch bei ihnen kam es ab und an zu unerklärlichen Gewaltausbrüchen, die nur dadurch gestoppt werden konnten, dass sich wie auf ein Kommando alle Tiere in eine Reihe hockten, gemeinsam in dieselbe Richtung in den Wald hineinschauten und sich allmählich beruhigten. Die wechselseitige Selbstwahrnehmung wurde unterbrochen und durch koordinierte Fremdwahrnehmung ersetzt.

Das Theater ist nichts anderes als eine alternative Form einer solchen Unterbrechung eines kommunikativen Kurzschlusses, allerdings mit der zusätzlichen Leistung, bei Bedarf das Zustandekommen solcher Kurzschlüsse inklusive ihrer Auflösung selbst zum Gegenstand der Beobachtung machen, das heißt auf die Bühne bringen zu können. Wir haben es hier demnach mit einer Theorie der Funktion des Theaters in der Gesellschaft und für die Gesellschaft zu tun, die die Institution des Theaters zum einen zu würdigen, sie jedoch zum anderen auch mit Alternativen zu vergleichen und dadurch in gewisser Weise aufzulösen vermag.

Theater als Institution

Denn darauf kommt es uns im Folgenden an. Spätestens dann, wenn die Institution des Theaters politisch monopolisiert wird, wird es interessant und notwendig, dafür Sorge zu tragen, dass das Theater gegenüber diesem Zugriff, so sehr es ihn selber immer wieder sucht und fordert, doch einen gewissen Spielraum behält. Die Gesellschaft kann es sich nicht leisten, eine Institution der kritischen Überwachung von Dynamiken der Beobachtung zweiter Ordnung an ein System zu verlieren, das seine eigenen Interessen der Einschränkung und Koordination dieser Beobachtung zweiter Ordnung verfolgt. Das System der Politik regelt Chancen willkürlicher Entscheidungen im Medium der Macht.[6] Man kann es nicht riskieren, das Theater dieser Art von Machtkalkül zu unterwerfen, sondern muss darauf achten, dass es bei Bedarf auch diesen Zugriff thematisieren, das heißt auf der Bühne darstellen kann. Nichts anderes fordert man, seit man die Autonomie der Kunst im Allgemeinen und des Theaters im Besonderen fordert.

Das Thema ist nicht neu. Vermutlich standen bereits die Schamanen der Maskenspiele in den Stammesgesellschaften in dem Konflikt, bestimmte Zustände und Befindlichkeiten ihres Stammes im Auftrag ihrer Ältesten jetzt und so nicht zu thematisieren und eher andere Themen zu unterstreichen, die opportuner schienen. Und den Priestern der Mysterienspiele, den Dramatikern des antiken Theaters, den Schaustellern der Marktspiele und den Bühnenautoren des höfischen Theaters ging es mit Sicherheit nicht anders. Wenn eine Institution eine Funktion erfüllt, und anders käme es nicht zu ihrer Institutionalisierung, ist sie dem gesellschaftlichen Streit und dem Zugriff unterschiedlicher Interessen inklusive politischen Versuchen der Koordination und Moderation dieser Interessen ausgesetzt. Daran ändert sich auch dann nichts, wenn der Umstand der zu diesem Zweck als überdauernd beschriebenen Institution gegen diesen Zugriff gerade ins Feld geführt wird. Denn das ist nur ein weiteres Argument im Streit.

Im Zeitalter der Nationalstaaten kam es jedoch zu einer weiteren Zuspitzung dieses Streits und dieser Zugriffe. Im Schnittpunkt der Bemühungen um eine Nationalsprache und eine nationale Kultur einerseits und der Mobilisierung neuer Steuerquellen und der Ausbildung des Wohlfahrtsstaats andererseits fand sich das Theater insbesondere in Deutschland plötzlich im Zentrum eines Interesses, das zur Institutionalisierung nicht nur eines spezifisch bürgerlichen Theaters der Verständigung auf bürgerliche Themen führte, sondern auch der Bereitschaft und Fähigkeit politischer Administrationen, dafür die erforderlichen Finanzmittel bereitzustellen. Man übersieht zuweilen, dass auch das bürgerliche Theater fast während des gesamten 19. Jahrhunderts und in der ersten Hälfte des 20. Jahrhunderts ein privat finanziertes Theater war, das erst in der zweiten Hälfte des 20. Jahrhunderts im Zuge eines wiederum gewachsenen Interesses an gesellschaftlicher und politischer Bildung (Stichwort: Reedukation) zum Stadttheater ausgebaut wurde. Aber man übersieht dies nicht zufällig. Kulturpolitik heute ist zu einem großen Teil Politik im Sinne eines Kulturverständnisses des 19. Jahrhunderts, das heißt eines nationalen Interesses an Kultur.[7]

Wir bekommen es hier mit einer zweiten Bedeutung des Begriffs der Institution zu tun. Stellte die erste Bedeutung des Begriffs auf eine anthropologische Funktion ab, die die Institution als „Stereotyp“[8] der Gestaltung der Schnittstelle menschlicher Instinkte, menschlichen Verhaltens und gesellschaftlicher Ordnung sieht, eingerichtet nicht zuletzt zum Zweck der „Entlastung“[9] des Menschen, indem gesellschaftliche Ordnungen an die Stelle reflexiv verunsicherter Instinkte treten, so schließt die zweite Bedeutung daran an, indem sie nach dem kulturellen Wert fragt, den bestimmte Institutionen für die Gesellschaft haben.[10] Gemeint sind hier vor allem diejenigen Werte, die im Zuge der Entdeckung der vielfältigen Formen von ‚Kultur' im 17. und 18. Jahrhundert dem Vergleich ausgesetzt und so kontingent gesetzt wurden,[11] im Zuge der Durchsetzung des Nationalstaats im 19. Jahrhundert jedoch wieder entrelativiert und ideologisch aufgewertet werden.[12] Seither verweisen ‚Institutionen' auf das, was von jedermann als das Ergebnis eines „generalisierten Konsenses“[13] und damit als das Ergebnis von Geschichte, Emanzipation und einer Art allgemeiner Weisheit der Völker selbstverständlich zu akzeptieren ist, ohne weiter nachzufragen. In genau diesem Sinne, nämlich um Rückfragen zu entmutigen, beanspruchen Institutionen jetzt Autorität. Das Theater wird zu einer Einrichtung, ohne die man sich ‚Deutschland' und ebenso andere ‚Nationen' schlechterdings nicht mehr vorstellen kann.

Formate einer Trope

Ein soziologischer Begriff der Institution, das deutet sich bereits an, hält Distanz sowohl zu einem anthropologischen als auch zu einem kulturellen und dann kulturpolitischen Begriff der Institution. Selbst wenn darauf verwiesen wird, dass es sich bei Institutionen um Einmalerfindungen handelt, die zu allen Zeiten der menschlichen Gesellschaft in dieser oder jener Ausprägung wieder auftauchen und die selbst dann, wenn sie neu erfunden werden, doch mit präzise denselben altvertrauten Merkmalen (vor allem: Trennung von Bühne und Publikum mit allen Formen des Wiedereintritts dieser Unterscheidung in den Raum der Unterscheidung) neu erfunden werden, hält die Soziologie den Analyserahmen der ‚Gesellschaft' bereit und fragt nach, welche Funktion dieser Institution sich in allen bisherigen Formen der Gesellschaft auf so robuste wie plastische Weise wiederholt hat und warum es ihr gelungen ist, sich zu wiederholen. Die Soziologie vergleicht die Institution mit sich selbst und gewinnt daraus Perspektiven, die den Gegenstand zumindest analytisch auflösen, indem sie ihn mit anderen Möglichkeiten der Erfüllung derselben Funktion vergleichen und so kontingent setzen.

Wie also, wenn wir auf die beschriebene Art und Weise hinreichend viel Distanz zu einem anthropologischen und zu einem letztlich ideologischen Begriff der Institution gewonnen haben, stellen wir uns für die aktuelle Gegenwart die Institution des Theaters vor? Welche Beschränkungen nimmt diese Institution vor und welche Spielräume bietet sie möglicherweise nach wie vor? Man wird von einem Soziologen nicht erwarten, dass er in einem Versuch der Antwort auf diese Frage mit einer detaillierten Institutionenkenntnis aufwartet und genau angibt, welche kulturpolitischen Aufgabenstellungen, bürokratischen Einbindungen, kameralistischen Haushaltstitel, freien Projektmittel, gewerkschaftlichen Engagements, Ausbildungsgänge für Schauspieler, Regisseure, Bühnenbildner und Dramaturgen, Auslastungsgrade, Werbemaßnahmen, Publikumsbindungsprogramme und, nicht zuletzt, Konkurrenzen untereinander inklusive Karrierewegen, Kooperationschancen und Festivalbegegnungen nun das aktuelle Theater kennzeichnen. Dies darzustellen, muss ich anderen überlassen. Ich versuche etwas anderes. Ich versuche, ein analytisches Instrument zu formulieren, das es erlaubt, ohne großen Aufwand den Blick von der Selbstverständlichkeit der Institution abzuwenden, um sich stattdessen genauer anzuschauen, wie sie gebaut ist und wie sie unter Umständen auch anders genutzt werden kann.

Das heißt, ich versuche, den Blick des Praktikers theoretisch zu rekonstruieren. Man kennt das Vorgehen aus der Unternehmenstheorie, wo es eines ist, den Aufbau und den Ablauf einer Organisation zu untersuchen und zu würdigen, und ein ganz anderes, nach dem Geschäftsmodell des Unternehmens zu fragen, um Produktidee, Marktzugang, Arbeitskompetenzen, Ressourcenzugriff und gesellschaftlichen Kontext so zu analysieren, dass diese Elemente auch anders kombiniert werden können.[14]

Mein Vorschlag lautet, das Theater der Gegenwart als eine Trope im Sinne Juri M. Lotmans zu verstehen,[15] um im Anschluss daran Formate unterschiedlicher Theaterarbeiten als diejenige Ebene zu beschreiben, auf der die Grenzen der Institution des Theaters von beiden Seiten, von innen und von außen, ausgelotet werden, um derselben Trope eine andere Fassung zu geben.

Tropen, so Lotman, sind Paare miteinander unvereinbarer bedeutungstragender Elemente, die als solche den Kern schöpferischen Geschehens, der Kunst und vermutlich darüber hinaus jeder Art von Semiose, von Zeichenbildung, bilden.[16] Die Elemente solcher Paare können weder aufeinander reduziert noch voneinander abgeleitet werden, sondern stehen in jenem orthogonalen Verhältnis zueinander, von dem man offenbar schon seit Diophantus (griech. Mathematiker, 3. Jh. n. Chr.) vermutet, dass es jene Komplexität definiert, deren kleinste Einheit nie die Zahl, sondern immer schon ein Zahlenpaar ist.[17] Zu schön, um wahr zu sein, erinnert dieses Verständnis von Trope auch an den Begriff der white box, den Ranulph Glanville eingeführt hat, um daran erinnern zu können, dass „inside every white box there are two black boxes trying to get out",[18] und an die von George Spencer-Brown eingeführte Idee einer Form der Unterscheidung, in der die beiden Seiten einer Unterscheidung einander zugleich symmetrisch zugeordnet und asymmetrisch über- und untergeordnet sind, insofern sie verschiedene Tiefen des Raumes besetzen.[19] White box heißt hier, dass sich das, was auf den ersten Blick durchsichtig, zugänglich und verständlich scheint, auf den zweiten Blick als zusammengesetzt aus undurchsichtigen, unzugänglichen und unverständlichen Elementen erweist, von denen eines der sich selbst dann rätselhaft werdende Beobachter ist. Und Form der Unterscheidung heißt, dass hier ein Unterschied als ein Zusammenhang konstruiert wird, etwa der Unterschied als Zusammenhang von Mann und Frau, Gut und Böse, Oben und Unten, der als Unterschied so einfach und evident wie in seinen Bestandteilen komplex und rätselhaft ist.

Die Anthropologie kennt weitere Formen von Dualen, die diese Eigenschaft der Inkommensurabilität und Orthogonalität der beiden Seiten mit- und zueinander aufweisen und die wegen dieser Eigenschaft nach einer Einheit der Differenz fragen lassen, die mindestens dreiwertig und gegenüber den beiden Seiten der Unterscheidung emergent ist, das heißt ihrerseits weitere Eigenschaften aufweist, die auf keine der Eigenschaften der beiden Seiten zurückgeführt werden können.[20] Im Unterschied zu einer aristotelischen Theorie, die die Einheit der Differenz in der kosmologischen Ordnung aller Gattungen verortet, und zu einer hegelianischen Theorie, die die Einheit der Differenz als Aufhebung und Versöhnung im Begriff und letztlich im Staat zu denken versucht, rechnen jüngere konstruktivistische Theorien sie auf einen seinerseits kontingent zu setzenden Beobachter zu, den man sich als eine soziale, psychische oder künstliche, in jedem Fall jedoch als eine hinreichend komplexe Einheit, als ein System, vorstellt, dessen Beitrag zur Sache darin besteht, sie durch seine Unterscheidung einerseits aufzurufen und andererseits in die Differenz auch jederzeit wieder zerfallen lassen zu können.

Lotmans Begriff der Trope hat gegenüber anderen Fassungen eines ähnlichen Gedankens den Vorteil, dass er als ein Grundbegriff der Semiotik näher an hermeneutischen Bedürfnissen orientiert ist, als dies der Mathematik und Kybernetik zuweilen gelingen. Außerdem führt der Begriff der Trope gleich vier Unterfälle mit sich, die sich unter Umständen eignen, auch Fragen der Komplexität und der Form der Unterscheidung näher auf die Spur zu kommen. Denn als Tropen gelten Metaphern, Metonymien, Synekdochen und die Ironie. Und wenn man Kenneth Burke folgt,[21] liefern Metaphern ungewohnte Perspektiven, Metonymien sowohl poetische als auch wissenschaftliche Reduktionen, Synekdochen wissenschaftliche und politische Repräsentationen und die Ironie die Dialektik und den Relativismus des Dramas. Wir werden dies weiter unten am Fall des Theaters einmal durchspielen.

Wenn man die institutionelle Form des Theaters der Gegenwart als Trope betrachtet, welche miteinander inkommensurablen und zueinander orthogonalen Elemente würde man dann zur Komplexität, zur white box, zur Form der Unterscheidung dieses Theaters kombinieren? Und würde man sich tatsächlich an ein Paar halten oder nicht mindestens einen Dreier als Ausgangspunkt für alles Weitere in Erwägung ziehen?

Interessanterweise müssen wir, wenn wir dem weiter oben gegebenen Hinweis auf die konstitutive Rolle des Beobachters folgen, mindestens ein Element der Analyse zunächst hinzufügen, bevor wir eine erste Entscheidung treffen, welche Elemente wir der Trope des Theaters zugrunde legen wollen: Wir müssen uns, den Beobachter, der Analyse hinzufügen, denn diese Entscheidung wird uns weder vom Gegenstand der Untersuchung abgenommen, noch fällt sie ohne jede weitere Begründung vom Himmel, wenn wir nur lange genug hinaufschauen. Wir müssen uns selbst in die Analyse einschließen. Auch wenn wir aus der halbwegs distanzierten Position des Wissenschaftlers heraus beobachten, tun wir dies doch im Rahmen eines sozialen Systems der Wissenschaft, die Teil derselben Gesellschaft ist, in der wir auch die Institution des Theaters vorfinden, die wir hier untersuchen. Gerade dann, wenn es um Institutionen geht, die als rätselhafte Einmalerfindungen und werthaft besetzte Selbstverständlichkeiten auftreten, können wir damit rechnen, dass wir bestimmte Selbstverständlichkeiten so sehr teilen, dass wir nicht auf die Idee kommen, sie zum Thema zu machen. Wir bekommen es hier mit einem Bereich latenter Gesellschaftlichkeit der Ordnung und Unordnung von Kommunikation zu tun, der sich nicht ohne Weiteres einem Blick offenbart, dem es darum geht, die Dinge manifest werden zu lassen, um sie einer Entscheidung zuzuführen, die etwas verändert und so die Erfüllung der Funktion, die ja ebenfalls im Latenten liegt, unter Umständen erschwert oder sogar unmöglich macht. Die Offenlegung der Beobachterposition und damit sowohl Selektivität als auch Arbitrarität und Kontingenz der gewählten Unterscheidungen ist unter diesen Umständen nicht nur eine Sache der Reflexion auf die erkenntnistheoretische Lage, sondern auch ein gewisser Schutzmechanismus gegenüber etwaigen Verletzungen, falls sie denn unterlaufen sollten. Denn dann kann man immer noch den Blick wenden und statt der Sache den Beobachter beobachten, um ihn und seinen Blickwinkel zu isolieren, falls dieser der Sache in den Augen anderer Beobachter, für die allerdings dasselbe gelten kann, schaden sollte.

Eine Organisation, eine Bühne und ein Publikum

Wenn man die Trope, die white box, die Form der Unterscheidung, die Komplexität der Institution Theater öffnet, was findet man?

Man findet, so die Beobachtung, von der ich hier ausgehe, eine Organisation, eine Bühne und ein Publikum. Und kaum schaut man hin, merkt man, wie man das Interesse verliert. Wer hat schon Lust, sich mit Details der Organisation zu beschäftigen, mit der Frage, ob der Intendant nicht nur künstlerischer Leiter, sondern auch Geschäftsführer des Theaters ist, mit der Frage, mit welchen Verträgen die Schauspieler an das Haus gebunden sind, mit der Frage, in welchem Verhältnis die Ausgaben für Verwaltung, Technik, Inszenierungen und sonstige Projekte zueinander stehen, mit der Frage der Ausgestaltung der Öffentlichkeitsarbeit und, nicht zuletzt, mit der Frage der Einbindung des Hauses als Behörde in die kommunale Verwaltung? Für die Bühnenarbeit interessiert man sich schon mehr. Aber auch hier fällt der Blick sehr schnell auf Querelen und Eitelkeiten, Mühseligkeiten und Improvisationen, Zufälle und härteste Arbeit, so dass man zwar begreift, was es heißt, wenn man sagt, dass Kunst mit Anstrengung verbunden ist, es aber doch unter Umständen so genau nicht wissen will. Und auch das Publikum ist doch, Hand aufs Herz, eher so etwas wie ein notwendiges Übel, weil man ja schlecht vor leeren Rängen spielen kann, aber doch nichts, wofür man sich leidenschaftlich interessieren kann. Aus welchen Milieus rekrutiert es sich, kommt es häufig oder selten, braucht es Anleitung oder nicht, ist es seinerseits mit interessanten weiteren Milieus vernetzt oder nicht, ist es alt, jung oder sogar bunt gemischt? Das sind Fragen, die man stellen kann, aber doch auch Spezialistenfragen, die nach Vermittlung, Kunstpädagogik und Marketing schmecken und mit ‚Theater' nicht sehr viel zu tun haben.

Das ist genau der Punkt. Erst wenn diese drei Elemente zusammenkommen, ereignet sich ‚Theater'. Erst auf der Ebene der Trope, der Form der Unterscheidung, der Komplexität des Ereignisses, der white box eines Theatererlebnisses ist das zu beobachten, was die ‚Institution'

Theater ausmacht. Das soll hier auch in keiner Weise bestritten werden. Diese Institution hat und behält ihre anthropologischen und historischen Motive, sie behält ihre aktuelle kulturpolitische Verfassung und sie behält damit jene Aura sowohl der Altehrwürdigkeit als auch der politischen Riskanz, die mehr Gründe liefern, nicht genauer nachzufragen, als Gründe, es doch zu tun.

Worum es mir hier jedoch geht, ist, darauf hinzuweisen, dass der Umkehrschluss, den man möglicherweise zu ziehen gewohnt ist, falsch ist. Dieser Umkehrschluss leitet aus dem Faszinosum der Institution Theater ab, dass im Verhältnis zur Komplexität der Trope, aus der sich diese Institution zusammensetzt, die einzelnen Elemente dieser Trope einfach, wenn nicht sogar banal sind. Die diesen Umkehrschluss korrigierende Einsicht, die man aus der von uns hier verwendeten Begrifflichkeit der Mathematik, Semiotik und Kybernetik ziehen kann, lautet, dass die Elemente einer Trope, einer Komplexität, einer Form der Unterscheidung, einer white box ihrerseits komplex sind und dass sie auf ihrer Ebene ebenso viel Faszination entfalten können wie auf der Ebene ihrer Zusammensetzung. Allerdings ist es eine andere Faszination, wenn man sich für Organisation, die Bühne oder das Publikum interessiert, als wenn man sich für das Theater interessiert. Das muss einem klar sein. Man findet ‚das Theater' nicht oder nur in wenigen Momenten, wenn man sich auf die Ebene der Elemente begibt. Aber genau das muss man aushalten. Man muss die relative Banalität, aber absolute Komplexität des Details aushalten, weil das Ganze nur stimmen kann, wenn jedes Detail stimmt.

Wir führen den Begriff des Formats ein, der interessanterweise eher aus den Massenmedien als aus der künstlerischen Arbeit zu kommen scheint und dort wegen eines vermutlich noch höheren Problemdrucks ein Begriff ist, der entwickelt worden ist, um die Unwahrscheinlichkeit abzubilden und aufzufangen, für einen Artikel oder eine Sendung Aufmerksamkeit zu finden, die in der Masse jederzeit unterzugehen drohen. Der Begriff des Formats erlaubt es, die Frage zu beantworten, wie man den Erfolg seiner Arbeit kontrollieren kann, wenn diese Arbeit in kommunikative Ökologien eingebettet ist,[22] die in allen Fragen der Organisation von Aufmerksamkeit über mehr Freiheitsgrade verfügen, als es jemandem lieb sein kann, der aus der Teilnahme an dieser Kommunikation seinen Lebensunterhalt bestreitet. Denn dass die Masse dazu neigt, ihr Potential der Unterschiedslosigkeit lustvoll auszuspielen, ist eine Vermutung, die Jean Baudrillard seinerseits nicht ohne Lust formuliert hat.[23] Formate sind die Form, in der dieser Masse differenziert und segmentiert begegnet wird, um dort frische Aufmerksamkeit zu generieren, wo andererseits doch nur wieder dasselbe passiert: redundante Varietät, wenn man so sagen darf.

Aber im Ernst. Auch dem flüchtigen Blick auf die aktuelle Theaterlandschaft fällt auf, dass auf dem weiten Feld der Stadttheater, Staatstheater, freien Szene, performativen Künste, Installationen, Happenings, Zwischennutzungen, Community Developments, distribuierten Ästhetiken und Rundgänge in Stadt und Natur, Fabrik und Museum mit einer Vielzahl von Formaten experimentiert wird, die ihren Witz, ihre Energie und ihre Ästhetik allesamt daraus beziehen, dass sie die Organisation, die Bühne und das Publikum dessen variieren, was das Theater ausmacht. Denn das wäre die Pointe der hier vorgelegten Überlegungen. So sehr die gerade genannten künstlerischen Aktivitäten das Theater um neue Formen der Präsentation, der Thematisierung, der Partizipation, der Erschließung von Orten und Zeiten erweitern, so selbstähnlich im genauen Sinne des Wortes[24] geht es immer wieder und immer nur darum, dasselbe zu variieren: die Organisation, die Bühne, das Publikum.

Das bedeutet jedoch, dass man mit einem genauen analytischen Blick und einem wachen Sinn für praktische Möglichkeiten an diese einzelnen Elemente noch einmal herantreten muss, um sich anzuschauen, wie sie in ihrem Wechselspiel variiert werden können. Die Spencer-Brown-Gleichung fasst diese einzelnen Elemente zusammen:

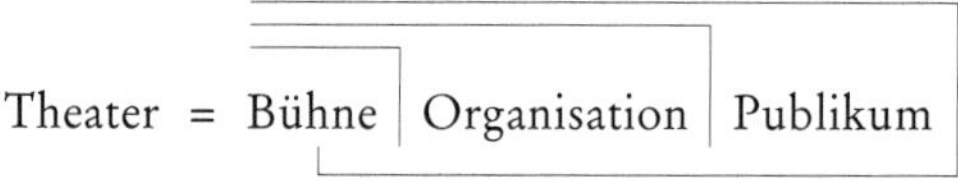

Die Gleichung gibt an, welche Variablen im Rahmen der Trope des Theaters unterschieden und als Unterschiedene in die Form ihrer Unterscheidung wieder eingeführt werden, um auszuloten, welche Variationsspielräume sie haben, würde man sich jede einzelne Variable noch einmal genauer anschauen. Das müssen wir hier nicht tun, da es genügend Praktiker gibt, die hier bereits erfolgreich ‚unterwegs' sind, wie man so schön sagt, doch fällt schon beim ersten Blick auf und kann zur Entspannung des gegenwärtig vielerorts geführten Streits auch deutlich herausgehoben werden, dass Regisseure, die die ‚vierte Wand' zu sprengen versuchen, Geschäftsführer und Kulturverwalter, die die Organisation des Theaters ‚modernisieren' wollen, sowie Kulturpolitiker und Betriebswirte, die über die Vermittlung und das Marketing den Auslastungsgrad des Theaters erhöhen wollen, offenbar mehr miteinander zu tun haben, als auf den ersten Blick auffällt, und vor allem mehr, als es ihnen wechselseitig lieb sein dürfte. Sie rütteln alle an derselben Form, als deren Statthalter sie jeweils die anderen wähnen. Aber sie tun es alle *in* der Form.

An einem neuen Format für eine Arbeit des Theaters zu arbeiten, heißt, jedes einzelne Element der Trope, der Form der Unterscheidung, der Komplexität der Institution Theater als eine Variable zu betrachten, die ihrerseits eine Form hat. Das heißt, dass diese Variable ihrerseits als Unterscheidung betrachtet werden kann, die nicht nur auf ihrer Innenseite einschließt, was sie jeweils bezeichnet, sondern auf ihrer Außenseite auch einschließt, was sie ausschließt. Die Bühne kennt verschiedene Möglichkeiten der Öffnung und Schließung, der Situierung und Dislozierung. Die Organisation kennt verschiedene Formen der Größe, Hierarchie und Arbeitsteilung, der Einbindung und Vernetzung flussaufwärts, Richtung Auftrag- und Geldgeber, und flussabwärts, Richtung Auftragnehmer und Publikum. Und auch das Publikum kann konzentriert oder zerstreut, pädagogisch oder ästhetisch, sitzend oder wandernd, stumm oder beredt, aktiv oder passiv angenommen werden.

Arbeit am Format ist Arbeit an der Form im Hinblick auf die Überprüfung der Frage, welche Möglichkeiten der Form, die bisher ausgeschlossen wurden, auch auf die Innenseite der Form geholt werden können, um sie dort im Interdependenzzusammenhang der anderen Variablen, für die dasselbe gilt, auszuprobieren. Das hört sich kompliziert an und ist es auch, ist jedoch zugleich nichts anderes als das, was jeder Praktiker, der einigermaßen unternehmerisch an seine eigenen Praktiken herangeht, immer schon tut. So selbstverständlich eine Institution sich darstellen mag, um Rückfragen an ihre Konstitution zu entmutigen, so vielfältig ist sie in ein gesellschaftliches und kulturelles Netzwerk verwoben, in dem jedes Element nicht nur die Rolle spielt, die es spielt, sondern auch im Rahmen funktionaler Äquivalenz neu bestimmt und ausgetauscht werden kann.

Das nennt man die Wiedereinführung der Unterscheidung in die Form der Unterscheidung. Das geht jedoch nur dann, wenn man etwas von den Elementen der Form versteht, die man hier als Variable behandelt. Bühne, Organisation und Publikum sind ihrerseits hoch voraussetzungsvolle Sach-, Zeit- und Sozialverhalte, zu denen es nicht nur ein Expertenwissen gibt, sondern zu denen dieses Expertenwissen untereinander unter Umständen kaum Berührungspunkte aufweist. Deshalb muss ein Regisseur, der wunderbare Einfälle im Umgang mit den Möglichkeiten der Bühne hat, noch lange nichts von Organisation und Publikum verstehen. Und deshalb muss man einem Betriebswirt, der ausgezeichnete Vorschläge zur Verbesserung des Marketings vorlegt, nicht auch gleich die Reorganisation des Theaters, geschweige denn die nächste Regiearbeit anvertrauen. Und deshalb sollte man einen Geschäftsführer, der es endlich geschafft hat, die Verkrustungen der Organisation eines Theaterhauses aufzubrechen, nicht auch noch damit belasten, über die Ästhetik der Stückearbeit und über die Einbindung des Publikums nachzudenken.

Umgekehrt jedoch darf man vom Regisseur, vom Öffentlichkeitsarbeiter und vom Geschäftsführer in welchem großen Projekt oder kleinen Haus auch immer erwarten, dass sie einen Sinn für die Problemstellungen der anderen haben. Sie müssen deren Sprache weder sprechen noch verstehen. Aber sie müssen die Sprache der anderen anerkennen. „To talk the talk", ist die Empfehlung, die Robert Faulkner aus seinen Beobachtungen der Arbeitsweise des Netzwerks der Filmindustrie ableitet:[25] Jede Profession solle ihre Sprache so sprechen beziehungsweise abkürzen, ausschmücken, zuspitzen und zur Disposition stellen, dass jede andere zu verstehen beginnt, wie die eigenen Problemstellungen angeschlossen werden können. Hier hat man es wieder präzise mit einem Emergenzproblem zu tun. Es geht nicht darum, eine gemeinsame Sprache zu sprechen, das könnte allenfalls eine floskelhaft leere sein, sondern es geht darum, seine eigene Sprache so zu sprechen, dass andere ihre Sprache sprechen und aus dem Reden aller eine Idee und ein Modus ihrer Durchführung entstehen, die auf keinen Einzelnen zurückgeführt werden kann. Das Ganze ist weder mehr noch weniger als die Summe seiner Teile: Es ist anders und doch dasselbe.

Übrigens ist diese Wette auf die Möglichkeit von Emergenz auch der beste Grund dafür, sich überhaupt auf Netzwerke einzulassen. Netzwerke sind ja primär nicht Ansammlungen homogener Elemente, etwa Individuen, Projekte oder Organisationen, die dann gemeinsam angeblich mehr erreichen, weil sie Erfahrungen austauschen, Strategien absprechen und gemeinsam auftreten können, sondern Netzwerke sind primär Ansammlungen heterogener Elemente, etwa Leute, Organisationen, Geschichten, Milieus und Ressourcen, in denen man davon profitiert, dass jeder Kontakt mit einem anderen Element eine andere eigene Identität anregt, so man laufend, aber auch jeder andere, weitere potentielle Kontakte gewinnt.

Metapher, Metonymie, Ironie und Synekdoche

Würde man sich genauer anschauen, was wir hier nur anregen, aber nicht tun können – wie in den gegenwärtigen institutionellen Formen des Theaters welche Formate was leisten –, stieße man vermutlich auf die vier Tropen, die in der Rhetorik und Semiotik unterschieden werden: Man stieße damit auf ebenso viele Varianten, die die von Aristoteles bestimmte Kunst des Schnürens und Wiederauflösens eines Knotens zwischen Anfang, Höhepunkt und Ende einer Handlung aufnehmen und je unterschiedlich akzentuieren.[26] Wir halten uns in der Interpretation dieser vier Tropen erneut an Kenneth Burke,[27] wohl wissend, dass sich unter jeder dieser Tropen Abgründe an weiteren Interpretationsmöglichkeiten auftun.[28] Man stößt eben auch hier bei der Analyse von Komplexität nur auf: Komplexität.

Das Theater ist eine Metapher auf die Gesellschaft, indem es auf der Bühne, in der Organisation und im Publikum mit geplanten Inkongruenzen arbeitet. Diese unterscheiden das Drama vom Alltag, die künstlerische Organisation von der administrativen, unternehmerischen oder auch militärischen Organisation und das im Zuschauerraum versammelte Publikum von den Bürgern und der Masse draußen und nutzen diese Unterschiede für den Gewinn einer Perspektive, die sowohl das beleuchtet, was drinnen geschieht, als auch das, was draußen geschieht.

Das Theater ist eine Metonymie in der Gesellschaft, indem es sich ebenso poetisch wie wissenschaftlich einen Blick auf jene latente Materialität und ungewisse Prozessualität leistet, die andernfalls von jeder Kommunikation ebenso großzügig wie vertrauensvoll vorausgesetzt werden. Auf der Bühne werden Handlungen gedehnt, gestaucht, gekrümmt und begradigt, bis sie kaum noch wiedererkennbar sind, aber endlich den Stoff offenbaren, aus dem sie gemacht sind. In der Organisation verfolgt man misstrauisch die Arbeit der Schauspieler, Beleuchter, Bühnenbildner, Regisseure, Dramaturgen, Assistenten, Intendanten und Geschäftsführer, bis auch bis ins letzte Detail auf der Hand liegt, warum wieder einmal nichts klappt, obwohl oder weil man doch so hervorragend organisiert ist. Und auch das Publikum beobachtet sich und wird daraufhin beobachtet, dass es in keiner Weise den Ansprüchen des Stückes im Besonderen und der Kunst im Allgemeinen gerecht wird, sondern an das Bier in der Pause denkt, gesehen werden will und den Theatersessel für einen wohlverdienten Schlummer nutzt. Auch das klärt nicht nur über das Theater, sondern auch über die Gesellschaft auf, in der dieses arbeitet. Und natürlich gilt dies auch für andere Organisationen und für andere Publika in anderen Bereichen der Gesellschaft. Interessant ist jedoch, dass die Nähe zur Bühne, das heißt der Interdependenzzusammenhang aller drei Variablen, die Organisation unweigerlich als Theaterorganisation und das Publikum unweigerlich als Theaterpublikum erkennbar werden lässt. Auch deshalb kommt man der Organisation nicht mit allgemeinen administrativen und dem Publikum nicht mit allgemeinen Marketingmethoden bei, sondern muss beide kultursensibel adaptieren.

Selbstverständlich ist das Theater auch eine Synekdoche auf die Gesellschaft und in der Gesellschaft. Die Bühne, die Organisation und das Publikum repräsentieren in aller wissenschaftlichen Genauigkeit und politischen Sensibilität die Themen der Gesellschaft, ihre Modalitäten der Arbeitsteilung und Teamorganisation und so etwas wie ein kollektives Selbstverständnis der Bürger und der Masse, ohne doch in jedem dieser Punkte mit dem verwechselt werden zu können, was sie repräsentieren. Deshalb oszilliert der Blick auf das Theater zwischen der Diagnose eines Ideals und der der Dekadenz, weil das, was hier repräsentiert wird, so gar nicht dem entspricht, worauf die Repräsentation zielt. Der Alltag erreicht die Höhe des Dramas nicht, die Organisation versagt vor den Ansprüchen sowohl an die Arbeitsteilung als auch an das Team und das Publikum mobilisiert immerhin einen Rest an Würde, um den Glauben an das, was es draußen darstellt, nicht restlos fahren lassen zu müssen. Aber immerhin, auch in dieser Form repräsentiert die Synekdoche, worauf es ankäme, wenn die Gesellschaft dem Anspruch gerecht wird, den sie dann und nur dann erhebt, wenn sie ‚repräsentiert' werden will.

Die Ironie schließlich scheint dem Theater wie auf den Leib geschnitten zu sein, wenn es nicht sogar von ihr erfunden worden ist. Immerhin enthält jede Ironie jene beiden Elemente der distanzierenden Darstellung und damit Relativierung von etwas, die das Theater dann nur noch auszubauen und durch Wiedereineinführung der Unterscheidung in den Raum der Unterscheidung auch für Zwecke des Ernstes, der Tragödie und der Zurücknahme jeder Relativierung zugunsten der Fraglosigkeit des Schicksals nutzbar zu machen braucht. Und insofern ist das Theater grundsätzlich weiblich, wenn es denn stimmt, dass das Weibliche die „Ironie des Gemeinwesens" ist,[29] aber auch auftrumpfend männlich, wenn man berücksichtigt, dass auch das Männliche, eben noch ausgeschlossen und vorgeführt in seiner allzu sehr die Lust verachtenden Sorge um dieses Gemeinwesen, seinen Platz auf der Bühne sucht. Natürlich ist das Theater ironisch. Es spielt das Leben. Und es bleibt ironisch, ob es will oder nicht, auch wenn es das Tragische zum Drama macht. Aber es ist nicht nur auf der Bühne, sondern auch in seiner Organisation und in seinem Publikum ironisch. Das Theater, das sich selbst spielt, färbt ab auf die Elemente, aus deren Zusammenspiel es sich ergibt. Die Organisation spielt sich selbst, hat ihre Helden, ihre Chargen und ihre Clowns, nicht immer zum Nutzen ihrer selbst. Und das Publikum spielt sich selbst, seine Würde, seine Langeweile und seine Kennerschaft.

All das ist so rund und in sich stimmig, dass man sich fast wünschen möchte, man könne es institutionalisieren und so zur Belustigung und Belehrung in der Gesellschaft über die Gesellschaft auf Dauer stellen.

Aber dazu ist die Sache zu ernst und zu unverzichtbar. Deshalb kommt es darauf an, die Institution Theater auf verschiedene Formate zurückzubuchstabieren, metaphorisch, metonymisch, synekdochal und ironisch. Denn auf der Bühne geht es um das Drama unserer Handlungen, in der Organisation um die Art und Weise, wie wir über Arbeit kommunizieren, und im Publikum um das Interesse an beidem, am Drama und an der Arbeit. Es ist daher kein Zufall, wenn viele der neueren Formate des Theaters zum einen einen Teil der Arbeit offenlegen, indem sie sie auf der Bühne, in der Installation, während der Zwischennutzung, als Teil der distribuierten Ästhetik selber stattfinden lassen, und zum anderen das Publikum an der Aufführung teilnehmen lassen, um es so nicht nur in das Spiel, sondern auch in die Arbeit zu verwickeln.

All dies birgt die Gefahr, dass die Arbeit am Format um dieser Arbeit selbst willen stattfindet. Dann schaut man nur noch darauf, welches Format hier wie variiert worden ist, und vergisst darüber, worum es eigentlich geht. Doch worum geht es eigentlich? Es geht darum, uns vorzuführen, wie wir miteinander und mit der Welt umgehen und dass dies auch anders geht. Daher sind die Formate des Theaters ein Teil des Theaters. Daher ist auch der Streit um das Theater, so er denn ausbricht, ein Teil des Theaters. Und selbst und nicht zuletzt ist die Institution des Theaters ein Teil des Theaters, wenn auch in diesem Fall vielfach eher unfreiwillig, weil hier Traditionen mit aufgeführt und vorgeführt werden, von denen die Beteiligten oft nicht mehr zu wissen scheinen, ob und welchen Sinn sie einmal hatten. Auch deshalb ist die Arbeit an Formaten notwendig. Sie macht auch das Theater wieder zum Gegenstand einer Entscheidung.

DIE ÖFFENTLICHKEITEN DES THEATERS

Öffentlichkeiten und Publika

Die nächste Gesellschaft, so getauft von Peter F. Drucker,[1] ist die Gesellschaft, deren Struktur und Kultur auf die Herausforderung der Einführung des Computers und seiner Netzwerke reagiert. Ähnlich verdankt die moderne Gesellschaft ihre Struktur der funktionalen Differenzierung und ihre Kultur des unruhigen Gleichgewichts dem Versuch der Antwort auf die Herausforderung der Einführung des Buchdrucks. Vermutlich, aber das ist hier nicht das Thema, bekommen wir es in dieser nächsten Gesellschaft mit Netzwerkstrukturen, die in der Austauschbarkeit fast aller Positionen und Verknüpfungen ihre Pointe haben, und mit Systemkulturen zu tun, die auf kleine oder große Fortsetzungslogiken im Umgang mit immer erwartbaren Störungen setzen.

Oskar Negts und Alexander Kluges Einwand gegen Jürgen Habermas, dass die Vermutung einer Repräsentationsfunktion der bürgerlichen Öffentlichkeit zu lange an einem städtischen Bild der Gesellschaft festgehalten hat und heute angemessenerweise durch die Beobachtung von Produktionsöffentlichkeiten ersetzt werden müsse, deren empirischer Gehalt eher durch den Begriff der Kulturindustrie als durch den Begriff einer politischen Vernunft gekennzeichnet werden könne, ist ja auch dann richtig, wenn keine „proletarische Öffentlichkeit" (Negt/Kluge) sichtbar ist, der es gelänge, eine andere als manipulative Verknüpfung zwischen Produktions- und Konsumbereich der Gesellschaft herzustellen.[2] Die nächste Gesellschaft lässt sich weder auf den Begriff einer kritischen Vernunft, mit dem Humanisten wie Aufklärer das Durcheinander der Produkte des Buchdrucks zu ordnen versucht haben, noch auf den Begriff der industriellen Produktion reduzieren, mit dem Kapitalisten wie Sozialisten Fortschrittshoffnungen auf eine neue, effiziente und humane Gesellschaft verbunden haben.

An die Stelle solcher Selbstüberschätzungen der menschlichen Gesellschaft treten ökologische und technologische Empfindlichkeiten, die zum einen einen genauen Blick darauf zu werfen versuchen, wie die Gesellschaft mit ihrer natürlichen, aber auch mit ihrer psychischen und organischen Umwelt (mit Bewusstsein und Körper des Menschen) umgeht, und zum anderen ebenso fasziniert wie misstrauisch die Entwicklung von Informations- und Kommunikationstechnologien verfolgen, deren Verknüpfungsgeschwindigkeiten, Speichervolumen und Suchfunktionen auch ohne die Entstehung von künstlicher Intelligenz die gewohnten Strukturen und Kulturen der Gesellschaft dramatisch herausfordern.

Der Begriff der Produktionsöffentlichkeiten trifft das, was jetzt zu beschreiben ist, sehr genau. Auch wenn man Zweifel haben mag, ob die Pluralisierung der Öffentlichkeit zu Öffentlichkeiten, die per se unübersichtlich werden und per se nicht mehr zu einer einheitlichen Öffentlichkeit hochgeschaltet werden können, noch dem allerdings immer schon etwas zu emphatischen Begriff der Öffentlichkeit entspricht. Der Begriff des Publikums und der Publika trifft es daher besser. Während die Öffentlichkeit im Singular unvermeidbar mit Ideen der politischen und vernünftigen Repräsentanz von Gesellschaft verbunden ist, verweisen Publika ebenso unvermeidbar auf das Pendant oder Komplement einer Darstellung. Produktionsöffentlichkeiten wären dann das, was zwischen Produktion und Konsum bestimmter Wirklichkeiten als diese Wirklichkeit ausgehandelt, von anderen Wirklichkeiten abgegrenzt und mit diesen anderen Wirklichkeiten verglichen werden kann.

Der netzwerktheoretische Begriff der Publika, den Harrison C. White aus Erving Goffmans Unterscheidung zwischen Darstellung und Publikum destilliert, hat genau diesen Sinn: nämlich einen Produktionsbereich auf die von diesem produzierte Wirklichkeit hin beobachten zu können, die dann, wenn sie Wirklichkeit ist, den Zugang zu anderen Wirklichkeiten nicht ausschließt, sondern einschließt.[3] Publika sind „spheres full of potentiality",[4] formuliert daher Eiko Ikegami mit einem gewissen Sinn für die alte Emphase im Begriff der Öffentlichkeit, während White trockener davon spricht, dass jedes Publikum die Möglichkeit zu einem Switch, einem Wechsel zu einem anderen Publikum, in eine andere Wirklichkeit, zu einem anderen Produktionsbereich von Wirklichkeit, in ein anderes Aufmerksamkeitsfeld enthält – und zwar notwendigerweise enthält. Denn eine Aufmerksamkeit für das eine lässt sich nur fordern oder gewinnen, wenn die Aufmerksamkeit für ein anderes mitläuft.

Bei allem Interesse am Switch gibt es jedoch auch ein Interesse am Bleiben. Der Begriff der Produktionsöffentlichkeit soll dieses Interesse am Bleiben und am Wiederkommen bezeichnen. Denn eine Produktionsöffentlichkeit ist eine Öffentlichkeit, die sich, orientiert an deren Darstellung, einen Produktionsprozess noch einmal genauer anschaut. Die Begriffe des Recherchetheaters, auch des Expertentheaters (Experten als Laienschauspieler) gehören in dieses Umfeld. Worum es hier geht: sich anzuschauen, welche Kompetenzen und Referenzen zusammenkommen müssen, wenn ein Modelleisenbahnverein, ein Tribunal für Wahrheit, Gerechtigkeit und Versöhnung, eine Sprechstunde in der Hochschule, eine Tagesschau, eine Heilung durch einen Heiler und so weiter und so fort tatsächlich funktionieren sollen.[5]

Produktionsöffentlichkeiten sind dementsprechend Öffentlichkeiten und verdienen daher auch nach wie vor diesen Namen, weil sie etwas nicht nur sichtbar machen, sondern es aus der Variation von Kontexten heraus auch rätselhaft und damit untersuchbar machen. Der Verdacht, der hier wie bei jeder Öffentlichkeit mitläuft, ist nicht, dass am Ort der Produktion etwas Entscheidendes versteckt wird. So begann ja in der griechischen Polis, wie Jean-Paul Vernant berichtet,[6] die Karriere der Öffentlichkeit: Man holte die Götter aus den Arkana der Tempel und stellte sie auf den Marktplatz. Und noch die bürgerliche Öffentlichkeit lebt davon, dass sie dem Verdacht nachgeht, es werde etwas vertuscht, das, wenn es bekannt würde, einen Skandal auslösen würde – und dass nach wie vor eher die Ausbeutung von Privilegien als eigene Verdienste den gesellschaftlichen Erfolg begründen. Nein, die Produktionsöffentlichkeiten der nächsten Gesellschaften erfüllen nebenbei auch diese alte Funktion, reichern sich aber zugleich mit einer neuen Aufgabe an: nämlich dem Verdacht nachgehen zu können, dass man sich selber besser verstehen würde, wenn man das besser verstünde, wovon man bisher keine Ahnung hat. Wir sind alle Modelleisenbahnbastler, wenn man's genau nimmt.

Mit Bruno Latour kann man sagen, dass das Theater immer schon, aber auch immer wieder neu, als einer jener Orte gelten kann, an denen Dinge ‚öffentlich' werden.[7] Jede Gesellschaft hat dafür ihre Formate, und jede Gesellschaft muss diese Formate neu überprüfen. Parlamente und Gerichte, Theater und Museen, Schulen und Sportplätze, Labore und Büros bleiben dieselben – aber je nachdem, was in der Gesellschaft an Kontroversen zu verhandeln ist, müssen ihre Rollen und Themen neu ausgehandelt werden.

Das Theater als unruhiger Ort

Der Ort des Theaters in den Öffentlichkeiten der nächsten Gesellschaft ist ein Ort, der nicht nur gleichsam passiv, also eher ungewollt, mit jedem anderen Ort der Herstellung einer medialen Öffentlichkeit konkurriert. Sondern er ist ein Ort, der diese Konkurrenz seinerseits aktiv suchen und gestalten muss. Das Theater ist nur interessant, wenn es andere Orte auf der Höhe dessen, was die nächste Gesellschaft ausmacht, interessant macht und man dann dennoch und immer wieder für einen Abend ins Theater geht, weil man wissen will, welche Orte das Theater interessant macht und wie es diese Orte interessant macht. Man wird dieser Herausforderung nicht gerecht, indem man einige Bildschirme auf der Bühne verteilt, die Schauspieler mit Videokameras ausstattet und einige interaktive Elemente einbaut, die von einem möglichst sichtbaren

Laptop (mit angebissenem Apfel) auf der Bühne mithilfe allerdings unsichtbarer Programme gesteuert werden, ansonsten jedoch alles beim Alten lässt. Gerade hier ist das Theater der freien Szene, insofern es sich mit Performanz und nicht mit der Addition einiger Medienelemente beschäftigt, ganz bei sich. Denn es führt vor, dass die Präsenz von Informations- und Kommunikationstechnologie auch die Themen und Probleme, die Stile und Ästhetiken ändert.

Das Theater sucht seinen nach wie vor öffentlichen Ort im Gewebe eines unübersichtlichen Netzwerks der nächsten Gesellschaft. Die Unübersichtlichkeit dieses Netzwerkes kann nur dadurch bewältigt werden, dass man es streng auf seine Struktur und Kultur hin beobachtet: die Struktur des Switches und die Kultur des Systems. Struktur des Switches soll heißen, dass man sich im Netzwerk nur bewegen kann, wenn man weiß, dass man mit jeder Verknüpfung, die man schafft, dem anderen Gelegenheit gibt, auf neue Verknüpfungen zu stoßen, die attraktiver sind als die gerade angebotene. Und Kultur des Systems soll heißen, dass man im Hinblick auf den Switch und zur Kontrolle des Switches umso mehr Augenmerk darauf richtet, Pfadabhängigkeiten einzurichten, die ihre eigene Dynamik und ihre eigene Kunstfertigkeit im Umgang mit Gelegenheiten, Überraschungen und Störungen entwickeln. Während man in der Moderne noch darüber stritt, ob es Systeme tatsächlich ‚gibt', werden sie heute ‚unterstellt', um sie gleich im Anschluss zu durchkreuzen. Man rechnet mit der Ausdifferenzierung gegenüber einer Umwelt; man rechnet mit der Reproduktion in der Zeit; und man rechnet damit, dass Störungen auftauchen, die dem System neue Nahrung geben.

Es ist leicht zu sagen, dass der Ort des Theaters in der nächsten Gesellschaft daher ein Ort der Unruhe sein muss, mit Akzent auf beiden Aspekten dieser Formulierung, auf ‚Ort' und damit auf Wiedererkennbarkeit ebenso wie auf ‚Unruhe' und damit auf Veränderung. Leicht zu sagen ist dies deshalb, weil das für jeden Ort in der nächsten Gesellschaft gilt. Schwerer zu sagen ist, was das für das Theater bedeutet. Wenn der sprechende Bürger in all seiner Unwahrscheinlichkeit die heimliche Botschaft, das ‚hidden curriculum',[8] des Theaters der modernen Gesellschaft war, was könnte dann die Botschaft des Theaters der nächsten Gesellschaft sein?

Ich vermute, dass diese Botschaft, geschult am sprechenden Bürger und seiner Unwahrscheinlichkeit, das Medium selber ist, ganz im Sinne von Marshall McLuhan, aber auch von Fritz Heider.[9] Aus dem Sprechtheater von einst wird das Medientheater von heute, ein Theater der Sprache und ihrer Tonfälle, der Schrift und ihrer Texte, der Kamera und ihrer bewegten Bilder, der Elektronik und ihrer Schaltkreise, der Musik und ihrer Stimmungen, des Lichts und seiner Schatten, der Architektur und ihrer Winkel, des Menschen und seiner Überforderung, des Protests und seiner Vergeblichkeit, der Dramen, Komödien und Sketche und ihrer Unmöglichkeit. Was als postmoderne Beliebigkeit begann, hat doch Methode, denn in jedem einzelnen Medium sind Tiefenbohrungen ebenso möglich wie Übungen des Sprungs hinüber in andere Medien. Jedes Medium hat eine Qualität, die es nur preisgibt, wenn zahlreiche Dinge und Formen in ihm ausprobiert werden – und wenn man den verschiedenen Spuren folgt, die das Medium legt, ohne dass man es je so ganz zu fassen bekäme.

Das Multimediale als Ereignis

Was bedeutet dies für den Ort des Theaters in den Produktionsöffentlichkeiten der nächsten Gesellschaft? Im Gegensatz zum Kino, das seine Bildergeschichten erzählt, zur Musik, die damit beschäftigt ist, die Unruhe des nächsten Bewusstseins aufzufangen, zum Internet, das den Nutzer vereinzelt, während es ihn mit anderen verknüpft, zum Marketing, dessen Botschaft zu eindeutig ist, und zu den Kampagnen von Parteien, Interessengruppen und Protestbewegungen, die dann doch inhaltlich ernst genommen werden wollen, ist das Theater der Ort, an dem das Multimediale selber zum Ereignis wird.[10] Nach wie vor wird hier die Darstellung reflexiv. Reflexiv zu werden heißt jetzt jedoch, sich nicht mehr nur in der Sprache und ihrer Situation zu brechen, sondern in jeder Art, in der Kommunikation aufgenommen, verstärkt, verbreitet, verarbeitet und abgesichert werden kann.

Innerhalb einer Ästhetik des Performativen, die sich jetzt herausschält, geht es um „Wiederverzauberung", sagt Erika Fischer-Lichte – aber eben um eine Wiederverzauberung, die an einer Selbstreferenz ihr Maß hat, die ebenso zwingend wie unmöglich ist.[11] Im Medium aller Medien werden Körper, Stimme und Bewusstsein von Darstellern wie Publikum ‚live', wie sich versteht, der Prüfung unterzogen, worauf sie sich beziehen, wenn sie sich auf sich selbst beziehen. Was wird aus Bild und Ton, Organismus und Organ, Geste und Haltung, wenn sich die Videokameras, Computerprogramme und Netzwerkschaltungen dieser Themen annehmen, sie aufgreifen, sie ‚modulieren', wie der noch hoffnungsvolle Begriff lautet, und an den Menschen wieder zurückspielen, um zu schauen, was ihm dazu einfällt? Verzauberung heißt, die Dinge rätselhaft und attraktiv zugleich zu machen. Wiederverzauberung heißt, dies unter der Bedingung zu tun, dass die Moderne sie ‚entzaubert' (Max Weber) hat, um sie der so oft beklagten instrumentellen Rationalität zu unterwerfen. In dem Moment jedoch, in dem neue Medien auftreten, werden nicht nur neue Dinge möglich, sondern auch die alten fraglich. Längst suchen das Theater, der Tanz und die Performance nach neuen Schnittstellen, Begegnungen und Allianzen. Joseph Beuys' Fett ist jetzt überall.

Den zu diesem Medientheater passenden Kommunikations- und Medienbegriff kann man sich in der Soziologie, vor allem bei Talcott Parsons und Niklas Luhmann, abholen. Der entscheidende Punkt ist der scharfe Blick auf die Unwahrscheinlichkeit der Kommunikation.[12] Dieser motiviert ein umso größeres Interesse an den Strukturen, die Kommunikation dann doch so wahrscheinlich werden lassen, wie wir sie alltäglich und selbstverständlich erleben. Zugleich spinnen diese Strukturen jedoch die Gesellschaft in sich selber ein, lassen die Gesellschaft blind werden für vieles andere und verwandeln sie in das systemische Risiko unkalkulierbarer Rückkopplungen, die die Gesellschaft selbst freisetzt. Medien sind ein wichtiger Bestandteil dieser Strukturen. Sie ermöglichen Selbstläufe, erlauben Ausdifferenzierungen, die mit verstärkter Sensibilität für sich selbst und umso größerer Rücksichtslosigkeit gegenüber allem anderen einhergehen, und stellen Anforderungen, denen zu genügen bereits Ausweis professioneller Kompetenz genug sein kann, so dass man sich Indifferenz gegenüber allem anderen leisten kann.

Der Ort des Theaters in der nächsten Gesellschaft ist die mediale Reflexion jeder Art von Darstellung. Dass es damit nicht überfordert ist, beweist die freie Szene mit ihrem Wechsel vom Sprechtheater zum Performancetheater mit jedem ihrer Stücke aufs Neue. Dass man dafür nur ein kleines Publikum gewinnen kann, ist kein Gegenbeweis, sondern eher ein Anlass, genauer hinzuschauen, was das für ein Publikum ist und wie man es vergrößern kann. Andere Tendenzen, etwa die zum subkulturellen, zum Stadtteiltheater, aber auch die zum Theater eines Jetsettourismus, lassen sich damit durchaus verbinden. Denn, und damit kommen wir zum Ausgangspunkt zurück, erproben und bestätigen lässt sich dieser neue Ort des Theaters in den multimedialen Öffentlichkeiten der nächsten Gesellschaft nur an den klassischen Orten der Bühne und des Betriebs, als Arbeit an der Inszenierung. Wenn das Bild von den Öffentlichkeiten des Theaters in der nächsten Gesellschaft, das wir hier entworfen haben, etwas taugt, dann lautet die Empfehlung zur Überwindung der aktuellen Krise nicht, nach neuen Marketingmethoden (vornehmer: Formen der Vermittlung) für das alte Theater zu suchen – sondern sich nach neuen Anregungen für die Arbeit auf der Bühne umzuschauen.

Medienöffentlichkeiten

Wenn der Begriff der ‚Medienöffentlichkeit' nicht durch seinen Bezug ausschließlich auf die Massenmedien (Presse, Rundfunk, Fernsehen, Internet) eingeschränkt wäre, würde er den Ort des Theaters in der nächsten Gesellschaft am besten bezeichnen. Falls wir ihn dennoch verwenden wollen, genügt es vermutlich nicht, ihn zum Begriff der ‚Medienöffentlichkeiten' zu pluralisieren, um ihn neben den Massenmedien auch auf weitere Verbreitungsmedien der Kommunikation (Sprache, Schrift, Buchdruck, Computer) und auf die so genannten Erfolgsmedien wie Geld und Macht, Liebe und Wahrheit, Glauben, Recht und die Kunst selber zu beziehen. Und doch würde ein solcher Plural das treffen, was das Theater immer schon zu leisten versucht hat: eine Reflexion von Darstellungen in den jeweils verfügbaren Medien der Kommunikation, mit einem gewissen kulturkritischen Hang zur Idealisierung der Medien der jeweils vorangegangenen Medienepoche.

Das Ritual der tribalen Gesellschaft inszeniert so den Körper und seine Ekstase, die Tragödie und die Komödie der Antike das gesprochene Wort und dessen Macht und Rätsel, und die Trauerspiele der modernen Gesellschaft den Text, den man nicht sprechen kann (Monsieur Jourdains ‚Prosa') und den man doch hinter allem, gleichsam als Schrift der Ereignisse, vermutet. Und so wird das Theater der nächsten Gesellschaft vermutlich den Buchdruck feiern, ohne ihn so zu nennen, die Individualisierung des Menschen zum Leser einerseits und die Choreografie der Vermassung, die Stigmergie einer an den geheimen Fäden unbekannter Rationalitäten hängenden Dynamik der Vergemeinschaftung und Vergesellschaftung andererseits. ‚Stigmergie' ist ein Begriff aus der Insektenforschung und bezeichnet die energetische Steuerung des Verhaltens mithilfe von Stigmata, Markierungen der Umwelt mit attraktiven Zeichen, vor allem Duftmarken.

Doch diese Rückgriffe auf die Medien früherer Medienepochen waren und sind nur die sentimentalen Verankerungen eines Theaters, das sich des Intellekts einer neuen Kultur vergewissert, während es das Gemüt befriedigt, das noch an der alten Kultur hängt. Noch gibt es für dieses nächste Theater kein Programm und kein Manifest. Aber sein Ort ist bereits erkennbar und die vielen Projekte, die um diesen Ort bereits kreisen, sind es erst recht.

FORMATE DER KULTURPOLITIK

Freund und Feind

Kulturpolitik, so die These der folgenden Überlegungen, gab es immer schon und wird es immer geben. Sie ist eine Einmalerfindung der Menschheitsgeschichte und wechselt nur die Formate, in denen sie ausgeübt wird. Dieser Gedanke entlastet, da man nicht über Anfang oder Ende nachdenken muss; er fordert jedoch auch heraus, da man umso genauer über die alten und die neuen Formate und die Bedingungen, unter denen sie funktionieren, nachdenken muss. Denn mit den Formaten ändern sich die Akteure und die Institutionen. Die Kulturpolitik reibt sich an alten Interessen, die deswegen noch nicht überholt sein müssen, und sie wirbt um neue Sensibilitäten, die deswegen noch nicht anerkannt sein müssen.

Wie jede Politik ist auch die Kulturpolitik einer Freund/Feind-Unterscheidung im Sinne Carl Schmitts unterworfen,[1] die nicht etwa dadurch gemildert wird, dass man es mit einem edlen Gegenstand zu tun hat. Politik ist Politik. Wie bei jeder Politik geht es auch in der Kulturpolitik um eine Auseinandersetzung, die etwas mit der Markierung von Zugehörigkeiten und mit der Werbung um eine Klientel zu tun hat. Die Kulturpolitik ist ein Alltagsgeschäft. Ihre Einsätze zeigen sich im Detail des Umgangs mit Förderanträgen, der Bewilligung von Projekten, dem Erhalt und der Veränderung von kulturellen Einrichtungen, den Kampagnen für oder gegen ein bestimmtes Kulturverständnis. Und jedes Mal steht etwas auf dem Spiel, muss man sich für die einen Akteure und ihre Netzwerke und gegen die anderen Akteure und ihre Netzwerke entscheiden, ganz zu schweigen von anderen Kulturpolitikern, die andere Positionen vertreten.

Dieser Alltag und diese Details, ganz zu schweigen von den Leidenschaften, die oft in sie investiert werden, sind jedoch nicht zu verstehen, wenn man nicht von der hier vorgestellten These ausgeht, dass die Kulturpolitik für alle, die sich für sie engagieren, dieselben Ziele verfolgt, ja sogar dieselben Mittel in Anspruch nimmt, aber abhängig von der Möglichkeit, diese Ziele zu verfolgen und diese Mittel in Anspruch zu nehmen, laufend die Formate wechselt. Es gibt nur *eine* Kulturpolitik. Und deswegen streiten wir über sie.

Eine Medienarchäologie der Kultur

Kulturpolitik ist so alt wie die Geschichte der Menschheit. Es gab sie bereits in der Stammesgesellschaft, es gab sie in der Antike und wir erleben gegenwärtig, wie sie die Formate hinter sich lässt, mit denen sie in der modernen Gesellschaft betrieben wurde, und nach den neuen Formaten der nächsten Gesellschaft sucht.[2] Auf diesen Übergang von der modernen Buchdruckgesellschaft zur nächsten Computergesellschaft wollen wir uns denn auch im Folgenden konzentrieren, müssen uns dazu jedoch der Formate der Stammesgesellschaft und der antiken Adelsgesellschaften vergewissern, weil diese Gesellschaften ebenso wie ihre Formate zum einen bis heute überleben und weil wir unsere Gegenwart der Übergänge zum anderen nur verstehen, wenn wir uns klarmachen, dass es Ähnliches schon früher einmal gegeben hat. Überdies kommen wir in den folgenden Überlegungen nicht darum herum, zu klären, welche Position wir mit Blick auf die Kultur, der die Kulturpolitik gilt, und auf die Kunst, die dabei eine durchaus nicht eindeutige Rolle spielt, vertreten.

Wir verfolgen hier weiterhin das Projekt einer Medienarchäologie, die für jedes gesellschaftliche Phänomen die Formen untersucht, die dieses Phänomen unter den Bedingungen der tribalen, antiken, modernen und nächsten Gesellschaft annimmt.[3] Wir konzentrieren uns auf die grobe, aber heuristisch fruchtbare Unterscheidung von vier und nur vier Medienepochen, orientiert jeweils an der Einführung der Sprache, der Schrift, des Buchdrucks und des Computers, da sich diese Unterscheidung in den Kultur- und Sozialwissenschaften der vergangenen Jahrzehnte auf überraschende Weise bewährt hat. Dieses Projekt ist denkbar großformatig angelegt, erweist jedoch seine Fruchtbarkeit angesichts der Kontinuität, in die diese Menschheitsgeschichte verstrickt ist, nicht zuletzt im Detail.

Die These, die hinter diesem Projekt einer Medienarchäologie steckt, liest sich, als sei sie auf die Zwecke des Nachdenkens über die Aufgaben der Kulturpolitik zugeschnitten. Sie lautet, dass bestimmte Medien der Verbreitung von Kommunikation, eben die Sprache, die Schrift, der Buchdruck und der Computer, noch mehr als andere Medien, etwa die Macht, das Geld, die Wahrheit, die Liebe, die Fotografie, das Fernsehen oder das Internet, die Gesellschaft sprichwörtlich katastrophal vor die Herausforderung stellen, mit einem neuen Überschusssinn an kommunikativen Möglichkeiten umzugehen, auf die die Gesellschaft weder strukturell noch kulturell vorbereitet ist.[4]

Die Gesellschaft geht an diesen Herausforderungen entweder zugrunde oder sie entwickelt neue Strukturen, die die Verteilung der Kommunikation sicherstellen, und eine neue Kultur, die die Verdichtung der Kommunikation auf einen Sinn, der sich sowohl annehmen als auch ablehnen lässt, ermöglicht. Die These lautet, dass eine Kultur darin besteht, die Fülle der kommunikativen Möglichkeiten einer Gesellschaft zur Kenntnis zu nehmen und auf Formen zu verdichten, die einen annehmbaren und bewahrenswerten Sinn von einem ablehnbaren, aber dennoch ebenfalls möglichen Sinn unterscheiden. Kultur ist immer Umgang mit Überforderung. Und sie ist immer Vergleich des Möglichen mit dem Wünschenswerten, und dies, das vergisst man zu schnell, in beide Richtungen und daher auch mit dem Risiko der Umwertung. Sie ist deswegen auch streitbar und unruhig, insofern sie kommunikative Möglichkeiten ablehnt, ohne diese aus der Welt schaffen zu können oder zu wollen (obwohl auch das vorkommt). Die Kultur bewegt sich in einer Gesellschaft, in der es gleichzeitig vieles andere gibt. Das beruhigt, weil es die Kultur mit einer Identität versorgt, die sie aus dem Unterschied zu anderem bezieht. Es beunruhigt jedoch auch, da diese Identität auf einer Differenz beruht, die das Ausgeschlossene im Eingeschlossenen immer mitbewegt.

Darauf, so darf man vermuten, reagiert die Kulturpolitik. Kulturpolitik ist Politik der Sorge um die inklusiven und die exklusiven Effekte von Kultur in einer Gesellschaft, die nicht nur Kultur ist. Diese Sorge nimmt typischerweise die Formen einer Inklusion und Exklusion zweiter Ordnung an. Kulturpolitik inkludiert unter der Bedingung der Vernetzung des Inklusionsbereichs von Kultur mit dem Rest der Gesellschaft und sie exkludiert unter der Bedingung der Schaffung von Zugangsmöglichkeiten zum Inklusionsbereich. Das macht die Kulturpolitik zu einer paradoxen Aufgabe. Sie schärft und sie moderiert den Unterschied zwischen Inklusion und Exklusion.

Glück und Unglück der Menschen

Jede Kulturtheorie von Jean-Jacques Rousseau über Sigmund Freud bis zu Bronisław Malinowski stellt die Frage nach Glück und Unglück des Menschen unter den Bedingungen seiner gesellschaftlichen Existenz, genauer gesagt: nach Balance und Disbalance von Körper, Geist und Geselligkeit.[5] Der Prozess der Zivilisation ebenso wie jeder Versuch der Kultivierung betreffen Fragen der Disziplinierung, Sublimierung und Raffinierung von Mimik, Gestik und Benehmen im Kontext von Wahrnehmung, Empfindung und Handlung. Organismus, Urteilskraft und Entscheidung der Menschen sind sowohl Formen als auch Medien der plastischen Gestaltung dieses Menschen durch seinen und in seinem sozialen Zusammenhang. Bei jeder Kultur geht es um das Ganze, um ein ‚complex whole', wie die Anthropologie und Ethnologie seit Edward B. Tylor formuliert,[6] die Einheit einer Vielfalt und Vielfalt einer Einheit, die sich keinerlei Abgeschlossenheit, keinerlei Hierarchie und keinerlei Entwicklungsgesetz unterwerfen, sondern all dies einerseits immer wieder ermöglichen und andererseits zugunsten von Öffnung, Heterarchie und Turbulenz unterlaufen.

Jede Kultur ist die Form der Rücksicht darauf, dass die Menschen leben, denken und handeln, ohne das eine exklusiv gegenüber dem anderen privilegieren zu können. Jeder Versuch, dies dennoch zu tun, rächt sich und führt zu kulturellen Formen, die in ihrer Einschränkung Beobachter dazu einladen, es anders zu machen. Der springende Punkt für unsere Überlegungen hier ist jedoch, dass dieses komplexe Ganze aus Leben, Denken und Handeln ebenso positiv wie negativ konstruiert ist. Kultur bedeutet Annahme *und* Ablehnung, Affirmation *und* Kritik, und in dieser doppelten Rolle wird sie von der Kulturpolitik gefördert oder auch vernachlässigt.

Man kann die Menschheitsgeschichte der Kulturpolitik und ihre aktuelle Bemühung um neue Formate nur verstehen, wenn man sich diesen von der Kulturtheorie beschriebenen und begrifflich immer wieder neu und anders gefassten ‚Rechner' vor Augen führt,[7] als der die Kultur zu verstehen ist und der diese Kultur immer wieder neu formatiert zur Errechnung von Leben aus Leben, Denken und Handeln, von Denken aus Denken, Leben und Handeln und von Handeln aus Handeln, Leben und Denken:

Kultur = Leben, Denken, Handeln (Leben, Denken, Handeln)

Kultur ist ein Substantiv, das aus Verben, aus Praktiken, errechnet wird, auch wenn Zwischenergebnisse wie Körper, Geist und Geselligkeit dann ihrerseits eine trügerische, weil vorübergehende substantivische Form annehmen, worauf bereits Leslie A. White in seinem Buch *The Science of Culture* aufmerksam gemacht hat.[8] Wenn die Kultur und mit ihr die Kulturtheorie und die Kulturpolitik einen so großen Respekt vor Konventionen und Traditionen haben, so liegt dies daran, dass es sich dabei nicht nur um stillgestellte Praktiken handelt, sondern auch um experimentell erprobte Errungenschaften der Abstimmung zwischen Leben, Denken und Handeln, die man nicht ohne Not wieder preisgibt.

Als dieser Rechner beschäftigt uns die Kultur; und auf diesen Rechner sehen wir die Kulturpolitik menschheitsgeschichtlich bezogen. Wir werden sehen, dass dies kein abstrakter Gedanke ist, sondern mitten hineinführt in die Auseinandersetzungen und Versuche der Kulturpolitik.

Kommunikation überfordert, Kultur reduziert

Der Ausgangspunkt unserer These, noch einmal, ist ein Verständnis von Kultur als Umgang mit den Überforderungen der Kommunikation. Jede Kommunikation rückt mehr Möglichkeiten in Reichweite, als kulturell jeweils verarbeitet werden können. Eine Kultur muss daher diese Möglichkeiten sowohl ablehnen als auch annehmen können und ihr Profil aus dieser doppelten Funktion gewinnen. Eine Kultur ist damit jedoch nicht nur eine Reduktion des Möglichen, sondern als diese Reduktion auch ein Hinweis auf den Rest, der zugänglich bleibt, auch wenn diese Zugänge kulturell nicht gedeckt sind.

Deswegen sprechen wir von der ‚Form'[9] einer Kultur, die auf ihrer Innenseite das pflegt, was sie für sinnvoll hält, und auf ihrer Außenseite das enthält, was sie nicht für sinnvoll hält, jedoch bei aller Ablehnung nicht aus der Welt schaffen kann. Die häufig formulierte Vermutung, dass eine Kultur aus Werten besteht, ist dafür der perfekte Ausdruck, denn Werte verweisen auf andere Werte, müssen also untereinander abgewogen werden und enthalten spätestens so den Hinweis darauf, dass sie nicht immer, nicht überall und nicht für jedermann gelten. Dies ist dann auch der Ansatzpunkt für die Entstehung von Subkulturen, zum Beispiel Hochkulturen im Unterschied zu Volkskulturen, die dann ihr Glück mit jeweils spezifischen Kombinationen von Werten versuchen und jeweils spezifische Konstellationen von Leben, Denken und Handeln präferieren.

Wenn man so will, kann man die Gesellschaft, verstanden als Inbegriff der Überforderung durch Sinnüberschüsse, der Kultur, verstanden als Inbegriff der Reduktion auf werthaften Sinn, gegenüberstellen. Dies ergibt eine einfache Formel, die es erlaubt, sich historische und regionale Konstellationen anzuschauen, unter denen sich diese Überforderung unter Umständen ändert und die Reduktionen unter Druck geraten. Und man begreift das Risiko, in dem jede Kultur sich bewegt, die sich nicht sicher sein kann, ob ihre Reduktionen greifen und epochal und regional eine hinreichend große Bevölkerung erreichen, um für Konstellationen von Leben, Denken und Handeln zu werben, die sich nie von selbst verstehen, sondern immer dem Vergleich mit anderen Konstellationen zu anderen Zeiten und Orten ausgesetzt sind. Kultur ist „Gärung", hat daher schon Johann Gottfried Herder festgestellt,[10] der in der deutschsprachigen Literatur einer der frühesten Kulturtheoretiker ist.

Jede konkrete Auseinandersetzung mit den Aufgaben und Möglichkeiten der Kulturpolitik kann von der hier skizzierten These ausgehen, muss sich dann jedoch im nächsten Schritt anschauen, mit welchen Überforderungen durch alte und neue Sinnüberschüsse der Gesellschaft man es zu tun hat, welche Art von Kultur bereits vorhanden ist und sich neu herausbildet, die diese Sinnüberschüsse auf Annehmbares und Ablehnbares zu reduzieren versucht, und welche institutionellen Möglichkeiten diese Reduktionen absichern oder auch gefährden.

Vier Beispiele können dieses Vorgehen verdeutlichen. Entlang sozial- und kulturwissenschaftlich bewährter Fragestellungen beschränken wir uns auf eine Medienarchäologie der Sprache, der Schrift, des Buchdrucks und des Computers, obwohl man natürlich auch nach Kulturen und Kulturpolitiken im Umgang mit den Überforderungen des Geldes, der Macht, der Liebe, des Glaubens und der Wahrheit fragen könnte. Soziologisch neige ich jedoch dazu, ohne dies hier begründen zu können, diese so genannten Erfolgsmedien der Kommunikation, also Geld, Macht, Liebe, Glauben und Wahrheit, eher auf der integrativen Seite gesellschaftlicher Ordnung und Unordnung zu verorten und die Verbreitungsmedien der Kommunikation, also die Sprache, die Schrift, den Buchdruck und den Computer, für epochale disruptive Effekte verantwortlich zu machen. In der Tat mag es für unsere Zwecke hier genügen, sich der Formate einer tribalen, antiken und modernen Kulturpolitik zu vergewissern, um schließlich einen Blick darauf werfen zu können, welche Kulturpolitik sich für die nächste Gesellschaft andeutet.

Was heißt Kunst?

Allerdings müssen wir zuvor noch eine weitere Komplikation einführen. Wir müssen ein paar Worte darüber verlieren, welche Rolle die Kunst im Verhältnis zu Kultur und Gesellschaft spielt. Auch dafür ist etwas mehr Theorie erforderlich, als vielen Kulturpolitikern vermutlich gelegen kommt. Aber es hilft ja nichts. Die Gesellschaft ist komplex, Einheit einer Vielfalt, Vielfalt einer Einheit, und deswegen nicht auf einfache Sachverhalte, soziale Fragen und Zeithorizonte herunterzubrechen.

Im Kontext einer Gesellschaftstheorie, in dem wir uns hier bewegen, ist die Kunst, insofern sie sich in den Künsten der Malerei, Skulptur, Dichtung, Musik und Theater an die Sinne und damit auch die Sinnlichkeit der Betrachter, Zuschauer und Zuhörer wendet, nichts anderes als die Kommunikation von Wahrnehmung.[11] Das aber ist in genau dem Sinne, den wir hier brauchen, paradox, denn hier wird kommuniziert, was sich nicht kommunizieren lässt.

Kunst spricht eine Wahrnehmung und damit einen Organismus, einen Körper, ein Bewusstsein, einen Geist, eine Vorstellungskraft und eine Urteilskraft an, die sich als different gegenüber aller Kommunikation erfahren, obwohl sie alle Anregungen, Herausforderungen und Überforderungen dieser Kommunikation verdanken. Weder verbal noch gestisch noch mimisch ist die Kommunikation anders denn in Andeutungen in der Lage, die von einem Bewusstsein erlebte Tiefe einer Erfahrung zum Ausdruck zu bringen. Und in der Tat geht es darum auch nicht. Niemand will seine Erfahrung eins zu eins in einen Text, einen Satz, eine Mitteilung bringen. Und auch die Kommunikation hat nicht wirklich ein Interesse daran, auszuloten, was in der angenommenen Tiefe eines Bewusstseins, auf dem

Grund höchst individueller Erinnerungen, Hoffnungen und Befürchtungen vor sich geht. Es genügt beiden, Kommunikation wie Bewusstsein, um ihrer Differenz zu wissen, um den Abgrund, der sie trennt, und um den Bewegungsspielraum, den man daraus und darin gewinnt.

Die Kunst macht sich dies zunutze. Nicht nur das. Sie arbeitet an dieser Differenz, vertieft sie weiter, polstert sie aus, macht sie zu einer ebenso schmerzhaften wie lustvollen Erfahrung. Die Kommunikation eines Kunstwerks, das heißt seine Präsentation in einer Ausstellung, die Dramaturgie seiner Inszenierung auf einer Bühne, seine Abbildung in einem Katalog, sein Abdruck in einem Buch und so weiter, steht nicht nur ratlos vor der Betrachtung dieses Kunstwerks durch ein Publikum, sondern mindestens ebenso ratlos vor der Intention, die der Künstler mit diesem Kunstwerk verfolgt haben mag. Diese Ratlosigkeit erst eröffnet den Spielraum, der einzelne Betrachter anlockt, auch den Künstler immer wieder neu fasziniert und Kuratoren, Intendanten, Dirigenten, Rezitatoren und so weiter dazu bringt, immer wieder neu die Kommunikation eines Kunstwerks anzuregen. Die Verstrickung des Kunstwerks in seine eigene Kommunikation, das heißt die Unmöglichkeiten, zwischen ihm und seiner Präsentation zu unterscheiden, die spätestens seit den Avantgarden der Moderne unübersehbar ist, dient nicht zuletzt dazu, diese Ratlosigkeit noch weiter zu vertiefen und zum Thema ihrer selbst zu machen – bis es die Kommunikation selbst ist, auf die die Kunst verweist, um die Gesellschaft als Rätsel ihrer selbst zu markieren.

In der Systemtheorie trennt man nur deswegen so strikt zwischen sozialen Systemen (Kommunikation), psychischen Systemen (Bewusstsein), lebenden Systemen (Organismus) und künstlichen Systemen (Maschinen), um deren Umgang mit dieser Differenz besser erforschen zu können. Kunst wird innerhalb dieser Theorie als ein soziales System verstanden, das sich darauf kapriziert, die Wahrnehmung psychischer und lebender Systeme (Bewusstsein, Gefühle, Körperlichkeit) zu kommunizieren, obwohl und weil keine Kommunikation (Sätze, Texte, Bilder, Filme) Zugang zu diesen lebenden und psychischen Systemen haben. Kunstwerke beeindrucken unsere Empfindungen, Gefühle und Vorstellungen nicht, weil und indem sie sie uns im Sinne einer Übertragung mitteilen, sondern indem sie sie in uns auf der Grundlage unserer eigenen Irritabilität und Sensibilität auslösen. Nicht die Kunstwerke empfinden, fühlen und imaginieren, sondern wir tun dies. Dieser Vorgang setzt demnach die Differenz zwischen Kommunikation einerseits sowie Bewusstsein und Körper andererseits voraus, um diese Differenz für das Zünden von Ereignissen zu nutzen, die anders nicht zustande kämen. Wir rekrutieren uns selbst für die Wahrnehmung von Kunstwerken, indem wie hingehen, hinhören und hinschauen, und das macht sich die Kommunikation von Kunstwerken in Theatern, Ausstellungen, Konzerthallen, Galerien, Büchern und Zeitschriften zunutze, wohl wissend, dass wir uns jederzeit umdrehen und wieder hinausgehen und anderen Dingen widmen können.

Aber das ist noch nicht alles. Das erklärt noch nicht das Verhältnis von Kunst und Gesellschaft. Und es erklärt erst recht noch nicht das Verhältnis von Kunst und Kultur. Das Verhältnis von Kunst und Gesellschaft versteht man innerhalb dieser Theorie nur, wenn man bedenkt, dass auch die Gesellschaft routinemäßig die Wahrnehmung der Menschen, die sich in ihr herumtreiben, in Anspruch nimmt. Städte würden nicht funktionieren, könnte man nicht damit rechnen, dass die Leute Straßenschilder, Verkehrsampeln, Schaufenster und nicht zuletzt die vielen anderen Leute, die sie andernfalls anrempeln würden, wahrnehmen, was immer dann daraus folgt. Ein Büro funktioniert nur, weil man Türen und Schreibtische, Stühle und Aktenablagen sieht und in ihrer Faktizität der Strukturierung einer sozialen Ordnung mit hochgradig verteilten Rollen zur Kenntnis nimmt. Denkmäler und Fahnen, Häuserfassaden und Logos, Kleiderordnungen und deren modische Variation und nicht zuletzt Gestik, Mimik und Verhalten unserer Mitmenschen, von den Hunden auf der Straße, den Blumen auf dem Tisch und den Bäumen vor dem Fenster zu schweigen, müssen wahrgenommen werden, damit sie nicht unbedingt zum Gegenstand und Thema der Kommunikation, aber doch zu deren Struktur werden können. Das zurechtgezupfte Kleid, der unnahbare Blick, der unterdrückte Zorn, die angespannte Stimme müssen wahrgenommen werden, damit sie als Zeichen, ob und wie die Kommunikation fortgesetzt werden kann, ernst genommen werden können.

Und wir müssen noch einen Schritt weitergehen. Es ist nicht etwa so, dass wir zuerst die Welt wahrnehmen und dann entscheiden, wie es in der Kommunikation weitergehen kann, sondern umgekehrt gestalten wir unsere Welt als einen wahrnehmbaren Sachverhalt, um bestimmte kommunikative Anschlüsse nahezulegen beziehungsweise außer Reichweite zu rücken. Wir haben es mit einem zirkulären Verhältnis von Kommunikation und Wahrnehmung zu tun. Die Welt ist nicht nur der Gegenstand, über den wir reden, so als sei er das, worüber wir reden, auch dann, wenn wir nicht darüber reden, sondern sie ist zugleich das Medium, in dem wir unsere Gegenstände so entwerfen, wie wir sie für bestimmte Signale, Schwellen und Blockaden der Kommunikation benötigen. Jede Gesellschaft verfügt, mit anderen Worten, über einen eigenen Haushalt an Wahrnehmungssachverhalten, mit dessen Hilfe sie stigmergetisch, wie die Insektenforschung sagt,[12] das Andocken der

Individuen an diese Gesellschaft zu regeln versucht. Wir halten an roten Ampeln an und fahren bei Grün weiter. Das ist das, was man unter den Menschen ihre Symbiose nennen kann, das Zusammenleben von Körper und Geist in einer Gesellschaft.

Insofern macht die Kunst genau das, was die Gesellschaft auch macht. Sie bindet Individuen durch eine dafür geeignete Präparation von wahrnehmbaren Sachverhalten. Aber sie macht dies mit einer zusätzlichen Pointe. Während sie es tut, führt sie vor, dass sie es tut. Sie lässt Wahrnehmung reflexiv werden. Während die Gesellschaft den größten Wert darauf legt, die Wahrnehmung nahezu automatisch, mindestens jedoch unbemerkt und selbstverständlich ablaufen zu lassen, unterbricht die Kunst diesen Automatismus und lässt uns stutzig werden. Dazu dienen ihr die Formeln des Schönen und des Hässlichen, des Erhabenen und des Schrecklichen. Dies sind nicht nur Formeln, die beschreiben, wie Wahrnehmung fasziniert werden kann, sondern es sind zugleich Formeln, die darauf hinweisen, dass und wie Faszination funktioniert, sowie Formeln, die uns hilfreich beispringen, wenn es darum geht zu begreifen und anderen mitzuteilen, was uns gerade widerfährt.

Kunst kann man somit in der Gesellschaft als ein soziales System verstehen, das die Art und Weise, wie die Gesellschaft mit Wahrnehmungen umgeht, in die Gesellschaft wieder einführt und dort beobachtbar macht. Bilder strapazieren unseren Sinn für Farben und Formen, Musikstücke lassen uns hören, was wir nicht gewohnt sind zu hören, Gedichte unterbrechen unsere Gefühlsroutinen und Theaterstücke verschieben die emotionalen Akzente, mit denen wir normalerweise unsere Handlungen begleiten. Wir werden für uns beobachtbar und wir machen das mit und halten das aus, weil es in der Kunst für uns scheinbar folgenlos bleibt. Kein Kunstwerk kann die Welt verändern, auch wenn Aubers Oper *Die Stumme von Portici* 1830 in Brüssel eine Revolution ausgelöst hat. Normalerweise jedoch richtet sich ein Kunstwerk nur an unser Erleben, nicht an unser Handeln. Dank der Kunst können wir sehen, wie wir sehen, hören, wie wir hören, fühlen, wie wir fühlen, und empfinden, wie wir empfinden. Aber währenddessen halten wir still und legen den größten Wert darauf, eine Pause zu machen, bevor wir uns dem Alltag, der Familie, der Arbeit wieder widmen.

Im Anschluss an dieses Theorem der Kommunikation reflexiver Wahrnehmung kann man im Übrigen auch zwischen Kunst und Unterhaltung unterscheiden. Denn während die Kunst die Wahrnehmung irritiert, ohne dafür eine andere Auflösung zu bieten als den Kunstgenuss selber, wichtig genug, liefert die Unterhaltung nur Irritationen, die fast sofort wieder beruhigt werden. Die Kunst treibt einen Spalt zwischen

Kommunikation und Wahrnehmung, die Unterhaltung kittet ihn wieder zu. Deswegen ist es so wichtig, dass die Unterhaltung Spaß macht und spannend ist. Sie lockt, greift zu, hält fest, spannt auf die Folter – und liefert eine Auflösung, den gelungenen Witz, die alberne Pointe, das Happy End. Kunst betont die Differenz von Kommunikation und Wahrnehmung, Unterhaltung deren Einheit.

Aber wichtiger als diese Unterscheidung ist in unserem Zusammenhang, dass diese Reflexion von Wahrnehmung durch die Kunst in der Gesellschaft zwar funktional ist und hingenommen wird, solange klar ist, dass es sich um Kunst und nur um Kunst handelt, zugleich jedoch auch gerahmt, gezähmt, eingebettet und so renormalisiert wird. Anders könnte man die Ideen nicht aushalten, auf die Künstler immer wieder kommen. Aber kaum zeigen sie uns schon wieder eine Arbeit, die unsere Wahrnehmung verwirrt und dadurch auf sich aufmerksam macht, stecken wir sie schon wieder in die Schublade der Kunst. Während die Kunst mithilfe ihrer Kunstwerke einzelne Wahrnehmungen irritiert, wird die Kunst insgesamt als Kunst wahrgenommen, die, und das ist der Punkt, alles andere zwar irritiert, aber gesellschaftlich dazugehört. Wir haben es mit einer präzisen Kippfigur zu tun. Irritierende Wahrnehmung wirkt kulturell beruhigend. Letztlich handelt es sich nur um Reflexion, auch wenn man nie weiß, wann diese der Durchsetzung von Verfügungsgewalt, der Ausübung von Macht, dem Streit um Wahrheit oder den Gewissheiten des Glaubens in die Quere kommen kann.

Deswegen reagieren Künstler allergisch auf die Zuschreibung eine kulturellen Interesses an ihren Werken. Sie wissen oder ahnen, dass unter einer Kultur auch im Hinblick auf die Kunst nichts anderes als die Reduktion eines Sinnüberschusses zu verstehen ist, der für die Kunst jedoch genau das ist, worum es geht. Die Kultur ist der Agent jener Reduktion von offenen Fragen, unruhigen Beobachtungen, leisen Zweifeln und verzweifelten Einwänden auf das Hinnehmbare und Annehmbare, die für keinen Künstler hinnehmbar und annehmbar ist. Anders als die Unterhaltung, die die Einheit, den Zusammenklang, das Aufgehobensein will, will die Kultur wie die Kunst den Unterschied. Aber die Kultur will ihn relativ zum Rest der Gesellschaft, nicht absolut, wie die Kunst.

All das macht das Geschäft der Kulturpolitik nicht einfacher. Die Kulturpolitik fördert eine Kultur, die ihrerseits auf die Kunst angewiesen ist, da diese jene Differenz von Körper, Geist und Gesellschaft adressierbar macht, um deren Balance es der Kultur geht. Der Kulturpolitiker muss daher die Unruhe der Kunst fördern, damit die Kultur Anlässe hat, an der Beruhigung zu arbeiten. Theoretisch ist dies wiederum eine Paradoxie, was der Praxis jedoch nicht entgegensteht, sondern ihr im Gegenteil in die Hände arbeitet, weil sie so ein Spannungsverhältnis, einen Entscheidungsspielraum, eine Ambivalenz zugunsten eigener Autonomiegewinne ausbeuten kann, ohne wissen zu müssen, ja wissen zu können, was sie tut. Der Kulturpolitiker weiß, dass nur die widerständige Kunst jene Qualität besitzt, die es lohnt, von der Kultur gezähmt und als kultureller Wert gepflegt zu werden. Allerdings bedarf es neben der Kultur und der Kunst der Organisation als drittem Faktor, der es der Kulturpolitik erlaubt, die allseits erwartbaren Widersprüche in spannungsvolle Programme kultureller Einrichtungen der Produktion und Präsentation von künstlerischer Arbeit umzusetzen. Der nicht zuletzt deswegen so rätselhaften Disziplin des ‚Kulturmanagements', die an die Stelle alter Führungspraktiken tritt, die eher an Fürstenhöfe und Kasernenhöfe erinnerten, fällt die wenig beneidenswerte Aufgabe zu, die hier vorliegenden Unentscheidbarkeiten in Entscheidungen umzusetzen, die dann ihre Künstler, ihre Sponsoren und ihr Publikum suchen.[13] Darüber hinaus erlauben es Rituale wie die Vernissage, die Premierenfeier oder die Release Party inklusive ihrer Unterfütterung durch harte und weiche Drogen und ihre Einbettung in erotische Wettbewerbe, die Paradoxie dieser Akkomodation von Kunst und Kultur auszuwerten, auszuhalten und latent bleiben zu lassen.

Für unsere Fragen nach den Formaten der Kulturpolitik in verschiedenen Medienepochen der Gesellschaft und nach dem Formatwechsel im Übergang von der modernen zur nächsten Gesellschaft ist entscheidend, dass die Kultur in der Kunst einen ihrer wichtigsten Allianzpartner hat, ohne deswegen darauf verzichten zu können, auch die Kunst derselben Prozedur der Sinnverdichtung, gestützt auf selektive Ablehnung und selektive Annahme, unterwerfen zu müssen wie den Rest der Gesellschaft. Diese Sinnverdichtung ist im Fall der Kunst ebenso wenig wie im Fall des Rests der Gesellschaft – also der Religion, der Wirtschaft, der Politik, der Wissenschaft und so weiter – eine Vernichtung des Sinnüberschusses, sondern eine Zurichtung, die Erträgliches, Bekömmliches und Genießbares, eben Kultiviertes, von allem anderen unterscheidet und daher wiederum auch dieses andere auf der Außenseite der Form und mithin als Teil der Form beobachtbar macht. Deswegen kann ein Künstler auch angesichts der Art und Weise, wie die Kulturpolitik mit ihm umgeht, auf neue Ideen kommen.

Die Frage nach den Formaten

Schauen wir uns die einzelnen Medienepochen der Gesellschaft, ihre spezifischen Formen von Kunst und Kultur sowie ihre Institutionen der Kulturpolitik genauer an. Wir werden sehen, wie sich hier politisch einflussreiche Positionen, wirtschaftlich lukrative Besitzstände und immer wieder auch religiös verwertbare Weltanschauungen aufbauen und wieder abbauen. Unsere aus den bisherigen Überlegungen abgeleitete Formel der Kulturpolitik ist menschheitsgeschichtlich immer dieselbe: Bestimmte (i) Institutionen der Kulturpolitik fördern bestimmte (ii) Formate der Präsentation und damit Rahmung von Kunst, die im Rahmen einer bestimmten (iii) Ideologie die (iv) Reflexionsleistungen von Wahrnehmung durch Kunst für die Kultivierung der (v) Reduktion von (vi) Sinnüberschüssen pflegen. Dies sind die Variablen einer Gleichung, die in jeder Medienepoche eine unterschiedliche Ausprägung erfahren, zu der es historisch und lokal jeweils zahlreiche Varianten gibt.

Errechnen kann man diese Gleichung jedoch jeweils nur von hinten. Wir beginnen mit der Frage nach den Sinnüberschüssen, die die Einführung eines neuen Verbreitungsmediums produziert, identifizieren die Kulturform, die eine Reduktion dieses Sinnüberschusses leistet, fragen nach der Kunst, die ihrerseits irritiert und irritierend auf die Reduktion reagiert, bestimmen eine Ideologie, die die Rezeption der Kunst und ihrer Gesellschaft durch die Kultur leitet, fragen nach der Institution, die als Förderer einer entsprechenden Kultur aufgetreten ist beziehungsweise auftritt, und bestimmen dann das typische Format, in dem die Kulturpolitik einer Medienepoche auftritt. Beim Format wird es konkret, über alles andere kann man streiten:

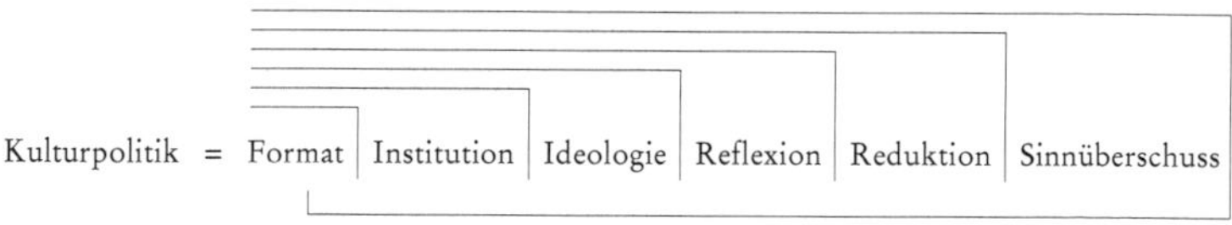

So schematisch wie es aussieht, ist es auch. Wir gehen trotz der verbreiteten Auffassung, dass Schemata eher ein Zeichen für mangelnde Kultur sind, so schematisch vor, weil wir den heuristischen Erkenntniswert dieses Vorgehens für größer halten als den mit diesem Vorgehen verbundenen Verstoß gegen die guten Sitten. Wenn man so will, machen wir uns dadurch den Sinnüberschuss zunutze, den auch die Wissenschaft pflegt, bevor sie ihrerseits kulturell an die Kandare genommen wird. Überdies begegnen wir dem Einwand modellhafter Statik, eines klappernden Mechanismus, damit, dass wir eine Spencer-Brown'sche Form als Eigenwert (Attraktor) einer rekursiven und nichtlinearen Gleichung verstehen, die nicht nur asymmetrische, sondern auch symmetrische Relationen zwischen den Variablen und ihren Werten vorsieht und daher schnell subtiler wird, als es sich jeder kultivierte Umgang mit gepflegten Mehrdeutigkeiten bisher hat vorstellen können.

Den Begriff der Ideologie verwenden wir im Übrigen im Folgenden weitgehend wertneutral als Begriff für ein Wissen, das Beobachter auf eine gesellschaftliche Struktur und Kultur zurückrechnen können, ohne damit die Absicht zu verbinden, seine Falschheit nachzuweisen oder aus seiner Interessengebundenheit einen Einwand abzuleiten. Eher verstehen wir eine Ideologie als ein Vorurteil im Sinne Hans-Georg Gadamers, das heißt als eine Vorstufe zur Überwindung eines Vorurteils zugunsten eines anderen.[14]

Das Fest

Die Stammesgesellschaft ist das Produkt der Einführung der Sprache vor vermutlich mehreren hundertausend Jahren. Die vorherigen Primatengesellschaften werden aus der Evidenz ihrer über Wahrnehmung und Körperlichkeit, also Sexualität, Fürsorge und Gewalt, vermittelten Kommunikation herausgerissen und mit der Möglichkeit der Lüge, mindestens jedoch des Überschusses je aktuell nicht kontrollierbarer Referenzen konfrontiert. Kaum treten Worte für Sachverhalte auf, treten Wort und Sachverhalt auch schon auseinander und wird es erforderlich, ihren fallweisen Zusammenhang durch soziale Kontrolle sicherzustellen.

Nach einem Vorschlag von Niklas Luhmann kann die Kulturform einer Gesellschaft als eine Reduktion des Sinnüberschusses der Medien der jeweiligen Gesellschaft auf die Möglichkeit ihrer Kontrolle und damit auch des Vergleiches der Reduktion mit dem Rest des Überschusses verstanden werden.[15] Luhmann hat diesen Gedanken für die antike und die moderne Gesellschaft ausgearbeitet, für die nächste Gesellschaft angedeutet und für die tribale Gesellschaft offen gelassen, da in seinem Theorieschema Sprache nicht unbedingt als Verbreitungsmedium der Kommunikation verbucht wird, sondern als allgemeiner Schematismus der binären Codierung von Kommunikation durch eine Ja/Nein-Unterscheidung eine übergeordnete Bedeutung bekommt.

Daran halten wir fest, fragen jedoch dennoch nach der strukturellen und kulturellen Bedeutung der Einführung der Sprache für die Entstehung der tribalen Gesellschaft. Die Ja/Nein-Codierung ist bereits eine Form der Kontrolle der Möglichkeit der Lüge, da sie die Ablehnung und damit konditionierte Annahme von Kommunikation ermöglicht, erhöht jedoch zugleich den zu bewältigenden Sinnüberschuss, da man jetzt zu allem, was man sagen und hören kann, auch das Gegenteil imaginieren kann. Das verdoppelt die Welt des Möglichen und erfordert schon deswegen und bis heute Folgeeinrichtungen wie etwa Fragen nach der

Wirklichkeit und der Wahrheit, die den Versuch machen und zugleich vereiteln, das Doppelte und bald auch Vielfache wieder auf das Eindeutige zu reduzieren. Sie machen den Versuch der Reduktion, indem sie dazu anleiten, sich nicht an der Nase herumführen zu lassen. Und sie vereiteln den Versuch, indem man gegen jede Reduktion eine andere Wirklichkeit und andere Wahrheit ins Feld führen kann.

Die Stammesgesellschaft, folgen wir der ethnologischen Forschung von Edward Tylor über Bronisław Malinowski bis zu Claude Lévi-Strauss,[16] kontrolliert die Möglichkeit der Lüge im Besonderen und des unangemessenen Redens und der unerwünschten Negation im Allgemeinen durch die Kulturform der Grenze. Das Dorf wird vom Garten und der Garten von der Wildnis unterschieden. Es gibt Hütten für Häuptlinge, Hütten für Stammesälteste, Hütten für Männer und Hütten für Frauen. Es gibt Zonen, in denen die Kinder spielen, Zonen, in denen die Frauen sich treffen (die berühmten Brunnen, an denen Wasser geholt und Wäsche gewaschen wird), und Zonen, in denen sich die Männer aufhalten, wenn sie nicht auf der Jagd sind. Und in jedem Bereich wird anders gesprochen und wird anders geregelt, wer von wem in welchen Belangen auf welche Zeichen angesprochen werden kann und wann zu schweigen hat. Jede Grenze regelt, was man diesseits und jenseits der Grenze sagen und hören kann. Grenzen sind spürbar anhand der Auflagen, derer sie die Kommunikation unterwerfen oder von denen sie sie befreien. Initiationsriten nehmen die Form der kontrollierten Grenzüberschreitung Dorf/Wildnis, Jugendlicher/Erwachsener, Uneingeweihter/Geheimnisträger an und machen dadurch mit beiden Seiten der Grenze vertraut. Die Magie überwindet ebenso bedrohlich wie zauberhaft alle Grenzen und unterstreicht damit deren Bedeutung wie auch die Notwendigkeit, keiner Wirklichkeit wirklich über den Weg zu trauen.[17]

Die Kunst erfindet die List und den Rausch. Masken, Totems, Bemalungen zeigen diesseits der Grenze, wie es jenseits aussieht. Und Feste und Tänze, unterstützt durch Drogen und den temporären Dispens sanktionierter Regeln, machen meist stellvertretend durch Schamanen und einige wenige deswegen Besessene deutlich, was es heißt, eine Grenze zu überschreiten und sich im Jenseits aufzuhalten. Diese Kunst muss sich rituell noch tarnen, gewinnt jedoch im Ornament einen Bewegungsspielraum, der sich zwar an Grenzen orientiert, diese jedoch als Faltungen vielfach bricht, wieder einführt und beobachtbar macht.

Die Kultur fängt auch dies wieder ein und nennt es Mythos. Die Mythologie ist eine Ideologie, die bestimmte Lügen hoffähig macht, indem sie sie zu Geschichten stilisiert, die eine für den Stamm wichtige Wahrheit, etwa eine Information über Abstammungs- und damit auch Verwandtschaftsstrukturen, nicht nur enthält, sondern auch verrätselt, umspielt und zweideutig werden lässt.

Alles, was dieser Mythologie entspricht, unterliegt in einer Stammesgesellschaft einer kulturpolitischen Förderung, für die es jedoch noch keine individuelle Institution, sondern nur den Stamm insgesamt als Träger gibt, der in Gestalt seines Häuptlings, des Schamanen oder Medizinmanns und mehr oder minder ausdifferenzierter Rollen von Geschichtenerzählern Feste ausrichtet, Totempfähle aufstellt, Riten feiert und immer wieder dieselben Geschichten immer wieder neu erzählen lässt.

Tribale Kulturpolitik ist die Pflege der Lüge als kultureller Errungenschaft und als Rahmung einer Kunst, die ornamental, ekstatisch und rituell dieselben Ereignisse und Gegenstände, mit denen man seine Feiern ausstattet, zu Ereignissen und Gegenständen der Übung, der Verwunderung und wohl auch der Verschiebung macht. Das Format der tribalen Kulturpolitik ist das Fest. Für seine Zwecke werden Kunstwerke in Auftrag gegeben. Hier werden Grenzen inszeniert, verfügbar gemacht, beschritten und überschritten. Und hier werden durch Anfang und Ende, Festordnung und Festplatz zugleich auch die Grenzen gezogen, um deren Bestätigung und Kultivierung es zur Bewältigung des Sinnüberschusses der Sprache immer geht.

Das Theater

Die antike Sklavenhalter- und Adelsgesellschaft ist strukturell und kulturell das Produkt der Einführung der Schrift vor 6000 bis 3000 Jahren in Mesopotamien, China, bei den Mayas und Azteken, in Ägypten sowie, erstmals in der Form der alphabetischen Schrift, in Griechenland. Die Einführung der Schrift, entstanden vermutlich aus Buchhaltungssystemen der Palastwirtschaft, ist eine weitere Katastrophe, die die menschliche Gesellschaft erneut vor das Problem eines Sinnüberschusses stellt. Die interaktive Kontrolle der Kommunikation durch Anwesende, die sich gegenseitig unter Druck setzen können und wenige andere Möglichkeiten haben, als im Fluss der Kommunikation mitzugehen, wird gebrochen zugunsten der Möglichkeit, Teile der Kommunikation aufzuschreiben und dadurch sowohl Vergangenheit werden zu lassen, die jederzeit aktualisiert werden kann, als auch auf Zukunft vorausgreifen zu lassen, die damit bereits gegenwärtig Wirkung entfalten kann.

Die Symbole der Schrift machen sich gegenüber der mündlichen Kommunikation selbständig, nicht ohne von jenen Bürokraten wieder eingefangen zu werden, die sie zuallererst freigesetzt haben. Platon schaut nach Ägypten und entsetzt sich vor einer kalten, rechenhaften Ämterwirtschaft, in der das seelenverbundene Gespräch unter intimen

Freunden keine Chance mehr hat. Spätestens hier und jetzt, denn frühere schriftliche Zeugnisse besitzen wir nicht, setzt eine konservative Kulturkritik ein, die jedes neue Verbreitungsmedium der Kommunikation dem Verdacht aussetzen wird, den Menschen sich selbst zu entfremden. Spätestens jetzt und in Unkenntnis der Katastrophe der Stammesgesellschaft beginnt eine Aufwertungsgeschichte des gesprochenen Wortes und der Wahrheit der Stimme, die von keinem Gegenbeweis auf den Bühnen der Welt erschüttert werden kann und die auf die Kulturwissenschaften und die postmodernen Philosophien des 20. Jahrhunderts warten muss, um auf ihre Logozentrik und die verschiedenen Schriften im Zentrum der blinden Flecken dieser Geschichte aufmerksam gemacht zu werden.

Die Kritik der Entfremdung vom gesprochenen Wort wird sich im Übrigen wiederholen. Da die Medienepochen einander nicht ablösen, sondern überlagern, tendiert jede frühere Medienepoche gegenüber der gerade hereinbrechenden zum Bild der verlorenen guten alten Zeit. Die Buchdruckgesellschaft wird die Schrift preisen, so wie die Computergesellschaft das Buch. Und tatsächlich, auch das wird zum Gegenstand von Kulturpolitik, wird sich eine Ungleichzeitigkeit der Menschen bemächtigen, dergemäß ihre Praxis, denn da haben sie keine Wahl, in der jeweils gegenwärtigen Medienepoche stattfindet, ihr Verstand sich auf dem Niveau der vorherigen bewegt und ihr Gemüt noch in der vorletzten steckt. So bewegen wir uns praktisch längst mehr oder minder souverän in den Netzwerken der Computergesellschaft, verlassen uns jedoch auf die Vernunft, ein Produkt der modernen Buchdruckgesellschaft, wenn wir die Gegenwart zu begreifen versuchen, und empfinden immer noch wie die Aristoteliker, wenn wir nach einem Platz in der Welt suchen, der uns gemäß ist. Aber ich greife vor.

Für die antike Gesellschaft können wir von einem Symbolüberschuss sprechen, der in der menschlichen Gesellschaft Planungshorizonte politischer und ökonomischer Art explodieren lässt. Diese sind nicht wie noch in den Tempeln und Sonnenpalästen durch die Unterstellung ihrer Ewigkeit geschützt, sondern mit Kontingenzbewusstsein belastet, das so von Aristoteles auch erstmals formuliert wird. Oikos und Polis treten auseinander; privat schmieden die Haushalte Pläne, die politisch abgesichert, ausgehandelt, ausgehalten und kontrolliert werden müssen. Dem dient das Gespräch der Männer auf der Agora und dem Forum. Nicht enden will seit der Antike jene Sorge um die ‚gerechte Stadt', die aufkommt, seit man beobachten muss, dass Kaufleute und Heeresführer draußen reicher werden, als es ihrem Status drinnen angemessen wäre.

Erneut stellt sich das Problem, einen Sinnüberschuss abwehren zu müssen, der anhand schriftlicher Zeugnisse früherer Kommunikation die gegenwärtige Kommunikation bedrängt. Aristoteles erfindet die Kulturform des Telos, des in Kosmos, Polis und Psyche angemessenen Platzes und damit auch Zieles und Zweckes, dem eine Kommunikation entweder entspricht, dann kann sie angenommen werden, oder widerspricht, dann darf sie abgelehnt werden. Dieses Telos ist je nach Geschick dehnbar und interpretierbar, so dass die Kommunikation in der Kommunikation jenen Freiraum gewinnt, der es erlaubt, sie Kommunikation zu nennen. Denn ‚Kommunikation', so jedenfalls verwenden wir diesen Begriff hier durchweg, ist die Wahl, Schaffung und Gestaltung von Abhängigkeiten zwischen Menschen unter der Bedingung der Anerkennung einer Unabhängigkeit, die sie zumindest prinzipiell als Organismen auf zwei Beinen besitzen, die sich jederzeit einander zu-, aber auch voneinander abwenden können.[18]

Die Kunst macht sich dieses Telos sofort zunutze und fragt nach dem Platz eines Individuums, das zwischen Polis und Oikos immer eine Wahl zu haben scheint und diese Wahl sowohl zuhause als auch in der Öffentlichkeit zum immer möglichen Einwand gegen die Verhältnisse stilisiert. Die Leidenschaften der Götter werden zur Folie für Tragödien und Komödien, für die Athletik und die Plastik, die zwar den Chor noch mitlaufen lassen, diesem aber zwischen Stamm, Volksmenge und Volkes Stimme höchst ambivalente Rollen zuschreiben. Die Kunst entdeckt das Individuum und profiliert es als Gegenspieler des Chors. Die Kultur fängt es wieder ein und erfindet die Ideologie des Schicksals, um die nun einmal geforderte Teleologie mit den individuellen Abweichungen, die sich nicht mehr vermeiden lassen, sondern die von der antiken Kultur selber gefördert und gefordert werden, zu versöhnen.

Damit ist entschieden, dass das Theater zum Format der antiken Kulturpolitik wird, bestätigt nicht nur auf der Bühne, sondern auch durch die theatralische Ausstattung der Paläste, der Marktplätze und der Stadien. In diesem Format werden Schicksale herausgefordert, inszeniert und besiegelt. Hier findet die dafür nötige Kunst ihren Ort und hier kann diese Kunst ihr Schicksal auch darin zu bestätigen suchen, dass sie ihm ihrerseits zu entkommen sucht. Das Bewusstsein für das Theater als Format der Kulturpolitik scheint scharf gewesen zu sein, wenn man darauf schaut, wie sehr die Inszenierung etwa von Haushalt und Akademie Wert darauf legte, sich davon zu unterscheiden. Möglicherweise ist dies der Moment, in dem der Alltag erfunden wird.

Die Institution, die diese Kulturpolitik trägt, ist vermutlich identisch mit der Aristokratie. Der Adel hat die Mittel, die Orte und bestimmt die Gelegenheiten. Und er einigt sich unter sich, beraten allenfalls von den Gelehrten unter den Sklaven, die man landauf, landab erobert, welche

Stücke welcher Autoren auf den städtischen Bühnen wann zur Aufführung kommen. Zugleich steht diese Institution selber für die Ideologie ein, die die Antike kulturell trägt, gibt es doch keine Dynastie, die nicht ihr Schicksal hätte, und gibt es doch in jedem dieser Schicksale nicht nur dunkle Flecken, sondern auch überraschende, individuellen Helden geschuldete Wendungen.

Der Adel stilisiert sich selbst zum Symbol der Gesellschaft. Er behauptet die ihm geschuldete Hierarchie als natürliche Ordnung, als ein Ergebnis der Schöpfung, also der göttlichen Planung, und als ein Ort der menschlichen Planung, die strukturell in Form von Eroberungszügen weit ausgreift und dennoch kulturell gezähmt ist, weil man im Adel unter sich bleibt und allen anderen Schichten der Gesellschaft dasselbe konzediert. So hätte man in Babylon, Ägypten, in Indien und China, bei den Mayas, bei den Griechen und Römern, in den afrikanischen Königreichen bis in alle Zeiten weitermachen können, hätte nicht das mechanische Zeitalter mit seiner Erfindung des Buchdrucks, den die Chinesen bürokratisch und poetisch unter Kontrolle hatten, die Europäer jedoch nicht, diesem fröhlichen Treiben der Aristokraten ein Ende bereitet.

Das Museum

Die moderne Buchdruckgesellschaft ist das strukturelle und kulturelle Produkt der Einführung des Buchdrucks im Allgemeinen und der beweglichen Lettern im Besonderen durch Johannes Gutenberg und andere zu Beginn des 16. Jahrhunderts. Ab jetzt heißt es zwar noch lange nicht faktisch, aber doch prinzipiell, dass jeder alles lesen kann, angefangen mit der Bibel, und dass jeder jederzeit voraussetzen muss, dass auch andere gelesen haben. Die Möglichkeiten der Kritik explodieren und alle sozialen Formen müssen sich darauf einstellen, mit Kritik konstruktiv umgehen zu können. Die Religion nimmt den Ritus zurück und wird zu einer Frage des Gewissens. Die Wirtschaft stellt sich dem Wettbewerb, die Politik der Demokratie. Die Schule wird für alle geöffnet und sogar die Kunst beginnt jetzt damit zu rechnen, dass individueller Kunstgeschmack jedem zugänglich ist, der in der Lage ist, eine Unterscheidung zwischen schön und häßlich zu treffen.

Die Gesellschaft stellt sich auf eine dynamische Stabilität um und begreift sich als modern in dem Sinne, dass sie in jedem ihrer Momente nur als ein Modus ihrer selbst zu verstehen ist.[19] Sie ändert sich laufend selbst, ohne dass sich an der Moderne etwas ändert. Der Humanismus und die Aufklärung entwickeln positive Auffassungen von Kritik und zugleich das Bild eines vernunftgeprägten Menschen, der nicht nur jederzeit Kritik üben, sondern diese auch jederzeit annehmen und zugunsten von Modernisierung im Allgemeinen und Fortschritt im Besonderen umsetzen kann.

Der Sinnüberschuss, der jetzt zusätzlich zum Referenzüberschuss und Symbolüberschuss die Form des Kritiküberschusses annimmt, wird in einer Kulturform aufgefangen, die im Wesentlichen darauf setzt, individuell und institutionell das Gleichgewicht halten zu können. Luhmann spricht mit Blick auf Descartes von einer Kulturform der unruhigen Selbstreferenz: Man ist, wer man ist, ohne zu wissen, wer man ist, weil man je nach Stand der Kritik seine Meinungen, Absichten und Erwartungen laufend ändert, ohne je die Möglichkeit zu verlieren, Ich zu sich zu sagen.

Die Renaissance des Individuums ist zugleich der Moment, in dem das Individuum sich als Fluchtpunkt der Perspektive wiederentdeckt und verliert. Man übt nicht mehr wie in der Antike Übermut und Demut in der Auseinandersetzung mit den Göttern, sondern man misst sich am anderen Individuum, dessen Profil so ungleich markanter ist als das eigene. Man beneidet den anderen um seine Identität und knüpft ihn zugleich an ihr auf, denn zur eigentlichen Tugend im Umgang mit der Komplexität einer Kommunikation, die höchste Ansprüche an religiöse, politische, ökonomische, pädagogische, ästhetische, bürokratische und familiäre Engführung mit deren jederzeit möglicher wechselseitiger Störung verknüpft, wird die Aufrechterhaltung von Ambivalenz.

Die Kulturform des Gleichgewichts dokumentiert sich in der Kunst, etwas, inklusive sich selbst, in der Schwebe halten zu können. Die politische Klugheitslehre der Neuzeit (Niccolò Machiavelli, Baltasar Gracián, Montaigne und andere) formuliert dies positiv, eben als Klugheit, doch überliefert wird es spätestens seit Jean-Jacques Rousseau nur in der Form einer Kulturkritik, die dem Individuum eine innere Leere, Haltlosigkeit und Entfremdung zuschreibt und für diese nach den Gründen sucht. Feudalismus wird durch Demokratie, Herrschaft durch Emanzipation und Kapitalismus durch Revolution konterkariert, ohne dass sich an der Verfassung der Moderne etwas ändert. Im Gegenteil: Die Verhältnisse gewinnen dort an Unentschiedenheit, wo sie vielleicht bisher noch eine Eindeutigkeit besaßen, die man sich sehr bald unter dem Namen der Tradition dann auch wieder zurückwünscht.

Die Kunst rückt nun die Reflexion auf Wahrnehmung in den Mittelpunkt ihrer Beobachtung. Wie kann es sein, dass unbezweifelbare Sinneseindrücke mit einem so hochgradig beweglichen, unzuverlässigen und abgrundtief leeren Individuum, dem Subjekt seiner eigenen Weltkonstitution, korrelieren? Was heißt Autonomie des Individuums ebenso wie der Kunst, wenn der Leerlauf sofort übermächtig wird, kaum ist die letzte Befreiung realisiert? Der Künstler wird mit der Unmöglichkeit einer Antwort auf diese Fragen alleingelassen und reagiert je nach Gemüt sentimental oder naiv, hermetisch oder engagiert, konkret oder abstrakt, klassisch oder romantisch, so oder so jedoch im Medium immer neuer Materialzugriffe, die am Befund nichts ändern.

Der Kulturpolitik kann das nur recht sein. Sie konzentriert sich auf die Ideologie der Aufklärung, abgeschattet durch das romantische Wissen um dunkle Stellen der Unverständlichkeit, die man ebenso gut platzieren können wie auf sich beruhen lassen muss. Träger dieser Kulturpolitik sind in erster Linie die Städte und Nationen, die ein Interesse daran entwickeln, Orte und Gelegenheiten zu schaffen, an denen ein stillhaltendes, auf Erleben reduziertes Publikum mit mehrdeutig rätselhaften Formen, Farben, Figuren, Stilen und Tonfällen konfrontiert wird, die man im Wesentlichen auszuhalten lernen muss. Das Publikum wird belohnt mit Schönheit, Spannung, Überraschung, Intelligenz und Gefühl, doch in erster Linie geht es darum, Uneindeutigkeit zu erfahren, für einen Moment zu vergemeinschaften und dann mitzunehmen in einen Alltag der Familie, der Arbeit und der Freizeit, dessen Statik wie Dynamik aus dieser Uneindeutigkeit lebt.

Der Inbegriff des Formats, in dem die moderne Kulturpolitik stattfindet, ist das Museum. Das Museum verknüpft die überwundene und als solche immer noch interessante Vergangenheit mit einer aktuellen, aber unbestimmten Gegenwart und einer offenen, unbekannten Zukunft. Es verpflichtet den Betrachter auf eine Kennerschaft des Vergleichs, die nach Belieben in die Tiefe und Breite zu treiben und schon deswegen niemals abzuschließen ist.[20] Es erspart dem Betrachter den Blick auf die spielerischen und mühsamen, riskanten und pedantischen, ihren Halt nur in sich selbst findenden Prozesse, denen alle Kunstwerke sich verdanken, und befriedet ihn stattdessen mit den Resultaten dieser Prozesse, die als Werke gefeiert werden und dennoch eine Form behalten, die auf andere, beliebige andere Werke verweist.

Alle anderen Orte der Kunst werden dem Format des Museums unterworfen. In Konzerthäusern, Theatern und Galerien, in Sammlungen, Katalogen und Ausstellungen ist der entscheidende Adressat ein bürgerliches Publikum, das auf eine uneindeutige Beweglichkeit im Dienst einer abstrakten Aufklärung und eines endlosen Fortschritts verpflichtet wird. Gefördert wird ein zweckloses Sammeln und Vergleichen, dessen Funktion die Einübung in Reduktionen des Sinnüberschusses ist, die gelernt haben und immer wieder neu lernen müssen, sich kritisch selber nie zu trauen.

Die Performance

Die nächste Gesellschaft knüpft hier an. Nach wie vor wird gesprochen, geschrieben und gedruckt und müssen deswegen Referenzen, Symbole und Kritiken sowohl verwendet als auch bewältigt werden können. Nach wie vor geht es darum, Kommunikation sowohl ablehnen als auch annehmen zu können, und zwar: dieselbe Kommunikation. Eine Medienarchäologie ist nicht nur deswegen nötig, weil die menschheitsgeschichtliche Entwicklung höchst ungleichzeitig verläuft, so dass wir es weltweit mit den seltsamsten Kombinationen von tribalen, antiken, modernen und nächsten Gesellschaften zu tun haben, sondern auch deswegen, weil sich in allen Gesellschaften jede dieser Medienepochen an der Ausprägung ihrer Strukturen und Kulturen ablesen lässt. Genau das nennen wir Weltgesellschaft: regionale Ausprägungen eines sich selbst verstärkenden und wieder abschwächenden Eigensinns, der um die Existenz anderer Regionen weiß und sich auf eine Weltkultur im Sinne John W. Meyers verlässt,[21] in der die dezidiert lose Kopplung zwischen lokalen Praktiken und universellen Ansprüchen die Grundlage aller Entscheidungen ist.

Von einer neuen Medienepoche ist zu reden, seit mit der Elektrizität in der zweiten Hälfte des 19. Jahrhunderts und mit der Elektronik in der ersten Hälfte des 20. Jahrhunderts nicht nur instantane, mit Lichtgeschwindigkeit arbeitende Verknüpfungen aller Orte mit allen Orten möglich sind, sondern auch Schaltungen, Rückkopplungen, Sensoren und Motoren entwickelt werden, die diese Verknüpfungen im wahrsten Sinne des Wortes multimedial auszunutzen und zu steuern in der Lage sind. Die Computer, ihre Netzwerke und das Internet sind die Derivate dieser doppelten Möglichkeit und damit zugleich die Verschärfung des Problems und dessen immer wieder neue Lösung.

Der Sinnüberschuss der nächsten Gesellschaft hat die Form eines Kontrollüberschusses. Jede Kommunikation, Handlung und Entscheidung ist eingebettet in Dutzende von Computerabfragen (queries), die jeder Einzelne vorher entweder vorgenommen hat oder vorgenommen haben könnte. Hatte man in der Moderne noch die Chance, aufgrund stiller, das heißt von anderen unbeobachteter Lektüre zu idiosynkratischen Meinungen und Urteilen zu kommen, so ist jedes Individuum in der nächsten Gesellschaft eingebettet in Rückkopplungen seiner Handlungen, Erwartungen und Entscheidungen, die in Archiven recherchiert, mit Datenbanken abgeglichen, mit Simulationen durchgerechnet, von scheinbar zufälligen Aufmerksamkeiten dirigiert und in allen ihren Ergebnissen zuverlässig protokolliert werden. Der Kontrollüberschuss ist vor allem ein Ergebnis dieser Protokolle, denen ich zwar jederzeit durch eine Bifurkation meiner Handlungen ausweichen kann, nicht ohne jedoch auch dies wieder protokolliert zu wissen.

Allerdings ist der Gedanke, Protokollen ausweichen zu müssen, ein moderner Gedanke, der gegen die Herrschaft auf die Emanzipation gesetzt hat. In der nächsten Gesellschaft verliert die Emanzipation schon deswegen an Attraktivität, weil auch die Herrschaft jederzeit unterlaufen werden kann. Interessanter als den Protokollen auszuweichen wird es daher, sie zur Adresse eigener Entscheidungen zu machen und die eigenen Handlungen so zu setzen, dass eine Reputation gewonnen und protokolliert werden kann, die durch Ratings und Rankings laufend auf ihre Netzwerkfähigkeit hin überprüft werden kann. Und interessant ist außerdem, dass dies nicht nur für Individuen gilt, sondern unterschiedslos auch für Unternehmen und Behörden, Kirchen und Sportvereine, Universitäten und Schulen, Parteien und Protestbewegungen. Sie alle werden offline verfolgt und online dokumentiert (oder auch umgekehrt), wobei sich vor allem Bilder, bewegte und unbewegte, dazu eignen, das eine mit dem anderen zu vermitteln.

Es ist eine offene Frage, welche Kulturform die Reduktion des Kontrollüberschusses leisten kann. Der Blogger Michael Seemann hält die query selber für einen geeigneten Kandidaten.[22] Im Moment tendiere ich eher zur Annahme, dass Gregory Batesons ‚Spiel' alle Voraussetzungen erfüllt, hier in Anspruch genommen werden zu können.[23] Spiele vermitteln Anfang und Ende, innen und außen, Spieler und Beobachter, Schließung und Öffnung, Übung und Meisterschaft, Gewinnen und Verlieren, Strategie und Taktik, Ziele und Mittel, Zweck und Selbstzweck auf eine Art und Weise, die immer überprüft und nie dingfest gemacht werden kann. Vor allem jedoch erlauben sie ständig die Entscheidung darüber, ob man mitspielt oder nicht, ohne jedoch den Verdacht ausräumen zu können, dass man aktiv oder passiv, spielend oder gespielt, auch dann mitspielt, wenn man nicht mitspielt. Damit erfüllen Spiele die Voraussetzung, als Kriterium der Ablehnung und Annahme der Kommunikation fungieren zu können, ohne – ebenso wenig wie die tribale Grenze, das antike Telos oder das moderne Gleichgewicht – sich je gegenüber der Kommunikation isolieren zu können.

Der beachtliche Erfolg der Theorie strategischer Spiele in Politik und Wirtschaft, Militär und Sport kann die Annahme des Spiels als Kulturform der nächsten Gesellschaft untermauern, auch wenn hier durch die Einführung von payoffs eine Eindeutigkeit suggeriert wird, die eher der Absicht der Modellbildung als dem Verständnis der Komplexität der Kontexte geschuldet ist. Jedoch arbeitet auch die Spieltheorie an einer Theoriefigur, die die Independenz und Interdependenz von Spielzügen und Spielzielen in einer Unentschiedenheit hält, die diese Figur tauglich macht, sich auf nahezu beliebige Komplexitäten einzulassen und ihnen auszuweichen.[24]

Die moderne Kunst scheint mit ihrer Akzentuierung von Problemen der Autonomie sowohl der Kunstrezeption als auch der Kunstproduktion gut auf diese neue Kulturform vorbereitet zu sein, zumal die Auffassung, dass die Kunst spielerisch sei, nicht selten, wenn auch selten von Künstlern, vertreten wird und der Kunst eine zentrale Rolle in der neuen Kultur zuordnen zu können scheint. Aber das täuscht. Die Künste wollen der Kultur ja nicht zuarbeiten, sondern sie ebenso der Reflexion ihrer Wahrnehmungsroutinen unterziehen wie den Rest der Gesellschaft. Also wird die Kunst im Gegenzug zum Heraufziehen des Zeitalters der Elektrizität eher ernst als spielerisch. Sie lässt sich auf Unmöglichkeiten ein, auf Neurosen und Psychosen, auf das Reale und das Surreale, auf das Imaginäre und das nur noch Abstrakte, vollkommen Hermetische.

Die Kunst unterläuft das Spiel und wird nervös, wenn Nervosität nicht zuletzt darin besteht, den dauernden Akzentwechsel, zu dem das Spiel zwingt, nicht aushalten zu können und dennoch begleiten zu müssen. Nervosität sucht Notwendigkeit dort, wo keine mehr zu finden ist. In wechselseitiger Verstärkung psychischer und physischer Unruhe markiert sie die Sensibilität eines Menschen, der im Umgang mit multimedialen Räumen kaum noch eine Chance hat, die eigenen Empfindungen als eigene Empfindungen zu empfinden. Sie werden ihm aus der Hand genommen, werden verstärkt, abgeschwächt, überlagert, verdreht, umgelenkt und dann wieder nahegebracht, so dass von einem Subjekt, das alle Empfindungen begleiten können muss, nicht mehr die Rede sein kann. Die Kunst greift dies auf, macht es sichtbar, übertreibt es und schafft Plafonds, auf denen Stille herrscht. Sie bleibt damit Reflexion der Wahrnehmung, auch wenn es schwerfällt, die Reflexion der Wahrnehmung von dieser selbst zu unterscheiden.

Der Kulturpolitik geht dies wie immer zu weit. Nervosität ist ihre Sache nicht, so wie sie auch die Autonomie, das Individuum und den Rausch in früheren Medienepochen immer nur halbherzig unterschreiben konnte. Sie benötigt eine Ideologie, in der die Gegenstände der Wahrnehmung zusammen mit ihrer Reflexion als Beitrag zu einer politischen Gestaltung eines Gemeinwesens gefeiert werden können. Mythos, Schicksal und Aufklärung sind jedoch keine Ideologien mehr, die dem Spiel der Kultur und der Nervosität der Kunst fördernd zur Seite springen könnten. Der Mythos ist zu sehr Lüge, das Schicksal zu geradlinig, und die Aufklärung findet keine Vorurteile mehr vor, die lange genug stillhalten würden, um auch nur sinnvoll adressiert werden zu können.

Stattdessen setzt die Kulturpolitik auf die Ideologie der Innovation. Sie übernimmt das elektrotechnische Interesse der nächsten Gesellschaft an sich selbst, kombiniert es mit der Frage der Kunst nach der Befindlichkeit des Menschen und setzt darauf, dass die spielerische Kultur auf der Grundlage der nervösen Kunst das Verhältnis des Menschen zur Technik neu austariert.[25] Hatte die Kulturpolitik im mechanischen Zeitalter der Buchdruckgesellschaft alles gefördert, was als Inhalt der Mechanik entging, im nächsten Schritt jedoch der Massenproduktion zugeführt werden konnte, so fördert die Kulturpolitik der nächsten Gesellschaft Projekte, die die Souveränität vernetzter Spiele im Medium ihrer technischen, möglichst multimedialen und selbstverständlich digitalen Unterstützung steigern. Es geht um Interventionen im öffentlichen Raum, Entwürfe intelligenter Onlinespiele und Internetplattformen, die Gestaltung von Kampagnen, Cultural Entrepreneurship in allen seinen Formen und ganz allgemein um Versuche, die Online/Offline-Differenz kreativ zu nutzen, beide Seiten auszuloten und für beide Seiten die jeweils andere Seite fruchtbar zu machen.

Das geschieht nicht mehr im Format des Fests, des Theaters oder des Museums, sondern in einem Format, dem man vielleicht am besten den englischen Namen der Performance gibt. Performances sind planbare Abläufe unter nichtlinearen Bedingungen und genügen damit der wesentlichen Bedingung des Spiels, aus Störungen Gelegenheiten machen zu können. Diese Performances suchen sich einstweilen Theater, Konzerthäuser, Museen und andere mehr oder minder öffentliche Räume, akzeptieren jedoch auch Fußgängerzonen, Malls, Lobbys und Clubs sowie Walks und Journeys. Ihre Grenzen sind physisch so real wie elektronisch fließend.

Und welche Institutionen machen sich diese Form von Kulturpolitik zu eigen? Die Städte und Nationen mit ihrem Interesse an der Inszenierung von Räumen, Themen und Milieus sind hier nach wie vor zu nennen, doch entdecken auch Unternehmen, Kirchen, Parteien, Universitäten, Vereine und demnächst vielleicht auch Armeen, Krankenhäuser und Klöster die Möglichkeit, mit Ereignissen in Räumen in Spielen mitzuspielen, die nicht mehr das stillhaltende Publikum der Moderne, sondern das bewegliche Publikum der Gegenwart betreffen. Man entdeckt, dass es um die Auslotung von Aktivitätspotentialen geht, die nicht mehr funktional zugeordnet sind, sondern sich auf Netzwerklogiken beziehen und aus diesen ungewöhnliche Identitätsmuster beziehen. Man entdeckt, dass man eigene Protokolle braucht und von anderen protokolliert werden können muss, um jene kritische Masse zu erreichen, die das

Rating und Ranking lohnenswert machen. Man entdeckt, dass man Anhaltspunkte braucht, anhand derer die eigene Performance im Netz dokumentiert werden kann.

Eine Linie halten

All das ist kein Grund zur Aufregung. Der Formatwechsel innerhalb der Kulturpolitik vollzieht sich evolutionär, nicht revolutionär. Wir haben hier nur deswegen mit relativ starken Akzenten gearbeitet, weil wir eine Heuristik benötigen, die in einem notorisch unscharfen Feld dennoch Beobachtungen und Entscheidungen anleiten kann, die politisch und damit zwischen Freund und Feind umstritten sind. Es wird auch nach wie vor einen Bedarf nicht nur an Performances, sondern auch an Festen, Theatern und Museen geben. Wir werden Hybride, Parasiten und Trojanische Pferde erleben. Es wird nach wie vor an Mythologien gearbeitet, mit dem Schicksal gehadert und die Aufklärung beschworen werden. Lüge, Planung und Kritik werden nicht von heute auf morgen unauffällig, nur weil die Kontrollwelten der Computergesellschaften sich so sehr in den Vordergrund schieben.

Aber jedes der alten Formate wird sich im Kontext des neuen Formats reformatieren, so wie schon das Fest in der Antike, geschweige denn in der Moderne, nicht mehr war, was es noch in der Stammesgesellschaft war, und so, wie das Theater in der Moderne nicht mehr war, was es noch auf den Marktplätzen und bei Hofe war. Die Medienarchäologie, die wir hier in groben Zügen vorgestellt haben, liefert eine Perspektive unter anderen, unter denen man sich die Ideologien, Institutionen und Formate der Kulturpolitik anschauen kann. Ihr Vorteil und ihr Nachteil bestehen darin, dass sie die gesamte Gesellschaft in das Kalkül der Kulturpolitik mit einbeziehen. Das kann den Blick öffnen, das kann ihn aber auch erschweren.

In den täglichen Auseinandersetzungen der Kulturpolitik geht es nicht um den Formatwechsel von der modernen zur nächsten Gesellschaft. Es geht um Budgets, Verträge, Programme, Standorte und Macht. Jeder Kulturpolitiker ist gut beraten, sich auf die Pfadabhängigkeiten seiner lokalen Verhältnisse einzulassen und mit den Problemen, Gelegenheiten, Gefühlen und Stimmungen vor Ort zu rechnen, in die in jedem Fall ein höheres Maß an Information über das Mögliche und das Unmögliche eingebaut ist als in jedes funktionale Kalkül von Kunst, Kultur und Gesellschaft. Die Pflege von Koalitionen, Allianzen, Partnerschaften und Gegnerschaften ist im Zweifel die bessere Vorbereitung auf eine anstehende Entscheidung als die Überprüfung der Frage, mit welchen Gesellschaftsbildern, welchen Kulturtheorien und welchem Kunstverständnis Freunde und Feinde unterwegs sind.

Aber wenn es für Momente einmal darum geht, Abstand vom Betrieb zu gewinnen und mithilfe der einen oder anderen reflexiven Schleife den eigenen und den gegnerischen Positionen eine neue Perspektive abzugewinnen, mag es helfen, sich kultur- und sozialwissenschaftlicher Ressourcen zu vergewissern, wie sie hier vorgestellt worden sind. Daran mag sich eine gute und nachhaltige Kulturpolitik erweisen: an der Fähigkeit, im alltäglichen Streit eine Linie zu halten, die über anderes als den Streit informiert. Das mag dann auch dabei helfen, mehr Rückhalt in den eigenen Netzwerken zu finden. Allerdings wird es auch mehr Gegner auf den Plan rufen. Aber das kann einem Politiker ja nur recht sein.

Auch die Fragen der regionalen Identität im Kontext der Globalisierung, der Sicherung kultureller Vielfalt im Kontext von Migration und Ausländerfeindlichkeit sowie einer politisierten Kultur im Kontext epochaler Überlebensfragen der Menschheit lassen sich besser behandeln, wenn die Diagnose gesellschaftlicher Problemstellungen schärfer gestellt ist, als es gemeinhin der Fall ist. Noch die scheinbar nebensächlichste kulturpolitische Weichenstellung besitzt eine fraktale Qualität, dank derer sich im Detail das Ganze nicht nur bricht, sondern immer auch von Neuem entscheidet.

Eine Kulturpolitik, die den Kontrollüberschuss der Computergesellschaft akzeptiert, einen Sinn für strategische Spiele nicht nur in Politik und Wirtschaft, sondern auch in der Religion, in der Wissenschaft und im Publikum entwickelt, die Nervosität der Kunst zu schätzen weiß, nicht mehr auf Aufklärung, sondern auf Innovation setzt und ein offenes Auge für viele Organisationen hat, die sich an dieser Art von Kulturpolitik beteiligen können, wird im Tagesgeschäft die passenden Gelegenheiten zu identifizieren wissen.

Vielleicht hilft es, wenn die Kulturpolitik sich selbst nicht nur als Institution, sondern auch als Performance begreift. Denn dann wird es ihr nicht mehr schwerfallen, Orte und Programme zu identifizieren, die ihrerseits als Performance gelten können. Und wie gesagt, für die Performance spielen das Ritual (im Umgang mit dem Wort), die Inszenierung (im Umgang mit der Schrift) und die Sammlung (im Umgang mit den Büchern) nur eine untergeordnete Rolle. Wesentlich ist ihrer Fähigkeit, elektronische Medien einzubauen, sich ihnen gewachsen zu zeigen und sie hinter sich zu lassen.

KEIN THEATER

Das Vertrauensspiel

Spätestens seit der deutschen Übersetzung von Erving Goffmans Klassiker *The Presentation of Self in Everyday Life* unter dem Titel *Wir alle spielen Theater* ist das Theater nicht nur ein Ort und eine Kunstgattung, sondern auch eine Metapher.[1] Es ist eine Metapher, die dem bürgerlichen Argwohn gegen die Falschheiten aristokratischen Verhaltens am Hofe Ausdruck gibt und diesen universalisiert. Wir alle bewegen uns in einer scripted reality.[2] So konzentriert, lebendig und beunruhigend jedes Theater in Wirklichkeit ist, so schlecht ist die Laune, die diese Metapher als Inbegriff einer pessimistischen Kulturkritik seit Jean-Jacques Rousseau auf den Punkt bringt.[3]

Tatsächlich ist die Metapher des Theaters uralt. Und tatsächlich handelt es sich bei dieser Metapher zugleich um eine Kulturtechnik. Jean-Christophe Agnew hat eindrucksvoll gezeigt, dass die Geschichte der Menschheit zwei „worlds apart" kennt, den Markt und das Theater, die nicht nur nicht voneinander zu trennen sind, sondern immer auch aufeinander verweisen und einander wechselseitig als Rahmung zur Verfügung stehen.[4] Wie Verkäufer und Käufer einander in ihren Verhandlungen über Preis und Qualität einer Ware einwickeln, kann man gleich nebenan auf einer Bühne des Jahrmarkts studieren; und welche Praktiken und Rhetoriken man hier zu durchschauen gelernt hat, kann man gleich anschließend bei einer Kaufverhandlung ausprobieren. Es ist, als hätte die Gesellschaft den, um es vorsichtig zu sagen, erfinderischen Umgang miteinander nur unter der Bedingung freigegeben, dass die Tricks dieses Umgangs auch vorgeführt, durchschaut und studiert werden können. Und es ist, als hätte die Gesellschaft die Darstellung von Verstellung und Verführbarkeit auf einer Bühne gegen Platons Einspruch[5] nur deswegen zugelassen, weil der Nutzen sowohl für das Marketing als auch für den Verbraucherschutz auf der Hand lag. Sobald sie gemeinsam auftreten, erfüllen Markt und Theater die Bedingungen eines Confidence Games, in dem jeweils der perpetrator betrügt und der cooler damit beruhigt, dass das Opfer (mark) so zumindest etwas gelernt habe.[6]

Eine Formel

Wenn man auf Wikipedia lesen kann, als „Minimalformel von Theater" könne gelten: „A spielt (B) und C schaut zu",[7] so ist nach Jahrhunderten des vom Markt (Marktplatz und Öffentlichkeit) geförderten und geforderten Theaters die Klammer um B zum shifter geworden,[8] der auch A und C mit dem Verdacht belastet beziehungsweise, je nach Temperament, zu der Entdeckung emanzipiert, dass A nicht nur (B), sondern auch (A) spielt, und dass C nicht nur zuschaut, sondern dies nur kann, weil C zugleich (C) spielt. Im Zentrum jeder Rhetorik, Anthropologie und Soziologie stehen seit der wechselseitigen Emanzipation von Markt und Theater nicht mehr A, (B) und C, sondern (A), (B) und (C). Die entscheidende Frage lautet nicht mehr, wer A, B und C sind, sondern welche Rolle die Klammern, ( ), dabei spielen, dass sich (A), (B) und (C) aufeinander beziehen und sich miteinander auf einen Tanz einlassen können, der erst das hervorbringt, was wir unsere Wirklichkeit nennen.[9] Glaubten wir bislang zu wissen, wer A, B und C sind, so müssen wir nun herausfinden, wer (A), (B) und (C) sind.

Goffmans These ist, dass A, B und C eine Funktion T (für ‚Theater') von (A), (B) und (C) sind. Und vermutlich sollte man noch einen Störfaktor, das Rauschen, R, in die Gleichung einbauen, um einen Hinweis darauf zu geben, auf welches Problem eine solche Gleichung eine Antwort zu geben versucht:

$$A, B, C = T\,[(A), (B), (C), R] \qquad \text{Gl. 1}$$

Noch korrekter wäre es, wie folgt zu schreiben:

$$A, B, C, R = T\,[(A), (B), (C), (R), (\ \ )] \qquad \text{Gl. 2}$$

Denn so bekäme das Rauschen, R, seine eigene Wirklichkeit, deren Bewältigung davon abhängig ist, welche theatralen Formen A, (B) und C zur Verfügung haben, um (R) in ihr Verhaltensrepertoire einzubauen. Überdies wird eine Leerstelle, ( ), erforderlich sein, die zum Einsatz kommt, wenn (A), (B), (C) und (R) mit ihren jeweiligen Werten dank einer Variation einer oder mehrerer dieser Variablen aufgelöst und neu kombiniert werden müssen. Die Leerstelle konfrontiert (A), (B), (C) und (R) mit anderen – inklusive negierenden – Möglichkeiten ihrer selbst und wird daher in dem Moment aufgerufen, in dem (A), (B) und (C) nach einem neuen Verhältnis zueinander suchen. Man beachte, dass (B) hierbei nach wie vor die fiktive, also variierbare Adresse einer gespielten Rolle markiert, deren Beobachtung A und C mit der Entdeckung von (A) und (C) infiziert.

Darstellung und Publikum

Goffmans Buch handelt nicht kulturkritisch von den Klammern, die A und C im Zuge der Entdeckung von (B) um ihre Identität und Authentizität bringen. Sondern es handelt davon, dass (A) und (C) bei allem theatralen Spiel, das heißt „regardless of how many steps have occurred in the information game“,[10] den Eindruck nicht loswerden, sondern ganz im Gegenteil neu bestätigen, dass sie als A und C dem (B) genau diese Identität und Authentizität voraushaben. Die Wirklichkeit geht in diesem Spiel nicht verloren, sondern wird im Medium ihres Verlusts gewonnen. Die Wirklichkeit ist genau das, was übrig bleibt, wenn ihr Spiel durchschaut wird. Sie benötigt die Fiktion, um sich als deren Anderes zu behaupten,[11] so sehr dann auch die Benennung dieses Anderen wieder dem Verdacht der Fiktion verfällt.

Das heißt jedoch, dass wir uns mit Klammerausdrücken beschäftigen müssen, beziehungsweise mit dem, was seit Erving Goffman frame oder Rahmen genannt wird und, so seine These, unsere Erfahrung allererst organisiert.[12] Wie kommt es im sozialen Verkehr zur Setzung von Klammern oder Rahmen, als deren Inhalt (A) und (C) sich als A und C entdecken können? Wie können Goffman ebenso wie die ältesten Rhetoriken und Anthropologien von Aristoteles über Spinoza bis zu Darwin, nicht zu vergessen die Arbeit der so genannten Moralisten des 17. und 18. Jahrhunderts, den Spieß einfach umdrehen und nicht vom Inhalt auf die ungenügende Form, sondern von der Form auf den dieser mehr oder minder subtil und spielerisch nachwachsenden Inhalt schließen?[13] Die Antwort auf diese Fragen, so ist zu vermuten, besteht darin, dass Markt und Theater in der Evolution der Gesellschaft nichts anderes als praktizierte Soziologie sind.[14]

Schauen wir deswegen noch einmal genauer auf die These, die Goffman in seinem Buch *The Presentation of Self in Everyday Life* verfolgt. Die These, für die dann die Metapher des Theaters im Sinne des Spiels einer Rolle erst gefunden wird, lautet, dass sich jede soziale Interaktion der Differenz von Darstellung und Publikum verdankt.[15] Die entscheidende Denkfigur ist hier jene von George Herbert Mead an der Beobachtung von Gesten entwickelte Überlegung, dass ein Individuum (ego) sich nur verhalten kann, wenn es die Reaktionen eines Gegenübers (alter ego) und an diesen Reaktionen die eigenen Reaktionen studieren kann: Es gibt keine Kommunikation, die nicht zugleich Selbstaffektion wäre und aus dieser Selbstaffektion die Möglichkeit zur Rekursivität, das heißt zur Kontrolle, Reflexion und Variation gewönne.[16] Goffmans Frage nach der Organisation von Erfahrung ist daher streng genommen die Frage nach einem sozialen Gegenüber, nicht notwendigerweise ein Mensch, dessen Resonanzfähigkeit stark genug ist, um ein Individuum die Selektivität des eigenen Verhaltens erleben zu lassen. Auch deswegen hat Heinz von Foerster ausgerechnet Niklas Luhmann einmal vorgeschlagen, die Frage der Soziologie nicht als Frage nach der Gesellschaft, sondern als Frage nach dem sozius, dem Begleiter und Kameraden (der auch ein Gegner sein kann), zu stellen.[17]

Der sozius (oder auch secundus, alter ego) ist der, der sich für einen Moment als Publikum bereitstellt, um seinem sozius (hier unser primus, ego) die Gelegenheit zu einer Darstellung zu geben. Und umgekehrt ist schon der erste sozius (ego) derjenige, der einem alter ego die Gelegenheit bietet, sich eine Darstellung anzuschauen. Wir haben es von Anfang an mit Sozialität unter den beiden Randbedingungen der Selektion von Darstellung und Publikum und der Rekursivität der beiden aufeinander bezogenen Rollen des Verhaltens zu tun. ‚Rolle' ist hier demnach immer als Komplementärrolle zu verstehen: Niemand spielt, was er spielt, ohne nicht gehalten, gestützt, herausgefordert und eingeschränkt zu sein durch jemanden, der *mit*spielen und zugleich *etwas anderes* spielen muss. Und keine Rolle ist zu spielen, wenn nicht in die Rolle ein Verständnis ihres Komplements mit eingebaut ist.[18]

Die Metapher des Theaters verweist demnach auf nichts anderes als darauf, dass die Geburtsstunde des Sozialen nicht die Entdeckung ist, dass ein Individuum sich sozialen Erwartungen beugen muss, sondern vorab und wesentlicher die Entdeckung, dass ein Individuum ein Komplement seines Umgangs mit Erfahrungen und darunter auch Erwartungen ist. Wesentlicher ist diese Entdeckung deswegen, weil sie nicht darin besteht, die Substanz des Individuums einem äußeren Zwang auszusetzen, sondern darin, eine Relation zwischen Individuum und Gegenüber zu beschreiben, der sich sowohl das Selbstbild des Individuums als auch seine Befähigung zur Selektion des eigenen Verhaltens allererst verdanken. Die Tradition hält dafür den Titel der ‚Person' bereit, um Einschränkungen von Verhaltensmöglichkeiten zu bezeichnen, die als diese Einschränkungen immer wieder neu zum Gegenstand einer Wahl gemacht werden, von der man nicht genau weiß, wer sie trifft.[19]

Man nehme die beiden Gedanken hinzu, dass erstens die Rollen der Darstellung und des Publikums in jeder konkreten Interaktion im viel beschriebenen turn-taking[20] mehr oder minder rasch wechseln und dass zweitens auch die Rolle des Publikums dargestellt und auch die Darstellung Publikum des Publikums sein muss, um ein hinreichendes Ausgangsverständnis für das Material zu entwickeln, aus dem soziales Verhalten gewonnen wird.

Asymmetrien

Was die Metapher des Theaters für das Verständnis des Sozialen taugt, wird daher zum einen erst deutlich, wenn man den Akzent des Verhaltens mindestens so stark auf ‚Spiel' wie auf ‚Rolle' legt, und kann zum anderen in seiner Reichweite erst überprüft werden, wenn man die Asymmetrie inklusive ihrer oszillierenden Resymmetrisierung berücksichtigt, die als die für Zwecke der Theoriebildung wegweisende Entdeckung Goffmans gelten kann. Soziales Verhalten kommt nur zustande, wenn (a) *zwei unterschiedliche* und *aufeinander bezogene* Rollenkomplemente ausdifferenziert werden können, mit denen (b) ein *spielerischer,* sie wechselnder und variierender, einschränkender und ausweitender Umgang möglich ist. Soziales Verhalten ist nur insofern Verhalten unter Gleichen, als *beide* zwei *je unterschiedliche* Rollen einnehmen können, deren Unterschied bei jedem konkreten Verhaltenszug gesucht und bestätigt werden muss.

Die Konstanz sozialer Verhältnisse ist in diesen Asymmetrien zu suchen, nicht in den Inhalten, die sie vorgeben. Das Skript der Wirklichkeit schreibt vor, dass sozius und sozius (ego und alter ego) einen Unterschied machen müssen, nicht jedoch: welchen. Goffman beweist viel Sinn für die Pointe seiner Entdeckung, wenn er encounters, Begegnungen, als „eye-to-eye ecological huddles" beschreibt,[21] die alle Ordnung, die sie eventuell entwickeln, aus sich selbst – zumindest jedoch: aus ihrer eigenen Akzeptanz für die Funktion, die sie erfüllen – gewinnen müssen und nicht bereits vorfinden und nur umsetzen. Die streng ökologische Frage ist dann nicht, durch welche Umweltfaktoren eine soziale Situation determiniert wird, sondern durch welche Umweltfaktoren sie sich determinieren lässt,[22] wobei es hierfür eine konkret je unterschiedliche Zahl von Freiheitsgraden geben mag, die jedoch nie auf null sinkt oder ins Beliebige ausgeweitet werden kann. Diese Randbedingung, dass die Anzahl der Freiheitsgrade größer null und kleiner unendlich ist, ist wiederum das (einzige und verlässlichste) Anzeichen für die Realität, in der sich die Situation bewegt.

Wenn wir also die Metapher des Theaters nicht in ein Verhältnis zum Spiel mit dem leeren Schein eines andernfalls vollen und bürgerlichen Subjekts setzen, sondern in ein Verhältnis zum Spiel mit einer Asymmetrie, der sich dann auch darstellend und zuschauend das bürgerliche Subjekt verdankt, stellen sich natürlich die beiden Fragen, welche konkreten Formen diese Asymmetrie jeweils annehmen kann und mit welchen dieser Formen das Theater bereits Umgang pflegt. Wenn das Theater menschheitsgeschichtlich dem Markt auf den Leib geschrieben ist, lohnt es sich zu fragen, ob es weitere Asymmetrien gibt, die ihm bisher möglicherweise entgangen sind.

Denn tatsächlich kennt die Soziologie weitere Asymmetrien, die sich gerade dann, wenn man an einer ökologischen, also streng horizontalen, allenfalls lateralen und letztlich heterarchischen Konstitution sozialer

Ordnungen festhält, als Ausgangsmaterial der Beobachtung möglicher sozialer Formen empfehlen.

So hat die dezidiert mit dem Begriff der Ökologie arbeitende Chicagoer Soziologie zu Beginn des 20. Jahrhunderts mit Nachbarschaften, Berufe, Märkte und Nachrichten vier Ausdrucksformen eines ‚korporierten' (also wechselseitigen und wiederaufrufbaren) Handelns identifiziert, die zumindest für die Soziologie der Stadt hinreichend zu sein schienen.[23] Berufe leben von einer Asymmetrie von Experten und Laien, Märkte von einer Asymmetrie von Verkäufer und Käufer, Nachrichten von einer Asymmetrie von Redaktionen einerseits und Lesern, Hörern, Zuschauern andererseits, und Nachbarschaften sind die asymmetrische Gegenthese zu den Asymmetrien, nämlich die Behauptung der Möglichkeit jener Gleichheit, aus der dann jene Visionen und Illusionen einer Zivilgesellschaft gewonnen werden, die für die konstitutive Rolle von Asymmetrien keinen Sinn mehr haben beziehungsweise so tun, als gäbe es zu ihnen immer eine Alternative.

Schaut man sich jenseits der Chicagoer Soziologie weiter um,[24] gibt es die sozialen Asymmetrien der Verwandtschaft, in denen Abhängigkeitsbeziehungen ebenfalls mit Gleichheit, vor allem Brüderlichkeit und Schwesterlichkeit (man vergesse jedoch nicht die Altersunterschiede), kombiniert werden, oder auch der Hackordnungen, in denen es nur die Symmetrie des Kampfes um Erhalt oder Verbesserung der Position gibt. Aber auch abstraktere soziale Formen greifen auf Asymmetrien zurück, so Gesetze, die von den einen gesprochen und den anderen ausgehalten werden, Arbeitsplätze, die von den einen eingerichtet und den anderen ausgefüllt werden, Schreibtische, hinter denen jemand sitzt, der jemanden vor ihm abfertigt, Kunstwerke, die sich die einen ausdenken, während die anderen stillhalten und sie betrachten, Zahlungen, die die einen leisten und die anderen erhalten, Glaubensinhalte, mit denen die einen (Priester) die anderen (Gläubige) trösten, Schulklassen, in denen die einen die anderen belehren und nie, es sei denn unbeobachtet, umgekehrt, Banken, in denen die Gelder der einen von den anderen verwaltet werden, Kampagnen, mit denen die einen gegen die anderen protestieren oder die einen die anderen zu gewinnen versuchen, und schließlich die Gesellschaft selbst, die sich schon deswegen kennt und nicht kennt zugleich, weil sie sich, wenn sie sich beobachtet (Objekt), als Beobachterin (Subjekt) immer auch unbeobachtbar wird.[25]

Und das Theater?

Je mehr man sich auf der Suche nach Asymmetrien, die ebenso robusten wie variablen sozialen Formen Struktur geben, vom Ausgangsbeispiel der Interaktion entfernt, ohne doch die grundlegende Asymmetrie von Darstellung und Publikum aus den Augen zu verlieren, desto mehr drängt sich die Frage auf, ob das Theater nicht als Metapher, sondern als Institution und Kunstgattung seinerseits ebenfalls durch eine Asymmetrie robuster und variabler Art gekennzeichnet ist. Wenn das Theater der Stichwortgeber einer Entdeckung sozialer Formen des Spiels mit Rollenasymmetrien ist, muss man bezweifeln, dass es in dieser Asymmetrie von Darstellung und Publikum bereits aufgeht, und stattdessen annehmen, dass es seinerseits wie auch andere soziale Formen eine besondere Ausprägung dieser Asymmetrie ist. Wenn wir alle Theater spielen, wird dann, mit anderen Worten, auch im Theater Theater gespielt?

Nein, keine Bange, wir wollen hier nicht auf Paradoxien nach dem Muster des Barbiers, der allen den Bart rasiert, die sich nicht selber rasieren,[26] hinaus. Niemand behauptet, dass nur im Theater kein Theater gespielt wird. Alle Asymmetrien der Interaktion und der Organisation gelten auch für das Theater. Die Frage ist vielmehr, ob es im Theater eine zusätzliche Asymmetrie gibt, dank derer das Theater mit dem Rollenspiel des Theaters anders umgeht, als man außerhalb des Theaters das Rollenspiel betreibt. Wenn man die Metapher des Theaters ernst nimmt, dann muss es im Theater anders zugehen als außerhalb. Denn erst dann, wenn man im Theater das Rollenspiel entdeckt hat, findet man es außerhalb wieder. Das Theater unterscheidet sich dadurch von allen Orten, deren Spiel es sich als Metapher zur Verfügung stellt, dass es die Darsteller als Darsteller und das Publikum als Publikum vor Augen führt und je nach Inszenierung und Lokalität auch bewusst variiert.

Nur auf der Bühne kann (B) A und C dazu bringen, sich als (A) und (C) zunächst im Theater und dann außerhalb wiederzuentdecken, um den Preis allerdings, dass außerhalb des Theaters (B) aus der Relation von (A) und (C) herausgestrichen wird. Also ist (B), beziehungsweise genauer: die Vorführung von B als (B), das Spezifikum des Theaters? Und wer ist das Rollenkomplement des (B)? Wem wird (B) vorgeführt? Richtig: (B) wird A und C vorgeführt. Sind wir damit wieder zurück beim Ausgangspunkt, der Differenz von Darstellung und Publikum? Nein, denn offenbar müssen wir die Relation von A und (B) noch ins Kalkül hineinnehmen, die sich von der Relation von A und (A), die sich außerhalb des Theaters dank der Anwendung der Metapher des Theaters, das wir alle spielen, findet, unterscheidet.

Wenn aber

$$A <-> (A) \neq A <-> (B) \quad \text{Gl. 3}$$

dann ist zum einen unsere Metapher gefährdet, weil es ungewiss bleibt, inwiefern von einer Darstellung von etwas auf eine Selbstdarstellung geschlossen werden kann, und ist zum anderen das Spezifikum eines Theaters entdeckt, das die Darstellung eben nicht zweistellig, sondern dreistellig betreibt. Im Theater stellt ein Darsteller eine Rolle vor den Augen des Publikums dar, während außerhalb des Theaters eine Rolle eingenommen wird, die mit ihrer Darstellung vor den Augen des Publikums zusammenfällt. Deswegen muss Goffman, um seine Metapher zu retten, den Unterschied zwischen Hinterbühne und Vorderbühne einführen,[27] weil andernfalls ein Rollenbewusstsein zwar entstehen, aber nicht gehalten, ausdifferenziert und variiert werden könnte.

Aber ist die Metapher damit gerettet? Ja, denn erst jetzt kann man sagen, dass sich Theater und andere Orte unterscheiden, da Rollendarstellung und Selbstdarstellung zwar Bezüge aufeinander aufweisen, aber nicht identisch sind. Das Selbst ist eine Rolle und mehr als eine Rolle. Deswegen beleuchtet die Metapher ein soziales Spiel, das in dieser Metapher nicht aufgeht. Die Metapher überträgt eine Einsicht, um diese dort zum Tragen zu bringen, wo sie streng genommen so nicht gilt. Erst das bedingt ihre Fruchtbarkeit,[28] erzeugt aber auch jene Missverständnisse, die die Kulturkritik bis heute ausbuchstabiert, ohne dem Umstand auf die Spur zu kommen, dass die Metaphern des Theaters, der Rolle und des Spiels das Selbst nicht desavouieren, sondern einen Beitrag zu seiner ontogenetischen Erklärung liefern. Die Metapher, dass wir alle Theater spielen, gilt also streng genommen außerhalb des Theaters nur deswegen, weil sie dort nicht gilt.

Haben wir es damit mit der Asymmetrie zwischen Darstellung und Publikum nur im Theater zu tun? Nein, es bleibt bei unserer bisherigen Untersuchung, denn wir haben die Metapher deutlich genug durch eine Soziologie ersetzt, die Fragen nach der Ontogenese sozialer Formen stellt und die genannte Asymmetrie als konstitutiv für diese Formen beschreibt. Außerhalb des Theaters wird nicht gespielt, sondern asymmetrisiert und mit dieser Asymmetrie unter Umständen, die intern und extern ökologisch determiniert sind, gespielt. Wir haben dank des Theaters etwas über soziale Formen entdeckt, die sich auf ein Theater nicht reduzieren lassen.

Gut, und was gilt dann für das Theater? Entzieht es sich als Metaphernlieferant unserem analytischen Blick? Müssen wir es als Ort der Offenbarung feiern, ohne die Relation A <–> (B) ihrerseits mit Blick auf C in eine robuste Asymmetrie bringen zu können? Erschöpft sich das, was wir hier sagen können, in den beiden Formeln der Mimesis und der Verfremdung?[29] Immerhin können wir sagen, dass das Theater spätestens im 20. Jahrhundert den Blick auf sich als Metapher freigibt, indem es seine Mechanismen preisgibt und mit zum Gegenstand der Darstellung werden lässt. Das Theater wird nicht nur dramaturgisch, das war es schon lange, sondern auch ästhetisch reflexiv und verschont weder Darsteller noch Publikum noch Darstellung mit dieser Reflexion.[30] Für einen Moment kann es so aussehen, als würde, mit zwei schon etwas älteren Begriffen,[31] das Sentimentalische und das Naive zur Leitasymmetrie des Theaters: im Theater spielt man sentimentalisch, außerhalb naiv. Aber diese Asymmetrie wird von der Metapher selber zerstört, so sehr sie gleichzeitig gültig bleibt. Das Naive ist im 19. Jahrhundert selbst eine sentimentalische Figur, die angesichts der menschheitsgeschichtlichen Symbiose von Markt und Theater nur in der Idylle ihren Ort hat.

Vermutlich führt auch das oft beschriebene Verschwinden des Publikums uns nicht weiter.[32] Denn die Kunstgattung der Performance, die daraufhin an die Stelle traditionellerer Formen des Theaters tritt,[33] setzt den Unterschied zwischen Darstellung und Publikum voraus wie dieses, so sehr auch die Rollen in zusätzliche Zirkulation und Oszillation versetzt werden.

Dort, wo das Theater theoretisch gedacht wird, stehen seine Körperlichkeit, die Realität seiner „Versammlung“ und eine „Wiederverzauberung“ durch Selbstbezüglichkeit im Zentrum der Aufmerksamkeit,[34] so als sei nicht mehr die Relation A <–> C, geschweige denn A <–> (B), sondern die Relation A <–> (A) der Ausgangspunkt für eine Asymmetrisierung, die dann allerdings (A), (B) und (C) zu gleichwertigen Termini einer „ungeschützten und ungesicherten“[35] ästhetischen Erfahrung macht. Die Asymmetrie wäre dann deutlicher als je zuvor und möglicherweise angeregt durch Querverweise zur Performance, zur Musik, zur Architektur und zur bildenden Kunst die Asymmetrie zwischen einer kunstvoll inszenierten Situation, einem Ereignis, einerseits und der Abwesenheit aller Inszenierung andererseits. Die Asymmetrie wäre die des Künstlers, der etwas macht, und des Publikums, das stillhält. Es ginge nicht mehr um die Reinszenierung einer Ursituation des Sozialen, sondern diese würde man auf sich beruhen lassen zugunsten der Thematisierung einer riskanten ästhetischen Erfahrung, die am Körper und an der Stimme der Darsteller kristallisiert, jedoch Licht, Raum, Ton und Geruch einschließt.

Das Theater differenziert sich aus in die Kunst und verabschiedet sich aus seiner elementar pädagogischen (den Knaben, gr. pais, leitenden, gr. ágein) sozialen Funktion. Dazu passt, dass es die institutionalisierten Bühnen früher der Jahrmärkte, heute der Stadttheater hinter sich lässt und in die Stadt, die Landschaft und die ‚freie Szene‘ ausschwärmt. Man versteht dies zwar vielfach als Abschied von der autonomen Kunst, tatsächlich ist jedoch das Gegenteil der Fall. Das Theater ist als Kunst funktional autonom, ästhetisch eigensinnig und nicht zuletzt pädagogisch und damit auch kulturpolitisch entlastet genug, um sich vielfachen Wirklichkeiten aussetzen zu können, ohne fürchten zu müssen, sein Spezifikum an diese zu verlieren. Das Stichwort des Regietheaters hält diese Ausdifferenzierung zur autonomen Kunst fest.

Nur das Theater spielt Theater

Seither gilt jedoch, dass wir nicht mehr alle Theater spielen. Nur noch das Theater spielt Theater. Alle anderen können das nicht mehr. Streng genommen kann es auch das Theater nicht mehr. Es spielt; und es spielt immer besser. Aber es spielt sich nur dort, wo es in einer Verlegenheit um sich selbst ist. Es geht längst nicht mehr nur darum, dass A eine Rolle übernimmt, um (B) vor den Augen des Publikums C darzustellen. Längst geht es um ein (A) <–> (B), das höchster Kunstfertigkeit auch dort bedarf, wo es mit größter Natürlichkeit aufzutreten versucht. C lernt im Theater nicht mehr die Unterschiede zwischen A und (A), B und (B) sowie C und (C). Sondern es wird mit einem Kunsterlebnis konfrontiert, das in Gesten, Körpern, Licht, Raum, Ton und Geruch seine ihm vielfach unvertraute Wahrnehmung adressiert wie alle Kunst.[36] Es erlebt (B), beobachtet die Klammer und entwickelt daraus ein neues Verständnis von B.

Das kann man außerhalb des Theaters nicht. Außerhalb des Theaters gibt es kein Theater. Nach einer fünftausendjährigen Geschichte von Markt, Hof, Werkstatt, Büro, Armee, Kirche, Krankenhaus, Parlament und Schule haben sich die sozialen Rollenasymmetrien ökologisch ausdifferenziert und stehen untereinander in hinreichendem Kontrast und daher auch auf eigenen Füßen. Wir spielen nicht mehr Theater; wir spielen Markt, Hof, Werkstatt, Büro, Armee, Kirche, Krankenhaus, Parlament und Schule. Gleichung 2 kann jetzt lauten:

$$A, B, C, \ldots, N, R = G\,[(A), (B), (C), \ldots (N), (R), (\ \ )] \qquad \text{Gl. 2'}$$

wobei A, B, C, …, N ebenso viele Rollen sind, die als (A), (B), (C), … (N) in vielfältigen Relationen zueinander stehen, dabei ein Rauschen R als (R) aufrufen und bearbeiten und ( ) in Anspruch nehmen, um untereinander beweglich und wechselseitig variabel zu bleiben. Die Funktion T = Theater ist durch die Funktion G = Gesellschaft ersetzt worden, die jedoch keinen Ort, keine Substanz, kein Regelwerk und keine Tendenz benennt, sondern nur den ökologischen Zusammenhang von A, B, C, …, N, interpretiert als (A), (B), (C), … (N).

Das immerhin bleibt vom Theater wie auch vom Markt: die Entdeckung der Klammer und damit auch der Mimesis, des Vertrauensspiels und der Verfremdung, ganz zu schweigen von den Dramen, Tragödien und Komödien, die Knoten schnürend und wieder auflösend diese Gesellschaft mit Scripts bevölkern, die wir selber schreiben, wenn auch nie ganz alleine und meist auch nicht ganz freiwillig. Interessanterweise gilt schließlich umgekehrt, dass wir alle, inklusive des Theaters, nur noch dort Theater spielen, wo es uns gelingt, zuweilen auch unterläuft,[37] unsere Klammern mit vorzuführen. Wir spielen dort Theater, wo (A) ((A)) spielt und (C) vorführt. (B) ist verschwunden, weil wir inzwischen wissen, dass die entscheidende Setzung von Wirklichkeit sich zwischen (A) und (C) abspielt. B sitzt in den Kulissen und wartet auf seinen Wiederauftritt.

DAS FESTIVAL ALS FEST

Soziologie des Fests

Auch ein Festival ist ein Fest. Genaue Planung, kluge Berechnung von Aufwand und Nutzen, Feinsteuerung von präzise gesetzten Gesten der Großzügigkeit auf der einen Seite begegnen einer erwartungsvollen Freude, feierlichen bis ausgelassenen Stimmung, einem lustvollem Austarieren von Sehen und Gesehenwerden auf der anderen Seite. Das Fest ist örtlich bestimmt, zeitlich befristet, meist auch in seinen Inklusions- und Exklusionsregeln alles andere als freizügig und zielt dennoch und im Rahmen aller dieser Begrenzungen auf das Unkalkulierbare, das Verschwenderische und das Überraschende, auf den Rausch absichtsvoll absichtsloser Begegnungen, den Genuss nichtalltäglicher Speisen und Getränke.

Jede Soziologie des Fests, spärlich wie sie ist, unterrichtet darüber, dass sich das Fest aus der Differenz zum Alltag bestimmt, vom Alltag entlastet, aber auch auf den Alltag reflektiert und wieder vorbereitet. Man kann nicht jeden Tag feiern. Man könnte aber auch nicht auf das Feiern ganz verzichten. Vermutlich ist dies in allen menschlichen Gesellschaften eine erste Kontingenzerfahrung, an die unzählige andere anschließen können: Es gibt den Alltag und es gibt das Fest. Beide unterliegen unterschiedlichen Regeln, rücken andere Verhaltensmöglichkeiten in den Blick, kennen andere Typen sozialer Begegnungen, persönlicher Stilisierung, wechselseitiger Verführung und tastend erprobenden, aber auch mutwillig aufdringlichen Redens. „Sociocultural reality was constructed only when there was switching back and forth between at least two domains, everyday and ceremonial, with their continuing networks“, liest man daher bei Harrison C. White.[1]

Wem es gelingt, den Alltag nicht mit dem Fest und umgekehrt zu verwechseln, der ist bereits fast perfekt darauf vorbereitet, auch bei anderen Gelegenheiten den Sinn einer Situation nicht mit dieser selbst zu verwechseln. Die Differenz von Fest und Alltag führt jenen minimalen Abstand zur Wirklichkeit und ihrer Symbolisierung ein, der dann auch für andere Unternehmungen der Menschen genutzt werden kann, für das Theater und den Markt, die Stadt und das Land, die Kirche und die Schule, den Sportplatz und die Kneipe. Der Mensch, das sinnmobile Wesen.

An all dem ändert sich zunächst einmal nichts, wenn das Fest auch als Festival genutzt wird. Möglicherweise ist das Fest sogar als Festival geboren worden, wenn man unter einem Festival die Veranstaltung eines Fests für ein Publikum und unter Zuhilfenahme von mehr oder minder künstlerischen Darbietungen versteht, die die Aufmerksamkeit binden, die Zuschauer unterhalten und allen Beteiligten den Gesprächsstoff bieten, den sie benötigen, um ins Gespräch zu kommen, Meinungen zu entwickeln, Distinktionen zu setzen und all dies einzuklammern als bloßes Terrain, auf dem man sich bewegt, um dem anderen für einen Moment näherzukommen.

Die Feste der Stammesgesellschaft und die antiken Feste der Griechen, Römer, Mayas, des chinesischen Kaiserreichs und der indischen Tempel waren in diesem Sinne Festivals, deren Rituale oft bis ins Einzelne festgelegt waren, deren Rausch streng kontrolliert und deren Moral den Alltag und die Ordnung der Gesellschaft auch und gerade dann nicht aus dem Blick verlor, wenn sie die Dinge für Momente auf den Kopf stellten. Insofern stehen auch die modernen Festivals in einer altehrwürdigen Tradition, so wenig sie sich allerdings in der modernen und postmodernen Gesellschaft darauf beziehen können, dass Feste und Feiern noch einen für die Gesellschaft unverzichtbaren rituellen Wert und Charakter haben. Die moderne Gesellschaft hat eine strikte Differenz zwischen den öffentlichen Feiern von Stadt, Nation und Institutionen einerseits und den privaten Festen in der Familie, im Freundeskreis und unter Gleichgesinnten andererseits eingeführt, die schon wegen ihrer Vielfalt die Differenz zum Alltag eher verwischen, zuweilen selbst als Alltag wahrgenommen werden und daher als lose gekoppeltes Repertoire von Formaten der Inszenierung bereitstehen, aus dem sich jedes konkrete Festival je nach eigenen Vorstellungen bedienen kann.

Waren die Feste in der Stammesgesellschaft kollektive Ereignisse, an denen jedes Stammesmitglied auch dann teilnahm, wenn es sich anschaute, in welch gefährliche Zustände jene geraten, die sich der Ekstase ausliefern, so finden die Feste der Hochkultur innerhalb von Hierarchieebenen statt, die die jeweils unteren Ebenen für den Support in Anspruch nehmen und die jeweils höhere Ebene sorgfältig auf Abstand halten, und sei es in der Form der Huldigung. In der modernen Gesellschaft differenzieren sich die Feste so aus wie die Gesellschaft. Es gibt Kirchentage, Wahlfeiern, Jahrmärkte, Sportfeste, Schulfeste, Universitätsabschlussfeiern, die die Differenz von Fest und Alltag je unterschiedlich inszenieren und auch je unterschiedlich in den Raum der Differenz wieder einführen, so dass man im Fest den Alltag studieren und im Alltag das Fest erwarten kann. Die sinnmobile Oszillation ist unvermeidbar, aber sie wird je nach institutionellem Zusammenhang unterschiedlich reformatiert.

Für die modernen Festivals der Künste, die hier unser eigentliches Thema sind, ist dies eine gute und eine schlechte Nachricht. Die gute Nachricht ist, dass auch die Künste feiern dürfen und dass sie auf ihren eigenen Feiern eine größere Chance haben, in ihren künstlerischen Darbietungen konzentriert wahrgenommen und gewürdigt zu werden, als dies noch in den Ritualen der Stammesgesellschaft und den Feiern der antiken Stadt, von den Jahrmärkten des Mittelalters zu schweigen, der Fall gewesen ist. Die Künste dürfen jetzt mit einem eigenen Publikum rechnen, das sich kritisch mit den Künsten selbst beschäftigt und im Rahmen des Fests Experimenten wohlwollender begegnet, als dies an einem einzelnen Theater-, Konzert- oder Opernabend der Fall wäre. Allerdings darf man das Experiment auch nicht übertreiben, denn das verdirbt möglicherweise die Stimmung. Das Festival ist, mit anderen Worten, so autonom geworden wie die Künste selber.

Die schlechte Nachricht allerdings ist, dass den Künsten damit die Einbettung ihres Festivals in die Gesellschaft entsprechend unverbindlicher wird. Wenn künstlerische Darbietungen keine Funktion der Unterhaltung, Belehrung und Reflexion des Publikums mit Blick auf den politischen, ökonomischen, religiösen, moralischen und pädagogischen Zusammenhang der Gesellschaft mehr haben, dann müssen sie sich, während sie den Verlust der Funktion ideologisch begrüßen, diese in ihrer Praxis der Themenfindung, Finanzierung, Werbung und kritischen Bewertung dennoch mühsam wieder herstellen. Kunst ist nur als überflüssige Kunst nicht überflüssig. Für die Festivals der Künste bedeutet dies, dass man nie genau weiß, was man feiert, während man feiert. Für einen Moment kann es scheinen, als käme das Fest damit zu sich selbst, als hätte es endlich den Raum gefunden, in dem es von keinem Alltag mehr infiziert werden kann. Aber das täuscht. In Wahrheit verliert das Fest mit seinem Rückhalt an einem bestimmbaren Alltag auch den Halt in sich selbst. Also muss es diesen Rückhalt selber inszenieren und darf sich umso mehr feiern, je besser dies gelingt. Dies erst, so will mir scheinen, benennt den funktionalen Ort jedes Festivalmanagements.

Drei Annahmen zur gesellschaftlichen Funktion des Fests

Wenn wir uns im Folgenden die Möglichkeiten der Festivalgestaltung genauer anschauen wollen, kommen wir nicht darum herum, uns die gesellschaftliche Funktion des Fests in seiner Differenz zum Alltag vor Augen zu führen. Die folgenden Überlegungen arbeiten daher mit drei Annahmen: Erstens nehme ich an, dass das Fest eine Einmalerfindung der menschlichen Gesellschaft ist, das es somit in jeder Gesellschaft gibt und geben muss, jedoch in jeder Gesellschaft in anderen Formen auftritt.

Zweitens nehme ich an, dass es sich lohnt, auch das Fest unter der kulturwissenschaftlichen Prämisse einer Medienarchäologie der Gesellschaft zu untersuchen. Diese Medienarchäologie, die von Harold Innis,

Marshall McLuhan und anderen initiiert worden ist, unterscheidet historisch grob, doch heuristisch ergiebig zwischen der Stammesgesellschaft, die ein Produkt der Einführung der Sprache ist, der antiken Gesellschaft, die auf die Einführung der (alphabetischen) Schrift reagiert, der modernen Gesellschaft, die den Buchdruck nutzt, und einer postmodernen oder nächsten Gesellschaft, die ein Produkt der Einführung elektronischer Medien ist.[2] Die Pointe dieser Unterscheidung liegt darin, dass die Einführung neuer Verbreitungsmedien der Kommunikation eine Katastrophe für die bis dahin gültige Struktur und Kultur der Gesellschaft darstellt, weil sie bisherige Selbstverständlichkeiten, Orientierungsmöglichkeiten, Ordnungen und Unordnungen unterläuft. In diesem Sinne sind Verbreitungsmedien disruptive Medien (oder auch Killer-Applikationen), auf deren Einführung die Gesellschaft strukturell und kulturell Antworten finden muss, will sie diese Einführung überleben. Gerade wenn die Annahme der Ökonomen zutrifft, dass neue Verbreitungsmedien die Transaktionskosten der Kommunikation senken, muss man sich fragen, wie die bisherigen Mächte und Autoritäten sowie die Institutionen, die diese mit dem Rest der Gesellschaft vermitteln, eine solche Senkung überleben. Die kulturwissenschaftliche Beobachtung ist, dass sie sie in der Tat nicht überleben, sondern dass sich in mühsamen Prozessen der Evolution – denn die alten Mächte und Autoritäten geben weder einfach auf noch sind sie sofort überflüssig – neue Mächte und Autoritäten bilden.

Der Begriff der „Archäologie“, wie ihn unter anderem Michel Foucault in der Auseinandersetzung auch mit gesellschaftlichen Umbrüchen geprägt hat,[3] läuft auf heuristisch ebenfalls ergiebige Art und Weise auf die Annahme hinaus, dass sich die Medienepochen der Gesellschaft nicht einfach ablösen. Sie überlagern sich, inklusive der Möglichkeit – wie man sie an der aktuellen islamischen Gesellschaft studieren kann –, dass Medienepochen – wie in diesem Fall jene der Buchdruckgesellschaft – übersprungen werden und man direkt von der Schriftgesellschaft in die Computergesellschaft gelangt. Die Überlagerung ist innerhalb der Gesellschaft ein nicht-triviales Faktum, da zum einen die alten Strukturen und Kulturen noch gelten, so lange überhaupt gesprochen und zugehört, geschrieben und gelesen, gedruckt und verglichen, gesucht und ediert wird, zum anderen die Katastrophen selber, die Form des Umbruchs, Spuren hinterlassen und drittens auch übersprungene Medienepochen, so der Sprung gelingt, sich bemerkbar machen, weil möglicherweise wichtige Errungenschaften des Übergangs (Marktwirtschaft, Demokratie, Schulbildung für alle, auch Mädchen, autonomer Kunstgenuss, unabhängiges Recht und moralisch entschärfte Religion) fehlen. Man wird also für Festivals wie für jedes andere soziale Phänomen damit rechnen dürfen, dass Spuren tribaler, antiker und moderner Gesellschaften in ihren postmodernen Formen auftreten und vom Festivalmanagement unter Umständen genutzt werden können, sicherlich jedoch erkannt werden müssen.

Unsere dritte Annahme ist es deswegen, dass aktuelle Festivals sich bewusst und unbewusst im Repertoire tribaler, antiker und moderner Feste bedienen und zum Teil nicht wissen, worauf sie sich dabei einlassen. Mir scheint es daher sinnvoll zu sein, sich einer kleinen Medienarchäologie des Fests zu vergewissern, um einerseits eine komparative Theorie des Fests vorzubereiten, die auch der Unterscheidung aktueller Formen des Festivals dienen kann, und andererseits Formatentscheidungen des Festivalmanagements mit einer genaueren Kenntnis sozialer Voraussetzungen und Möglichkeiten zu unterfüttern. Angesichts der komplexen Verhältnisse, auf die man sich einlässt, wenn man sich auf gesellschaftliche Fragen einlässt, wird man nicht davon ausgehen können, dass man Festivals nach Belieben gestalten kann. Das Gegenteil ist der Fall. Man wird auch nicht davon ausgehen können, dass es leichtfällt, die Spuren tribaler, antiker und moderner Feste zu identifizieren und zu unterscheiden. Aber man darf davon ausgehen, dass jedes misslungene und jedes gelungene Festival eine neue Probe aufs Exempel ist, aus der man viel lernen kann, wenn nur die Beobachtungsinstrumente hinreichend scharfgestellt sind.

Die Betriebswirte stellen leistungsfähige Beobachtungsinstrumente bereit, um sich Festivals im Kontext von Wertschöpfungsketten anzuschauen. Kulturpolitiker fragen, welche Inklusions- und Exklusionseffekte typischerweise von Festivals gesetzt und unter Umständen auch korrigiert werden können. Unsere soziologische und kulturwissenschaftliche Beobachtung stellt diesen Beobachtungen eine weitere zur Seite, die darauf zielt, Effekte und Affekte der Bindung, der Lust, des Vergnügens, der Unterhaltung und der Berührung zwischen künstlerischen Darbietungen, Publika und Veranstaltern beobachten und kultivieren zu können. Die soziologische Systemtheorie beobachtet Affekte seit Talcott Parsons als Medium der Solidarität einer Gesellschaft mit sich selbst.[4] Diese Affekte sind ebenso gefährlich wie unverzichtbar, müssen also klug initiiert, kontrolliert und moderiert werden. Festivals leisten dazu einen möglicherweise wichtigen Beitrag.

Eine Medienarchäologie

Wir müssen hier darauf verzichten, den gesellschaftstheoretischen Hintergrund unserer Medienarchäologie zu erläutern. Es mag genügen, darauf hinzuweisen, dass diese Medienarchäologie auf der Annahme einer soziokulturellen Evolution beruht, in der disruptive Medien wie die Sprache, die Schrift, der Buchdruck und der Computer, ergänzt, abgesichert und aufgefangen in Medien wie Mimik, Gestik, Musik, Bild, Fotografie, Telefon, Film, Fernsehen, Internet, die bisherigen Formen der Interaktion, Organisation und Kommunikation überfordern und daher Mittel und Wege finden müssen, ihre Verbreitung strukturell durchzusetzen als auch auf einen neuen Sinn kulturell zu verdichten. Mit Niklas Luhmann kann man annehmen, dass sich neue Formen der Kommunikation nur durchsetzen können, wenn die Gesellschaft Formen gefunden hat, in denen sie abgelehnt werden kann. Denn dann kann kontrolliert werden, wann und wie und gegenüber wem man sich dennoch auf sie einlässt.

Luhmann hat daher für die antike und die moderne Gesellschaft so genannte Kulturformen beschrieben, die als Filter der neuen kommunikativen Möglichkeiten in den Medien der Schrift und des Buchdrucks dienen und so dabei helfen, aus dem jeweils neuen Überschusssinn, wenn nicht nur gesprochen, sondern auch geschrieben wird, und wenn nicht nur geschrieben, sondern auch gedruckt wird, das Sinnvolle herauszugreifen und das Sinnlose abzulehnen.[5] Sowohl das Sinnvolle als auch das Sinnlose sind jeweils Konstruktionen, die sich entweder bewähren oder nicht, so dass die Gesellschaft ihre evolutionäre Beweglichkeit auch dann behält, wenn sie gleichzeitig gezwungen ist, sich mit diesen neuen Medien auseinanderzusetzen.

Was für die Gesellschaft insgesamt gilt, gilt selbstähnlich auch für jede ihrer Institutionen, ja sogar für jede einzelne Handlung, jede einzelne Kommunikation. Sie alle geraten unter den Druck erweiterter struktureller Möglichkeiten und müssen daher Formen finden, in denen dieser Druck aufgefangen und situativ genutzt werden kann. Die Rede von „Formen" ist hierbei nicht zufällig, sondern bezieht sich auf einen von George Spencer-Brown entwickelten Formbegriff,[6] der eine Form als die Form einer Unterscheidung begreift, die auf ihrer Innenseite etwas Bestimmtes bezeichnet und auf ihrer Außenseite all das unbestimmt mitführt, wovon dieses Bestimmte unterschieden wird. So hat auch die Unterscheidung von Fest und Alltag eine Form, innerhalb derer der Ablauf eines Festes nicht unabhängig davon zu denken ist, wie in derselben Gesellschaft welche Art von Alltag zu verzeichnen ist. Ein Alltag, der aus Jagen und Sammeln besteht, kennt andere Feste als ein Alltag, der aus Büroarbeit und Fabrikarbeit besteht.

Mit Spencer-Brown kann man sich sogar vorstellen, wie solche Formen in sich selbst wieder eingeführt werden, so dass man alltägliche Momente auf Festen und festliche Momente im Alltag beobachten kann, die die jeweils andere Seite der Unterscheidung präsent halten und den

Wechsel hin und wieder zurück erleichtern. Jede Form ist eine Form des Übergangs, mit Hegel formuliert, die dank einer basalen Instabilität oder auch, mit Slavoj Žižek formuliert, dank eines im wahrsten Sinne des Wortes fundierenden Mangels mit der Möglichkeit anderer Formen in Verbindung steht.[7] Unendlich ist die Zahl der Varianten, in denen der Kontakt zwischen den beiden Seiten einer Unterscheidung und zwischen einzelnen Formen riskiert, vermieden und gepflegt werden kann, von der charmantesten Parallelführung der Möglichkeiten des Wechsels bis zu ihrer ruppigsten Ablehnung.

Wenn wir an der soziologischen Annahme festhalten, dass das Fest nur dann ein Fest ist, wenn es sich vom Alltag unterscheidet, brauchen wir für unsere Medienarchäologie zunächst des Fests und dann des Festivals nur zu prüfen, wie sich der Alltag in den tribalen, antiken, modernen und postmodernen Gesellschaften, die wir kennen beziehungsweise zu kennen glauben, jeweils unterscheidet. Auch hier können wir nicht ins Detail gehen. Eine einigermaßen zureichende Analyse der Medienepochen des Alltags kann leicht ganze Bibliotheken füllen, angefangen bei Henri Lefebvres einflussreicher Kritik des Alltagslebens, die er seit 1946 in mehreren Bänden ausgearbeitet hat, und Michel de Certeaus Spaziergängen im unvertraut Vertrauten (so sehr die Kritik und die Spaziergänge allerdings darauf hinauslaufen, das Fest im Alltag zu zeigen und so zu erübrigen).[8]

Der Alltag der tribalen Gesellschaft ist im Umgang mit den Herausforderungen der Sprache, das heißt der Möglichkeit der Lüge, vor allem ein Alltag der Berechnung von Reziprozität. Wer steht gegenüber wem in welcher Art von Verpflichtung und kann daher all das, was jeweils gesagt wird, auf welchen Konten verbuchen? Bronisław Malinowski hat dies in seinem Buch *Argonauts of the Western Pacific* präzise beschrieben und auch nicht gezögert, dies als eine alles andere als „primitive" Art der Ökonomie zu verstehen.[9]

Das Fest ist hier zunächst einmal eine Flucht aus der unerträglichen Enge der Reziprozitätskalküle, im nächsten Schritt jedoch deren Fortsetzung auf einer höheren Ebene. Eine sprichwörtlich gewordene Form des Festes ist der Potlatch, der unter Indianern der nordwestlichen Pazifikküste Amerikas verbreitet war und auf eine Verschwendung, eine großzügige Zerstörung jener angesammelten Reichtümer hinauslief, deren pure Menge drohte, den Reziprozitätskreislauf zu sprengen. Also fing man nach der Verschwendung gleichsam wieder von vorne an, wurde jedoch für seine Großzügigkeit mit einem erheblichen Prestigegewinn belohnt. Man kann sich vorstellen, dass sowohl die Ansammlung von Reichtümern wie auch die Konzession eines Potlatch mit anschließendem Prestigegewinn in einem Reziprozitätskreislauf zweiter Ordnung streng geregelt war, um die soziale Ordnung im Moment ihrer Sprengung wieder auf das Genaueste zu bestätigen.

Das tribale Fest ist das Fest der Verschwendung, das sich nicht zufällig mit Momenten des Rauschs und der Ekstase auflädt, weil es gleichzeitig darum geht, sich der Gefahren der Sprache, der Lüge, zu vergewissern, indem man sich der Referenzen des geordneten Sinns des Alltags von der immer mitlaufenden Außenseite der Unterscheidung her nähert und die Entgrenzung probt, um die Grenzen zu bestätigen. Man verzeihe mir diese sehr holzschnittartige Darstellung, die mit der ethnologischen Literatur in jeder Hinsicht abgeglichen werden müsste und hier auch nur gewagt werden kann, weil von Malinowski über Marcel Mauss und George Bataille bis zu Claude Lévi-Strauss vieles für ein solches Bild spricht. Mir geht es nur um den Gewinn einer Heuristik, die in der Lage ist, Spuren des tribalen Fests medienarchäologisch auch in aktuellen Festen nachzuweisen, das heißt konkret Momente der großzügigen Verschwendung, die jedes Fest bis heute aufweist, in die Distanzierung einer Reziprozität erster Ordnung und das Aufrufen einer Reziprozität zweiter Ordnung einzubetten. Wer feiert, rechnet nicht, stellt aber anderen diese Fähigkeit, nicht zu rechnen, in Rechnung. Und nur dann, wenn man weiß, wozu man eingeladen wird, kann man entscheiden, ob man der Einladung folgt oder sie ablehnt, je nachdem, ob man bereit ist, sie zu gegebenem Zeitpunkt zu erwidern oder nicht. Wie Michel Serres in seinem Buch über den Parasiten gezeigt hat,[10] gibt es von dieser strengen Regel strenge Ausnahmen, die darin bestehen, dass jemand seine Verpflichtung dadurch abarbeitet, dass er auf einem großzügigen Fest ein großartiger Gast ist, der das Fest erst zu dem macht, was es ist.

Auch die antiken Feste haben noch diesen ein ganzes Kollektiv in Anspruch nehmenden Charakter. Sie sind der Moment, in dem das Fest als Festival geboren wird und so bereits einen Teil seiner Notwendigkeit verliert und damit Kontingenz und Gestaltungsmöglichkeiten gewinnt. Die antike Gesellschaft bewältigt die Herausforderung der Schrift und die Explosion der Zeithorizonte in die Vergangenheit und die Zukunft, die mit der Schrift einhergehen, durch ihre Hierarchisierung, das heißt durch die Regelung der Frage, welche sozialen Schichten jeweils welchen Zugang zu welchen Zeithorizonten haben. Nichts hat Platon und Aristoteles mehr beunruhigt als das Auftreten von Kaufleuten, die sich aus ihren saisonalen Abhängigkeiten befreiten, indem sie als Fernhändler Reichtümer anhäuften, die in der griechischen Polis bisher den Aristokraten beziehungsweise den Kriegern vorbehalten waren. Die „gerechte Stadt", nach der beide in ihren Politiklehren gesucht haben, war eine Stadt, die diese Störung der sozialen Balance wieder ausgleichen sollte. Wie wir wissen, verdankt die Evolution der Gesellschaft einen Großteil ihrer Dynamik dem Umstand, dass dieser Ausgleich bis heute nicht gelungen ist und dennoch immer wieder gesucht wird.

Das antike Fest ist als Festival die Reinszenierung gesellschaftlicher Gleichheit (was nicht heißt, dass die Sklaven mitfeiern durften) im Medium des sportlichen und künstlerischen Wettbewerbs und des für alle gemeinsam geltenden und verbindlichen Opfers gegenüber den Göttern. Nietzsche hat diesen agonalen Charakter der antiken Gesellschaft und ihrer Feste in seinem Text über *Homers Wettkampf* eindrücklich beschrieben.[11] Die Kulturform der antiken Gesellschaft, so vermutet Luhmann, ist die Teleologie, das heißt die Vorstellung, dass Dinge, Menschen und Ereignisse im Kosmos ihren jeweils perfekten Platz haben, von dem sie nur durch korrupte Verhältnisse vertrieben werden können, so dass der Umgang mit dem Überschusssinn der jetzt nicht mehr nur mündlichen, sondern auch schriftlichen Sprache darin bestehen kann, jeweils die teleologische Frage zu stellen, ob etwas diesem Platz angemessen ist oder nicht. Unser modernes und postmodernes Gemüt ist in diesem Sinne immer noch aristotelisch. Wir suchen nach dem uns angemessenen Platz in der Gesellschaft, selbst wenn wir intellektuell wissen, dass es diesen unter den Bedingungen einer kontingent vernetzten Komplexität nicht mehr oder allenfalls in der Form der „Augenblicks“ noch geben kann.

Im durch und durch agonal strukturierten antiken Fest können die Plätze getauscht, verlassen und wieder neu eingenommen werden und kann sogar versucht werden, sich mit den Göttern zu messen, solange deren Olymp ein Olymp der Leidenschaften und Machenschaften ist, den die Menschen sich nur erfinden, um ihn sowohl nachahmen als auch vor ihm warnen zu können. Das antike Fest inszeniert die Perfektion im Medium ihrer Gefährdung durch die Korruption. Deswegen spielt das Theater auf diesen Festen eine so wichtige Rolle. Tragödien und Komödien sind laut Aristoteles‘ Poetiklehre nichts anderes als Formen, in denen gezeigt werden kann, wie sich die kosmische Ordnung im Knüpfen und Auflösen von Knoten der Verwirrung letztlich immer wieder nur selbst bestätigen kann.

Die moderne Gesellschaft ist im Medium des Buchdrucks und der in diesem Medium ermöglichten Aufklärung und Kritik aller Verhältnisse eine hochgradig dynamische Gesellschaft, weil es ihr nur die Dynamik der Marktwirtschaft, der Demokratie, der empirischen Wissenschaft, der autonomen Kunst und der privatisierten Religion ermöglicht, mit der Kritik sowohl alltäglich umzugehen (sie zu operationalisieren) als auch ihr immer wieder neue Anstöße zu geben. Die moderne Gesellschaft, so muss man fast schon kalauernd formulieren, ist eine Gesellschaft, die es immer nur in einem Modus unter anderen Modi ihrer selbst gibt, eine unruhige und sich in dieser Unruhe auf sich selbst beziehende Gesellschaft. An die Stelle der antiken Perfektion tritt im 17. und 18. Jahrhundert, wie wiederum Luhmann gezeigt hat, die Perfektibilität.[12] Der Inbegriff der modernen Gesellschaft ist jene zunächst von der Aufklärung und dann von der Betriebswirtschaftslehre zum Gesetz der Dinge erhobene Geste, die grundsätzlich und überall nur suboptimale Zustände sieht.

Das Fest hat es unter diesen Bedingungen schwer. Man könnte fast sagen, dass es sich notgedrungen historisiert. Es weicht dem modernen Alltag in den natürlich nicht mehr strukturell und kulturell verstandenen, sondern strukturell und kulturell neu interpretierten Rausch der tribalen und Wettbewerb der antiken Gesellschaft aus. Je differenzierter der moderne Alltag wird, der in den Alltag der Familie, des Berufs, des Konsums, der Politik, der Religion, des Sports und der Unterhaltung auseinanderfällt (und nur in seiner Kritik des Alltags mehr schlecht als recht, aber immer auch leicht feierlich zusammengehalten wird), desto mehr lädt sich das Fest mit Referenzen auf diesen diffusen Alltag auf und wird zur Beschwörung von Gemeinschaft, Evidenz und Authentizität, die sich jeweils daran erweisen, dass man sich auf eine meist, nicht immer, genau kontrollierte Art und Weise „gehen lässt".

Funktional wird diese historisierte Form des Fests dadurch, dass sie es ermöglicht, eine Alternative zum modernen Alltag darzustellen, derer wir uns vielleicht erst jetzt, beim Übergang von der modernen in die postmoderne oder „nächste" Gesellschaft bewusst werden. Parallel zur Sachordnung und zur leicht ausartenden Vernunft der Funktionssysteme Politik, Recht, Wirtschaft, Wissenschaft, Kunst, Religion und so weiter konstituiert sich bereits die moderne Gesellschaft als eine Netzwerkgesellschaft, die laufend alte durch neue Netzwerkkontakte ersetzt und daher einen Schweif verlorener, vergessener, gescheiterter Netzwerkbeziehungen hinter sich her zieht. Unter den Bedingungen einer dank Schrift und Buchdruck erinnerungsstarken Gesellschaft wird dieser Schweif zur Belastung, die man, wie man überrascht entdeckt, durch Feste sowohl anerkennen als auch abarbeiten kann. Familienfeiern, Feiern im Freundeskreis, Straßenfeste, der Karneval, ja sogar Universitätsfeiern (meist Abschlussfeste!), Kirchentage und samstägliche Ausflüge ins Fußballstadion sind Feste mit Leuten, mit denen man „eigentlich" schon nichts mehr zu tun hat, aber nicht ausschließen kann und möchte, dass sich das unter bestimmten Umständen auch wieder ändert. Treffen auf modernen Festen aktuelle Kontakte aufeinander, hat man es sofort wieder mit dem Alltag zu tun. Feiern kann man nur mit verlorenen Kontakten; und nur mit diesen gelingt es, jene Gemeinschaft, Evidenz und Authentizität zu erreichen, an die in der modernen Gesellschaft niemand mehr glaubt.

Obwohl diese moderne Gesellschaft und ihre Feste weltweit in den unterschiedlichsten regionalen und kulturellen Ausprägungen nach wie vor die unsere ist und wir es in vielen Weltregionen noch mit schriftgesellschaftlichen (hierarchisch stratifizierten) und in manchen noch mit stammesgesellschaftlichen Verhältnissen zu tun haben, spricht doch viel für die Vermutung, dass wir aktuell zugleich in einem Übergang von der modernen zu einer „nächsten Gesellschaft“ stecken, wie Peter Drucker sie genannt hat,[13] die mit jenem Überschusssinn fertigwerden muss, den die Elektrizität mit ihrer Möglichkeit der instantanen Verknüpfung herzustellen erlaubt und den die Computer und ihre Netze in einer prekären Balance ebenso sehr zu steigern wie zu zähmen wissen. Der Alltag dieser nächsten oder auch postmodernen Gesellschaft zerfällt in Online- und Offline-Varianten seiner selbst, ohne dass man deswegen sagen könnte, dass online gefeiert wird, was offline nicht möglich ist, oder umgekehrt online ein Alltag gefunden wird, der offline unerreichbar wird. Die Verhältnisse sind im wahrsten Sinne des Wortes vernetzter. Sie verknüpfen unterschiedliche Welten, Sphären und Bereiche auf oft überraschende, deswegen jedoch nicht minder haltbare Art und Weise.

Geschichten, Menschen und Orte, Idiosynkrasien, Praktiken und Technologien bilden Netzwerke, in denen die Heterogenität ihrer Elemente das Einzige ist, was sie untereinander gemeinsam haben. Da jedes konkrete Netzwerk, solange es hält oder erinnert wird, eine Alternative zu allen anderen Netzwerken ist, ist es zugleich auch ein Fest, dem es nicht gelingt, sich von sich selbst zu unterscheiden. Deswegen, um nur ein kleines Indiz für diese Verhältnisse zu nennen, müssen wir uns dauernd für das auch noch „begeistert“ zeigen, was wir sowieso schon tun. Mit der Begeisterung kommt man hinein in das Netzwerk, das sich leicht verunsicherbar so selber feiert, und ohne die Begeisterung kommt man wieder heraus.

Das Fest der nächsten Gesellschaft ist immer noch der Rausch, der Wettbewerb und die Versammlung der Versprengten. Es scheint jedoch zugleich eine originäre Form in jenen Gestalten zu finden, in der die Konstitution und der Zerfall eines Netzwerks zu einem Moment zusammengezogen werden und begeistert gezeigt werden kann, wie man sich der Begeisterung lustvoll entziehen kann. Der Flashmob ist das Paradigma dieses Fests. Online initiiert, kann er sich nur offline realisieren, womit ich nicht ausschließen will, dass es etwa als Flamewar oder Shitstorm auch online initiierte Möglichkeiten gibt, neben allen möglichen Anlässen auch die eigene Möglichkeit als solche strikt online zu feiern.

Entscheidend ist jedoch, dass es nicht mehr um Reziprozitätsspiralen, Hierarchieinversionen und Wiedergutmachungsaktionen geht, sondern um sich selbst verzehrende Kontrollprojekte. Die Computergesellschaft ist eine Gesellschaft, in der Netzwerke innerhalb und außerhalb der elektronischen Medien, typischerweise jedoch in eigenwilligen Formen ihrer Verschränkung darum kämpfen, sich den Computer sowohl zunutze zu machen als auch sich seiner Überwachung zu entziehen. Das bedeutet in den meisten Fällen harte Arbeit unter den Bedingungen unklarer Technologie, fluider Partizipation und ungewisser Ergebnisse, die man nur aushält, wenn man alle diese Elemente für einen Moment in ihr Gegenteil kippen lassen kann, um mit einer für diesen Moment eindeutigen Technologie, fixen Partnerschaft und sicheren Ergebnissen zu feiern, dass man all das noch immer aushält.

Mögliche Folgen für das Kulturmanagements des Fests

Für das Kulturmanagement von Festivals folgt aus dieser hier nur grob skizzierten und in vielen Hinsichten spekulativen Heuristik, dass man sich mit dem Blick auf die Künstler und auf Publikum überlegen kann und vermutlich auch überlegen muss, in welchen Formaten man welche medienarchäologisch identifizierbaren Momente des Feierns von Festen nutzt, zitiert und auf Abstand hält. Auf jedem Festival geht es darum, vorzurechnen, dass man nicht nachrechnet, in einen Wettbewerb mit denen zu treten, mit denen man sich nicht messen kann, jene alten Netzwerkkontakte aufzulesen, mit denen man es nicht mehr zu tun hat, und jenen Flash zu inszenieren, aus dem keine Konsequenzen gezogen werden dürfen. Aber wie ein Folklore-, ein Klassik-, ein Popmusik-, ein Theater- oder ein Hörspielfestival mit welchen traditionellen, hochkulturellen, subkulturellen oder experimentellen künstlerischen Darbietungen welches nostalgische, besorgte, coole, neugierige oder mutige Publikum erreicht, ist jeweils eine hochgradig individuelle, lokale und situative Frage. Das schließt nicht aus, sondern ein, dass sich bei wiederkehrenden Festivals Pfadabhängigkeiten bilden, die für Künstler, Publikum und Veranstalter eine Selbstverständlichkeit erreichen, die schon deswegen gefeiert zu werden verdient, weil sie niemand, zumindest niemand in Reichweite, in Frage zu stellen scheint.

Aus dieser Heuristik folgt auch, dass es sich lohnt, die Frage zu prüfen, auf welchen Alltag seiner Künstler und seines Publikums sich ein Festival bezieht, indem es zu diesem Alltag eine Alternative bietet. In der modernen und in der nächsten Gesellschaft ist diese Frage nicht mehr trivial zu beantworten, sondern selber eine Managementvariable, die man so oder anders gestalten kann. Es gibt harte und weiche Differenzen, scharfe und fließende Übergänge, die je unterschiedlich vom Marketing über das Festivalzentrum bis zu jeder einzelnen künstlerischen Darbietung genutzt und gestaltet werden können. Manch ein Alltag will auf einem Festival selber vorkommen und gefeiert werden, manch anderer würde jedem die Stimmung verderben; und es ist weitgehend offen, weil abhängig von Themen der Öffentlichkeit und Sorgen und Faszinationen des Zeitgeists, für welchen Alltag das eine oder andere jeweils gilt.

Und nicht zuletzt folgt aus dieser Heuristik, dass man laufend Anlass hat, die Inklusions- und Exklusionsregeln gegenüber Themen, Ästhetiken, Publika, Orten und Zeiten sowohl zu überprüfen als auch zu kultivieren. Man braucht die Überprüfung, weil man nicht weiß, wie lange sich bewährt, was sich gestern bewährt hat. Und man braucht die Kultivierung, weil schon der Wiedererkennungswert, die Anschlussfähigkeit Merkmale eines Festivals sind, die gefeiert zu werden sich lohnt. Dazu gehört auch, sich zu überlegen, ob man Überprüfung und Kultivierung auf dem Festival selber vorkommen lässt oder lieber unsichtbar macht. Manch ein Festival lebt davon, dass es sich durch nichts in Frage stellen lässt (aber auch das kann man durch Einsprengsel des Exkludierten unter Beweis stellen), manch ein anderes davon, dass es sich dauernd in Frage stellt (und nur dieses nicht).

So oder so muss man unter Künstlern und im Publikum mit Leuten rechnen, die es gewohnt sind, sinnmobil mit Sinnmobilität umzugehen und daher auf nichts empfindlicher reagieren als auf die Exklusion der Möglichkeit des Wechsels. Kleinere oder größere Oszillationen diesseits und jenseits des Pfads seiner Möglichkeiten braucht jedes Festival. Andernfalls lebt es nicht, so attraktiv es dann auch als Dokumentation seiner eigenen Vergangenheit sein mag.

Und die Körper

Eine Nachbemerkung ist noch erforderlich, um eines wichtigen Elements jeder Feier zu gedenken, das wir vollkommen außer Acht gelassen zu haben scheinen. Wir haben nicht vom Körper gesprochen, ohne den jedoch ein Fest schlechterdings nicht möglich ist. Selbst das rein virtuelle Fest eines koordinierten Hackerangriffs auf eine ungeliebte oder herausfordernde Website, will man hier überhaupt von einem Fest reden, lebt vom Schauer, der die Körper derer erfasst, die an ihren Bildschirmen und Tastaturen sitzend den Angriff auslösen und mittragen. Umso mehr leben das tribale, antike, moderne und postmoderne Fest davon, dass sie Körper in Zustände versetzen, die diese im Alltag nicht erleben. Die Differenz zwischen Fest und Alltag, die unseren Text soziologisch informiert, bedarf wie auch viele andere institutionelle Differenzen der Gesellschaft einer Verankerung im Körper. Sie muss erlebbar, erfühlbar und im wahrsten Sinne des Wortes erregbar sein, um die jeweils erforderlichen Handlungen und Kommunikationen motivieren, modifizieren und moderieren zu können.

Das Fest unterscheidet sich vom Alltag in der Gestik und Mimik der Körper, im Geruch, in den Bewegungen, in der Attraktivität der Körper für andere Körper, in der Belastung und Herausforderung des Körpers durch Speisen und Getränke, durch Tanz und Stillsitzen (im Publikum), durch Drogen und Stimulanzien. Schminke, Parfüm und Kleidung sind auf dem Fest andere als im Alltag. Die Sprache ist eine andere, das Lachen klingt anders, der Körper lässt sich anders auf eine Begegnung ein und ist auch anders wieder aus ihr herauszulösen. Die Entwicklung von der tribalen zur nächsten Gesellschaft und von der tribalen zum nächsten Fest wäre ohne den von Norbert Elias geschilderten „Prozess der Zivilisation“,[14] in dem der Körper gezähmt, gereinigt, kultiviert und erotisiert wird, nicht möglich.

Demnach müsste man sich diese Geschichte unter diesem Aspekt noch einmal anschauen. Das ethnologische und literarische Material, das dazu die Daten liefern könnte, ist in Hülle und Fülle vorhanden. Dennoch verzichten wir hier darauf, denn ich vermute, dass es am Ergebnis nichts ändern würde. Der Körper war als mitlaufende Referenz bei unseren Überlegungen von Anfang an dabei. Er verändert sich von Form des Festes zu Form des Festes auf eine nichttriviale Art und Weise. Allein die Geschichte des Parfüms würde Anregungen in Hülle und Fülle bieten, von der Ein- und Ausklammerung sexueller Möglichkeiten und Momente zu schweigen. Selbstverständlich ist auch der Alltag, jeder Alltag, ohne eine Fülle körperlicher Referenzen und Reverenzen wie auch Abstraktionen und Aversionen nicht zu denken, doch fällt das Fest auch dadurch auf, dass man hier zuweilen ausleben kann, was andernorts nicht möglich ist. Aber auch das ist streng kontrolliert, sonst hätte man es nicht mit Gesellschaft zu tun. Und diese strenge Kontrolle kann sich auf Rituale beziehen, die je nach Bedarf und Differenz den Körper sowohl neutralisieren als auch orgiastisch fordern können. Und hier wie auch sonst kommt es wiederum darauf an, dass die einen die Rituale inszenieren, die anderen sie mit sich machen lassen und die dritten ihnen bei beidem zuschauen. Nur in dieser Rollenverteilung trifft das Fest seinen Unterschied und nur in dieser Rollenverteilung ist es eine Reflexion auf die Möglichkeiten jener Gesellschaft, die im Alltag nicht zum Zuge kommt, aber im Alltag als Alternative zum Alltag zur Verfügung stehen muss.

Wir haben all dies ausgelassen. Aber es fällt leicht, den Körper in den Rausch, den Wettbewerb, die Wiedergutmachung und den Flash hineinzudenken. Ohne den Körper und damit die entsprechende Dressur des Körpers sind sie nicht möglich. Auch deswegen ist es wichtig, sich mit Odo Marquard daran zu erinnern, dass das Fest nicht die einzige Alternative zum Alltag ist. Eine weitere, funktional nicht in jeder Hinsicht äquivalente Alternative ist der Schlaf, der selber ein kleines Fest ist.[15]

NACHWEISE UND ANMERKUNGEN

Vorwort

1 Siehe Dirk Baecker, *Studien zur nächsten Gesellschaft,* Frankfurt am Main 2007.
2 Siehe Dirk Baecker, *Nie wieder Vernunft: Kleinere Beiträge zur Sozialkunde,* Heidelberg 2008, S. 26 ff., 146 ff., 221 ff. und 263 ff.
3 Siehe dazu meinen Text „Medientheater" in: *Studien zur nächsten Gesellschaft,* a.a.O., S. 91–97.

Stadt, Theater und Gesellschaft, zunächst unter Specials: Texte auf http://www.hebbel-am-ufer.de/de/theorietext_3112.html?HAU=1 (April 2003); dann gekürzt in: *dramaturgie: Zeitschrift der Dramaturgischen Gesellschaft 2 (2005),* S. 9–15; und in: Dirk Baecker, *Nie wieder Vernunft: Kleinere Beiträge zur Sozialkunde,* Heidelberg: Carl Auer, 2007, S. 293–316.

1 Siehe dazu weitere Beobachtungen und Überlegungen in Dirk Baecker, *Poker im Osten: Probleme einer Transformationsgesellschaft,* Berlin 1998.
2 Siehe Georg Simmel, *Die Großstädte und das Geistesleben,* in: *Gesamtausgabe, Bd. 7,* Frankfurt am Main 1995, S. 116–131.
3 Siehe Harrison C. White, *Careers and Creativity: Social Forces in the Arts,* Boulder 1993; Niklas Luhmann, *Die Kunst der Gesellschaft,* Frankfurt am Main 1995; und Pierre Bourdieu, *Die feinen Unterschiede: Kritik der gesellschaftlichen Urteilskraft,* Frankfurt am Main 1982.
4 Siehe Aristoteles, *Poetik,* griechisch/deutsch, übersetzt und hrsg. von Manfred Fuhrmann, Stuttgart 1982.
5 Siehe Niklas Luhmann, *Selbstorganisation und Mikrodiversität: Zur Wissenssoziologie des neuzeitlichen Individualismus,* in: *Soziale Systeme* 3 (1997), S. 23–32.
6 Siehe Paul Feyerabend, *Erkenntnis für freie Menschen,* veränderte Ausgabe, Frankfurt am Main 1980, S. 97 f.
7 Siehe Bruno Latour, *Wir sind nie modern gewesen: Versuch einer symmetrischen* Anthropologie, dt. Frankfurt am Main, 1998.
8 Siehe dazu verschiedene Zugänge bei Michael Polanyi, *Implizites Wissen,* dt. Frankfurt am Main 1985; Francisco J. Varela, Evan Thompson und Eleanor Rosch, *Der Mittlere Weg der Erkenntnis: Die Beziehung von Ich und Welt in der Kognitionswissenschaft – der Brückenschlag zwischen wissenschaftlicher Theorie und menschlicher Erfahrung,* dt. Bern 1992; Francisco J. Varela, *Kognitionswissenschaft – Kognitionstechnik: Eine Skizze aktueller Perspektiven,* dt. Frankfurt am Main 1990; ders., *Ethisches Können,* dt. Frankfurt am Main 1994.
9 Siehe Niklas Luhmann, *Die Gesellschaft der Gesellschaft,* Frankfurt am Main 1997.
10 Siehe Mary Douglas, *A Typology of Cultures,* in: Max Haller, Hans-Joachim Hoffmann-Nowotny, Wolfgang Zapf (Hrsg.), *Kultur und Gesellschaft: Verhandlungen des 24. Deutschen Soziologentags, Zürich 1988,* Frankfurt am Main 1989, S. 85–97; und vgl. Dirk Baecker, *Wozu Kultur?* 2., erw. Aufl., Berlin 2001.
11 So Jean-Christophe Agnew, *Worlds Apart: The Market and the Theater in Anglo-American Thought, 1550–1750,* Cambridge 1986.
12 Siehe Erving Goffman, *The Presentation of Self in Everyday Life,* New York 1959.
13 Siehe George Herbert Mead, *Geist, Identität und Gesellschaft aus der Sicht des Sozialbehaviorismus,* aus dem Amerikanischen von Ulf Pacher, Frankfurt am Main 1973.
14 Siehe Walter Benjamin, *Versuche über Brecht,* hrsg. und mit einem Nachwort von Rolf Tiedemann, Frankfurt am Main 1978.
15 Siehe Antonin Artaud, *Letzte Schriften zum Theater,* dt. München 1993.

Kunst und Kultur des Theaters, in: Dominika Szope und Pius Freiburghaus (Hrsg.), Pragmatismus als Katalysator kulturellen Wandels: Erweiterung der Handlungsmöglichkeiten durch liberale Utopien. Münster: LIT Verlag, o. J. (2006), S. 315–326.

1 Siehe George Spencer-Brown, *Laws of Form,* 5., engl. Aufl., Leipzig 2008.
2 So Niklas Luhmann, *Die Paradoxie der Form,* in: Dirk Baecker (Hrsg.), *Kalkül der Form,* Frankfurt am Main 1993, S. 197–212.
3 Siehe auch Dirk Baecker, *Kommunikation,* Leipzig 2005.
4 Siehe Jean Paul, *Vorschule der Ästhetik,* Hamburg 1990.

5 So Theodor W. Adorno, *Ästhetische Theorie*, Frankfurt am Main 1970.
6 Siehe Immanuel Kant, *Kritik der Urteilskraft, Werke V*, Frankfurt am Main 1968.
7 So Niklas Luhmann, *Die Kunst der Gesellschaft*, Frankfurt am Main 1995.
8 Im Sinne von Gabriel de Tarde, *Die Gesetze der Nachahmung*, dt. Frankfurt am Main 2003.
9 So Hans-Thies Lehmann, *Postdramatisches Theater*, Frankfurt am Main 1999.
10 Im Sinne von Harrison C. White, *Careers and Creativity: Social Forces in the Arts*, Boulder 1993; Luhmann, *Die Kunst der Gesellschaft*, a.a.O.; Pierre Bourdieu, *Die Regeln der Kunst*, dt. Frankfurt am Main 1999; und Dirk Baecker, *Wozu Soziologie?* Berlin 2004, S. 43 ff.
11 Siehe Talcott Parsons, *Culture and Social System Revisited.*, in: Louis Schneider und Charles M. Bonjean (Hrsg.), *The Idea of Culture in the Social Sciences*, Cambridge 1973, S. 33–46; Niklas Luhmann, *Kultur als historischer Begriff*, in: ders., *Gesellschaftsstruktur und Semantik: Studien zur Wissenssoziologie der modernen Gesellschaft, Bd. 4*, Frankfurt am Main 1995, S. 31–54; und Dirk Baecker, *Wozu Kultur?* 2., erw. Aufl., Berlin 2001.
12 Siehe Niklas Luhmann, *Die Gesellschaft der Gesellschaft*, Frankfurt am Main 1997, S. 340 ff.
13 Siehe auch Clifford Geertz, *Dichte Beschreibung: Beiträge zum Verstehen kultureller Systeme*, dt. Frankfurt am Main 1997.
14 Siehe Bertolt Brecht, *Kleines Organon für das Theater*, in: *Schriften 3, Werke, Bd. 23*, Berlin 1993, S. 65–97; und Walter Benjamin, *Versuche über Brecht*, Frankfurt am Main 1978.
15 So Niklas Luhmann, *Weltkunst*, in: ders., Frederick D. Bunsen und Dirk Baecker, *Unbeobachtbare Welt: Über Kunst und Architektur*, Bielefeld 1991, S. 7–45.
16 Siehe Jean-Christophe Agnew, *Worlds Apart: The Market and the Theater in Anglo-American Thought, 1550–1750*, Cambridge 1986.
17 Im Sinne von Erving Goffman, *The Presentation of Self in Everyday Life*, New York 1959.

Schiffbruch mit Zuschauer, in: *Theater der Zeit*, Januar/Februar 1996, S. 41.

1 Siehe Hans Blumenberg, *Schiffbruch mit Zuschauer*, Frankfurt am Main 1979.

Zeigt her eure Spiegel: Ist Kultur ein Sicherungssystem, hat auch der Kapitalismus eine Kultur: Überlegungen zum Berliner *Rosenkriege*-Projekt, in: *die tageszeitung*, 10. Februar 1999, S. 16.

1 „Kultur und Schrecklichkeit" war der Topos, unter dem A. L. Kroeber und Clyde Kluckhohn, *Culture: A Critical Review of Concepts and Definitions*, Reprint New York 1963, S. 52 f., notierten, dass dem deutschen Kulturbegriff vor, während und nach dem 1. Weltkrieg in den Augen der Briten und Franzosen etwas auf die Tiefen einer kampfbereiten Seele Verweisendes und damit Furchterregendes anhaftete – bis man verstand, dass die Deutschen ‚Kultur' nannten, was bei ihnen ‚Zivilisation' hieß. Vgl. auch Dirk Baecker, *Kultur und Schrecklichkeit*, in: Bazon Brock und Gerlinde Koschick (Hrsg.), *Krieg und Kunst*, München 2002, S. 19–37. Erst später musste man sich ein weiteres Mal erschrocken klarmachen, dass ‚Kultur' ud ‚Zivilisation' zumindest in Deutschland in der Tat nicht dasselbe sind. Das Dritte Reich entwickelte eine Kultur, die niemand geneigt ist, auch eine Zivilisation zu nennen.
2 Siehe Max Horkheimer und Theodor W. Adorno, *Dialektik der Aufklärung: Philosophische Fragmente*, Frankfurt am Main 1969, S. 132 f.: „Die Leistung, die der kantische Schematismus noch von den Subjekten erwartet hatte, nämlich die sinnliche Mannigfaltigkeit vorweg auf die fundamentalen Begriffe zu beziehen, wird dem Subjekt von der Industrie abgenommen. Sie betreibt den Schematismus als ersten Dienst am Kunden. In der Seele sollte ein geheimer Mechanismus wirken, der die unmittelbaren Daten bereits so präpariert, daß sie ins System der Reinen Vernunft hineinpassen. Das Geheimnis ist heute enträtselt. Ist auch die Planung des Mechanismus durch die, welche die Daten bereitstellen, die Kulturindustrie, dieser selber durch die Schwerkraft der trotz aller Rationalisierung irrationalen Gesellschaft aufgezwungen, so wird doch die verhängnisvolle Tendenz bei ihrem Durchgang durch die Agenturen des Geschäfts in dessen eigene gewitzigte Absichtlichkeit verwandelt. Für den Konsumenten gibt es nichts mehr zu klassifizieren, was nicht selbst im Schematismus der Produktion vorweggenommen wäre. Die traumlose Kunst fürs Volk erfüllt jenen träumerischen Idealismus, der dem kritischen zu weit ging."
3 Siehe Jan Kott, *Shakespeare heute*, dt. München 1980.
4 So Niklas Luhmann, *Die Kunst der Gesellschaft*, Frankfurt am Main 1995, S. 341. Und ders., *Kontingenz als Eigenwert der modernen Gesellschaft*, in: ders., *Beobachtungen der Moderne*, Opladen 1992, S. 93–128.

Grammatik der Leerstellen oder Konzentriertes Theater, in: *Frankfurter Rundschau,* Nr. 92, 20. April 2001, S. 19.

1 Siehe Antonin Artaud, *Das Theater der Grausamkeit,* in: ders., *Letzte Schriften zum Theater,* dt. München 1993.

2 Siehe http://www.consyder.com/massakermykene/index.html, Abruf zuletzt am 8. April 2012.

3 Siehe Gotthard Günther, *Logik, Zeit, Emanation und Evolution,* in: ders., *Beiträge zur Grundlegung einer operationsfähigen Dialektik, Bd. 3,* Hamburg 1980, S. 95–135.

Es geht nur weiter, wenn man die Dinge auseinanderhält: Künstliche Katastrophen und der fremde Blick des Theaters auf uns. Über Ivan Stanevs Stück *Villa dei Misteri,* in: *Frankfurter Rundschau,* Nr. 79, 5. April 2002, S. 17.

1 Siehe Heiner Mühlmann, *Die Natur der Kulturen: Entwurf einer kulturgenetischen Theorie,* Wien 1996.

2 So in George Spencer-Brown, *Laws of Form,* 5. engl. Aufl., Leipzig 2008, S. 47 f.

Die weiße Höhle, in: Erik Steinbrecher und Claudia Bosse (Hrsg.), *Belagerung Bartleby Eine Theatrale Installation,* Frankfurt am Main: *Revolver – Archiv für aktuelle Kunst,* Frankfurt am Main 2005, S. 33–35.

1 Siehe Oskar Kaufmann, *Der moderne Theaterbau,* in: Hans Landberg und Arthur Rundt (Hrsg.), *Theater-Kalender auf das Jahr 1910,* Berlin 1909, S. 131–137. Vgl. dazu Silke Koneffke, *Theater-Raum: Visionen und Projekte von Theaterleuten und Architekten zum anderen Aufführungsort 1900–1980,* Berlin 1999; Antje Hansen, Oskar Kaufmann: *Ein Theaterarchitekt zwischen Tradition und Moderne,* in: *Die Bauwerke und Kunstdenkmäler von Berlin,* Beiheft 28, Berlin 2001.

2 Im Sinne von René Girard, *La Violence et le Sacré,* Paris 1972; und insbes. ders., *A Theater of Envy: William Shakespeare,* New York 1991.

3 Im Sinne von Jacob Burckhardt, *Die Kultur der Renaissance in Italien: Ein Versuch,* 11. Aufl., Stuttgart 1988, S. 161 ff.

4 So Niklas Luhmann, *Die Wirtschaft der Gesellschaft,* Frankfurt am Main 1988, S. 253.

5 Gemeint ist George Spencer-Brown, *Laws of Form,* 5., engl. Ausgabe, Leipzig 2008.

6 *Le parergon,* ein Thema Jacques Derridas. Siehe Jacques Derrida, *La verité en peinture,* Paris 1978, S. 44 ff. Deswegen war der Auftritt des Théâtre du Radeau aus Le Mans mit seinem Stück „Choral", einem großartigen Spiel in und mit Rahmen, als hätte der Regisseur Derrida gelesen, im Mai 1995 zugleich auch ein Höhepunkt in der Geschichte des Hebbel-Theaters. Viel mehr Selbstreferenz im jede Tautologie sprengenden Sinne war nicht möglich – hätte man gedacht, bis Claudia Bosse ihre Installation präsentierte.

7 So der Kunstbegriff von Niklas Luhmann, *Die Kunst der Gesellschaft,* Frankfurt am Main 1995.

8 Siehe Herman Melville, *Bartleby,* in: ders., *Billy Budd, Sailor and other Stories,* London 1985, S. 57–99; und vgl. die Vorbemerkung von Esther Calvino in: Italo Calvino, *Sechs Vorschläge für das nächste Jahrtausend: Harvard-Vorlesungen,* dt. München 1995, S. 7.

9 Den Begriff der „Indifferenzzone" hat Chester Barnard, *The Functions of the Executive* [1938], Neudruck Cambridge, MA, 1968, eingeführt, um Handlungsanweisungen eines Vorgesetzten, die problemlos akzeptabel sind, von solchen unterscheiden zu können, die nicht akzeptiert werden. Letztere fallen außerhalb einer Indifferenzzone, das heißt, *sie machen einen Unterschied* und werden deswegen nicht akzeptiert.

10 Ich lasse *employé* auf derselben Seite aus, weil es nur als Fremdwort kursiv gesetzt ist.

11 *Nonchalance* (S. 76) – ein Fremdwort.

12 *Pro* und *con* (S. 85) – wiederum Fremdwörter.

13 Eine Anspielung auf Aristoteles, *Poetik.* Griechisch/deutsch, Stuttgart 1982, S. 57 f.

14 Siehe dazu Johannes Gachnang, *Der Mann von Welt – gestern und heute,* in: Akademie Schloss Solitude, Stuttgart (Hrsg.), *Klugheitslehre: militia contra malicia,* Berlin 1995, S. 92–111.

15 Siehe Gary S. Becker, *The Economic Approach to Human Behavior,* Chicago 1976; sowie schon im Titel prägnant George J. Stigler und Gary S. Becker, *De Gustibus Non Est Disputandum,* in: *American Economic Review 67* (1977), S. 76–90.

16 Siehe Pierre Bourdieu, *Die feinen Unterschiede: Kritik der gesellschaftlichen Urteilskraft,* dt. Frankfurt am Main 1982.

Nachweise und Anmerkungen

Manchmal ist der Tanz die bessere Soziologie, erschienen unter dem Titel: Wenn Tänzer Engel und Soziologen zugleich sind, in: *die tageszeitung*, 15. Februar 2005, S. 16.

1 Die Zeile stammt aus Alexander Popes Gedicht *An Essay on Criticism*, erschienen 1711. Siehe auch Gregory Bateson und Mary Catherine Bateson, Angels Fear: Towards an Epistemology of the Sacred, Toronto 1988. In früheren Veröffentlichungen dieses Artikels habe ich die Zeile fälschlich William Blake zugeschrieben.

Als Experte auf einem Schwarzmarkt für nützliches Wissen und Nicht-Wissen, in: Veronica Kaup-Hasler, Claus Philipp (Hrsg.), *Schwarzmarkt für nützliches Wissen und Nichtwissen. Maske und Kothurn: Internationale Beiträge zur Theater-, Film- und Medienwissenschaft 53*, Heft 4, 2007, S. 10–15.

1 Nach wie vor lesenswert: George Herbert Mead, *Geist, Identität und Gesellschaft aus der Sicht des Sozialbehaviorismus*, dt. Frankfurt am Main 1973.
2 Siehe Paul Watzlawick, Janet H. Beavin und Don D. Jackson, *Menschliche Kommunikation: Formen, Störungen, Paradoxien*, dt. Bern 1969.
3 Siehe John W. Meyer, *Weltkultur: Wie die westlichen Prinzipien die Welt durchdringen*, hrsg. v. Georg Krücken, dt. Frankfurt am Main 2005.
4 So in William James, *Principles of Psychology*, New York 1950, Bd. 2, S. 299.
5 So Niklas Luhmann, *Die Wissenschaft der Gesellschaft*, Frankfurt am Main 1990.

Frauentausch, in: Programmbuch zur Neuinszenierung *Das Rheingold* von Richard Wagner am 4. Februar 2012 an der Bayerischen Staatsoper, München: Bayerische Staatsoper, 2012, S. 90–96.

1 Siehe Richard Wagner, *Der Ring des Nibelungen: Ein Bühnenfestspiel für drei Tage und einen Vorabend, Vorabend: Das Rheingold, Textbuch mit Varianten der Partitur*, hrsg. von Egon Voss, Stuttgart 1999.
2 Siehe René Girard, *Das Heilige und die Gewalt*, dt. Zürich 1987; und Gabriel Tarde, *Die Gesetze der Nachahmung*, dt. Frankfurt am Main 2009.
3 So Robert K. Merton, *Social Structure and Anomie*, in: ders., *Social Theory and Social Structure*, erw. Aufl., New York 1968, S. 185–214.

Die Form der Kunst im Medium der Öffentlichkeit, in: *Paradoxien des Öffentlichen – Die Selbstorganisation des Öffentlichen: Ein Projekt der Stadt Duisburg und der Duisburg Marketing GmbH*, hrsg. von Söke Dinkla und Karl Janssen, Nürnberg: Verlag für moderne Kunst, 2008, S. 46–57.

1 Siehe Jürgen Habermas, *Strukturwandel der Öffentlichkeit: Untersuchungen zu einer Kategorie der bürgerlichen Gesellschaft*, mit einem Vorwort zur Neuauflage 1990, Frankfurt am Main 1990, S. 56.
2 Siehe William Burroughs, *Electronic Evolution*, 4. Aufl., dt. Bonn 1986, S. 15.
3 So Niklas Luhmann, *Die Gesellschaft der Gesellschaft*, Frankfurt am Main 1997, S. 306 f.
4 So Jean-Pierre Vernant, *Die Entstehung des griechischen Denkens*, dt. Frankfurt am Main 1982.
5 So Habermas, *Der Strukturwandel der Öffentlichkeit*, a.a.O.
6 Siehe Bronisław Malinowski, *Eine wissenschaftliche Theorie der Kultur und andere Aufsätze*, dt. Frankfurt am Main 2005.
7 Siehe Martin Heidegger, *Die Grundbegriffe der Metaphysik: Welt – Endlichkeit – Einsamkeit*, Frankfurt am Main 1983.
8 Siehe nur Jakob von Uexküll, *Streifzüge durch die Umwelten von Tieren und Menschen*, Hamburg 1956.
9 Siehe Joseph H. Reichholf, *Die systemisierte Natur*, in: *Scheidewege: Jahreschrift für skeptisches Denken* 35 (2005/06), S. 173–186.
10 So John W. Meyer, *Weltkultur: Wie die westlichen Werte die Welt durchdringen*, hrsg. v. Georg Krücken, dt. Frankfurt am Main 2005.
11 Siehe Harrison C. White, *Network Switchings and Bayesian Forks: Reconstructing the Social and Behavioral Sciences*, in: *Social Research 62* (1995), S. 1053–1063.
12 Siehe Claude Lévi-Strauss, *Strukturale Anthropologie*, dt. Frankfurt am Main 1978.
13 Siehe Dirk Baecker, *Studien zur nächsten Gesellschaft*, Frankfurt am Main 2007.
14 Siehe Eric A. Havelock, *Preface to Plato*, Oxford 1963.
15 So Carol Jacobs, *Marginalizing the Regime*, Vortrag auf der Tagung ZONE (1): After Sovereignty (fading), ausgerichtet vom Graduiertenkolleg Rhetorik – Repräsentation –

Wissen der Europa-Universität Frankfurt/Oder und des Poetics and Theory Program der New York University, Zentrum für Literaturforschung, Berlin, 12.–13. Januar 2001; und vgl. John Sallis, *Being and Logos: Reading the Platonic Dialogues*, 3. Aufl., Bloomington, IN 1996.

16 So Marc Augé, *Non-lieux: Introduction à une anthropologie de la surmodernité*, Paris 1992.

17 So Giorgio Agamben, *Homo Sacer: Die souveräne Macht und das nackte Leben*, dt. Frankfurt am Main 2002.

18 Siehe John von Neumann, *The Computer and the Brain*, New Haven, CN, 1958.

19 Siehe auch Dirk Baecker, *Oszillierende Öffentlichkeit*, in: ders., *Wozu Gesellschaft?* Berlin 2007, S. 80–101.

20 Siehe siehe Theodor W. Adorno, *Kulturkritik und Gesellschaft*, in: ders., *Prismen: Kulturkritik und Gesellschaft*, Frankfurt am Main 1955, S. 7–31.

21 So in Manuel Castells, *The Rise of the Network Society*, Oxford 1996. Und zu Risikostrukturen von Netzwerken: Dirk Baecker, *Womit handeln Banken? Eine Studie zur Risikoverarbeitung in der Wirtschaft*, Frankfurt am Main 1991, S. 135 ff.

22 Siehe Arnold Gehlen, *Zeit-Bilder: Zur Soziologie und Ästhetik der modernen Malerei*, 3., erw. Aufl., Frankfurt am Main 1986, S. 162 ff.

23 Siehe Henri Focillon, *La vie des formes*, Paris 1934 (engl. 1989).

24 Siehe Ranulph Glanville, *Inside Every White Box There Are Two Black Boxes Trying To Get Out*, in: *Behavioral Science 27* (1982), S. 1–11.

Kunstformate als Kulturrecherche, in: *subTexte 03: Künstlerische Forschung: Positionen und Perspektiven*, hrsg. vom Institute for the Performing Arts and Film, Zürich: Zürcher Hochschule der Künste, 2009, S. 79–97.

1 Siehe Niklas Luhmann, *Die Wissenschaft der Gesellschaft*, Frankfurt am Main 1990; und ders., *Die Kunst der Gesellschaft*, Frankfurt am Main 1995; sowie zu den so genannten Zurechnungskonstellationen von Handeln und Erleben ders., *Die Gesellschaft der Gesellschaft*, Frankfurt am Main 1997, S. 332 ff.

2 Siehe Hans Blumenberg, *Der Prozeß der theoretischen Neugierde*, Frankfurt am Main 1966; ders., *Das Lachen der Thrakerin: Ein Urgeschichte der Theorie*, Frankfurt am Main 1987

3 Siehe Bruno Latour, *Science in Action: How to Follow Scientists and Engineers through Society*, Cambridge, MA, 1987; ders., *Pandora's Hope: Essays on the Reality of Social Science Studies*, Cambridge, MA, 1999; Karin Knorr-Cetina, *Die Fabrikation von Erkenntnis: Zur Anthropologie der Naturwissenschaft*, Frankfurt am Main 1984.

4 Siehe Luhmann, *Die Gesellschaft der Gesellschaft*, a.a.O., S. 378 ff.

5 So Giambattista Vico, *Die neue Wissenschaft von der gemeinschaftlichen Natur der Nationen*. Auswahl, Übersetzung und Einleitung von Ferdinand Fellmann, Frankfurt am Main 1981.

6 Siehe nur Jacob Burckhardt, *Die Kultur der Renaissance in Italien: Ein Versuch*, 11. Aufl., Stuttgart 1988; ders., *Griechische Kulturgeschichte*, 4 Bde., Darmstadt 1962.

Possen im Netz, in: Josef Bairlein, Christoper Balme, Jörg von Brincken, Wolf-Dieter Ernst und Meike Wagner (Hrsg.), *Netzkulturen: kollektiv. kreativ. performativ*, München: epodium, 2010, 19–29.

1 Siehe Theodor W. Adorno, *Ästhetische Theorie*, Frankfurt am Main 1970; Niklas Luhmann, *Das Medium der Kunst*, in: *Delfin VII*, 4. Jg. (1986), S. 6–15; und Christoph Menke, *Die Souveränität der Kunst: Ästhetische Erfahrungen nach Adorno und Derrida*, Frankfurt am Main 1991.

2 Siehe Platon, *Politeia*, in: ders., *Sämtliche Werke*. Übers. von Friedrich Schleiermacher, neu hrsg. von Ursula Wolf, Bd. 2, 2. Aufl., Reinbek b. Hamburg 2000, S. 195–537, hier: 377 ff.

3 So Alexander Gottlieb Baumgarten, *Theoretische Ästhetik: Die grundlegenden Abschnitte aus der „Aesthetica" (1750/58)*, übers. und hrsg. von Hans Rudolf Schweizer. Lateinisch-Deutsch, Hamburg 1983.

4 Siehe Johann Georg Hamann, *Aesthetica in nuce*, in: ders., *Sokratische Denkwürdigkeiten, Aesthetica in Nuce*, Stuttart 1968, S. 75–147.

5 Siehe Immanuel Kant, *Kritik der Urteilskraft*, Werke V, hrsg. von Wilhelm Weischedel, Frankfurt am Main 1968, B 62 ff.

6 Siehe Roland Barthes, *Die helle Kammer: Bemerkungen zur Photographie*, dt. Frankfurt am Main 1985.

7 So Maurice Merleau-Ponty, *Das Auge und der Geist: Philosophische Essays*, hrsg. und eingel. von Christian Bermes, dt. Hamburg 2003; ders., *Das Sichtbare und das Unsichtbare*,

gefolgt von Arbeitsnotizen, hrsg. und mit einem Nachwort von Claude Lefort, dt. München 2004.

8 Siehe Gotthard Günther, *Martin Heidegger und die Weltgeschichte des Nichts,* in: ders., *Beiträge zur Grundlegung einer operationsfähigen Dialektik,* Bd. 3, Hamburg 1980, S. 260–296; ders., *Identität, Gegenidentität und Negativsprache,* in: *Hegel-Jahrbuch 1979,* Köln 1980, S. 22–88.

9 Günther, *Martin Heidegger und die Weltgeschichte des Nichts,* ebd., S. 289.

10 Im Sinne von Walter Benjamin, *Der destruktive Charakter,* in: ders., *Illuminationen: Ausgewählte Schriften,* Frankfurt am Main 1961, S. 310–312.

11 So Günther, *Identität, Gegenidentität und Negativsprache,* a.a.O.

12 So Manuel Castells, *Der Aufstieg der Netzwerkgesellschaft,* dt. Opladen 2001; und Dirk Baecker, *Studien zur nächsten Gesellschaft,* Frankfurt am Main 2007.

13 Siehe Anna Munster und Geert Lovink, *Theses on Distributed Aesthetics, Or, What a Network is Not,* in: *fibreculture: the journal,* issue 7 (2005); und Geert Lovink und Ned Rossiter, *Dawn of the Organised Networks,* in: *fibreculture: the journal,* issue 5 (2005).

14 Siehe Harrison C. White, *Identity and Control: A Structural Theory of Action,* Princeton, NJ, 1992; ders., *Identity and Control: How Social Formations Emerge,* 2nd ed., Princeton, NJ, 2008.

15 Siehe Harrison C. White und Cynthia A. White, *Canvases and Careers: Institutional Change in the French Painting World, with a new Foreword and a new Afterword,* Chicago, 1993.

16 Siehe Harrison C. White, *Careers and Creativity: Social Forces in the Arts,* Boulder, CO.

17 Vgl. White, *Identity and Control* (1992), a.a.O., S. 16 f. und 22 ff.; und White, *Identity and Control* (2008), a.a.O., S. 63 ff.

18 Siehe Robert Faulkner, *Music on Demand: Composers and Careers in the Hollywood Film Industry,* new ed., New Brunswick, NJ, 2003.

19 Siehe Olav Velthuis, *Symbolic Meaning of Prices: Constructing the Value of Contemporary Art in Amsterdam and New York Galleries,* in: *Theory and Society 32* (2003), S. 181–215.

20 Im Sinne von Pierre Bourdieu, *Die feinen Unterschiede: Kritik der gesellschaftlichen Urteilskraft,* dt. Frankfurt am Main 1982.

21 So Michael Hardt und Antonio Negri, *Empire,* Cambridge, MA, 2000, S. 408.

22 Kant, *Kritik der Urteilskraft,* a.a.O., A 74 ff.

23 Siehe Gesa Ziemer, *Komplizenschaft: Eine Taktik und Ästhetik der Kritik?,* in: Jörg Huber, Philipp Stoellger, Gesa Ziemer und Simon Zumsteg (Hrsg.), *Ästhetik der Kritik: Verdeckte Ermittlung,* Zürich 2007, S. 75–81; dies., *Verletzbare Orte: Entwurf einer praktischen Ästhetik,* Berlin 2008; Gini Müller, *Possen des Performativen: Theater, Aktivismus und queere Politiken,* Wien 2008; Jean Baudrillard, *L'esprit du terrorism,* in: *Le Monde,* 3 November 2001.

24 Siehe Bronisław Malinowski, *Eine wissenschaftliche Theorie der Kultur und andere Aufsätze,* dt. Frankfurt am Main2005; und Talcott Parsons, *A Paradigm of the Human Condition,* in: ders., *Action Theory and the Human Condition,* New York 1978, S. 352–433.

25 Im Sinne von Friedrich Nietzsche, *Wahrheit und Lüge im außermoralischen Sinne,* in: ders., *Werke, Bd. III,* hrsg. von Karl Schlechta, 6., durchges. Aufl., Berlin 1969, S. 309–322.

26 So Erika Fischer-Lichte, *Ästhetik des Performativen,* Frankfurt am Main 2004, S. 362; und dies., Clemens Risi und Jens Roselt (Hrsg.), *Kunst der Aufführung – Aufführung der Kunst* (Recherchen 18), Berlin 2004.

27 So Barbara Büscher, *Live Electronics Arts und Intermedia, die sechziger Jahre: Über den Zusammenhang von Performance und zeitgenössischen Technologien, kybernetischen Modellen und minimalistischen Kunst-Strategien,* Habilitationsschrift an der Universität Leipzig, 2002.

28 Siehe White, *Identity and Control* (1992), a.a.O.; ders., *Identity and Control* (2008), a.a.O.

29 *Identity and Control* (1992), ebd., S. 17.

30 So Jon McKenzie, *Perform or Else: From Discipline to Performance,* London 2001.

31 Siehe Michel Serres, *Der Parasit,* dt. Frankfurt am Main 1981.

32 Siehe Wolf-Dieter Ernst, *Akteure im Netz: Rimini Protokolls* Call Cutta *und die Unwahrscheinlichkeit der Kommunikation,* in: Hajo Kurzenberger, Hanns-Josef Ortheil, Matthias Rebstock (Hrsg.), *Kollektive in den Künsten,* Hildesheim 2008, S. 179–181.

33 Siehe Christopher Balme, *Distributed Aesthetics: Performance, Media, and the Public Sphere,* in: Josef Bairlein, Christopher Balme, Jörg von Brincken, Wolf-Dieter Ernst und Meike Wagner (Hrsg.), *Netzkulturen: kollektiv. kreativ. performativ,* München 2010, S. 41–54.

34 Siehe Niklas Luhmann, *Soziale Systeme: Grundriß einer allgemeinen Theorie,* Frankfurt am Main 1984, S. 501 ff.

35 Siehe Lorenz Engell, *Blicke, Dinge, Wiederholungen: Über die Genese einer Filmszene in Abbas Kiarostamis „Quer durch den Olivenhain",* in: Josef Bairlein, Christopher Balme, Jörg von Brincken, Wolf-Dieter Ernst und Meike Wagner (Hrsg.), *Netzkulturen: kollektiv. kreativ. performativ,* München 2010, S. 95–119.

36 Siehe Gilles Deleuze, *Unterhandlungen: 1972 – 1990,* dt. Frankfurt am Main 1993, S. 250 f und 254 ff.

Von der Einheit der Institution zur Differenz der Formate, erschienen unter dem Titel ‚Theater als Trope: Von der Einheit der Institution zur Differenz der Formate', in: Josef Mackert, Heiner Goebbels und Barbara Mundel (Hrsg.), *Heart of the City: Recherchen zum Stadttheater der Zukunft,* Arbeitsbuch 2011, Berlin: Verlag Theater der Zeit, 2011, S. 10–18.

1 Siehe Jean-Christophe Agnew, *Worlds Apart: The Market and the Theater in Anglo-American Thought, 1550–1750,* Cambridge 1986.
2 So René Girard, *Das Heilige und die Gewalt,* dt. Zürich 1987; ders., *A Theater of Envy: William Shakespeare,* New York 1991.
3 Siehe Philip Ball, *Critical Mass: How One Thing Leads to Another, Being an Enquiry into the Interplay of Chance and Necessity in the Way that Human Culture, Customs, Institutions, Cooperation and Conflict Arise,* London 2004.
4 So Gabriel Tarde, *Die Gesetze der Nachahmung,* dt. Frankfurt am Main 2009.
5 So Katrin Volger, mündliche Mitteilung in einem Seminar Niklas Luhmanns an der Universität Bielefeld.
6 Siehe Niklas Luhmann, *Die Politik der Gesellschaft,* hrsg. von André Kieserling, Frankfurt am Main 2000.
7 Siehe Georg Bollenbeck, *Bildung und Kultur: Glanz und Elend eines deutschen Deutungsmusters,* Frankfurt am Main 1994; und Wolf Lepenies, *Kultur oder Politik: Deutsche Geschichten,* München 2006.
8 So Arnold Gehlen, *Philosophische Anthropologie: Zur Selbstbegegnung und Selbstentdeckung des Menschen,* in: ders., *Anthropologische und sozialpsychologische Untersuchungen,* Reinbek b. Hamburg 1986, S. 7–144, hier: S. 70 f.
9 Ebd., S. 71 f.
10 Siehe hierzu George M. Thomas, John W. Meyer, Francisco O. Ramirez und John Boli, *Institutional Structure: Constituting State, Society, and the Individual,* Newbury Park, CA, 1987.
11 Im Sinne von Niklas Luhmann, *Kultur als historischer Begriff,* in: ders., *Gesellschaftsstruktur und Semantik: Studien zur Wissenssoziologie der modernen Gesellschaft,* Bd. 4, Frankfurt am Main 1995, S. 31–54.
12 Vgl. Dirk Baecker, *Wozu Kultur?* 2., erw. Aufl., Berlin 2001.
13 So Niklas Luhmann, *Institutionalisierung: Funktion und Mechanismus im sozialen System der Gesellschaft,* in: Helmut Schelsky (Hrsg.), *Zur Theorie der Institution,* Düsseldorf 1970, S. 27–41.
14 Siehe Michael E. Porter, *Competitive Advantage: Creating and Sustaining Superior Performance,* New York 1985; Dirk Baecker, *Das Handwerk des Unternehmers,* in: ders., *Organisation als System: Aufsätze,* Frankfurt am Main 1999, S. 330–376; ders., *The Form of the Firm,* in: *Organization: The Critical Journal on Organization, Theory and Society 13* (2006), S. 109–142.
15 Siehe Jurij M. Lotman, *Die Innenwelt des Denkens: Eine semiotische Theorie der Kultur,* aus dem Russischen von Gabriele Leupold und Olga Radetzkaja, hrsg. und mit einem Nachwort von Susi K. Frank, Cornelia Ruhe und Alexander Schmitz, Frankfurt am Main 2000.
16 Ebd., S. 53 ff.
17 Vgl. John Stillwell, *Mathematics and Its History,* 2. Aufl., New York 2002, S. 383 f.
18 So Ranulph Glanville, *Inside Every White Box There Are Two Black Boxes Trying To Get Out,* in: *Behavioral Science 27* (1982), S. 1–11.
19 So George Spencer-Brown, *Laws of Form,* 5., engl. Aufl., Leipzig 2008.
20 Siehe Rodney Needham (Hrsg.), *Right and Left: Essays on Dual Classifications,* Chicago 1973; Claude Lévi-Strauss, *Strukturale Anthropologie I,* aus dem Französischen von Hans Naumann, Frankfurt am Main 1978.
21 Siehe Kenneth Burke, *The Four Master Tropes,* in: ders., *A Grammar of Motives,* Reprint Berkeley, CA, 1969, S. 503–517.
22 Siehe David L. Altheide, *An Ecology of Communication: Cultural Formats of Control,* New York, NY 1995.
23 Siehe Jean Baudrillard, *Im Schatten der schweigenden Mehrheiten oder das Ende des Sozialen,* dt. Berlin 2010.
24 Siehe Benoît Mandelbrot, *The Fractal Geometry of Nature,* erw. Aufl., New York 1983.
25 Siehe Robert R. Faulkner, *Music on Demand: Composers and Careers in the Hollywood Film Industry,* Reprint New Brunswick, NJ, 2002.
26 Siehe Aristoteles, *Rhetorik,* übers. und hrsg. von Gernot Krapinger, Stuttgart 1999.
27 *The Four Master Tropes,* a.a.O.
28 Siehe nur Max Black, *Models and Metaphors: Studies in Language and Philosophy,* Ithaca, NY, 1962; Hans Blumenberg, *Ausblick auf eine Theorie der Unbegrifflichkeit,* in: ders., *Schiffbruch mit Zuschauer,* 3. Aufl., Frankfurt am Main 1988, S. 75–93; Jacques Derrida, *Die weiße Mythologie: Die Metapher im philosophischen Text,* in: ders., *Randgänge der Philosophie,* hrsg. von Peter Engelmann, Wien 1988, S. 205–258; und Christian Strub,

Kalkulierte Absurditäten: Versuch einer historisch reflektierten sprachanalytischen Metaphorologie, Freiburg 1991.

29 Siehe Georg Wilhelm Friedrich Hegel, *Phänomenologie des Geistes,* Werke, Bd. 3, Frankfurt am Main 1973, S. 352.

Die Öffentlichkeiten des Theaters, erschienen unter dem Titel ‚Der Ort des Theaters in der nächsten Gesellschaft', in: Josef Mackert, Heiner Goebbels und Barbara Mundel (Hrsg.), *Heart of the City: Recherchen zum Stadttheater der Zukunft,* Arbeitsbuch 2011, Berlin: Verlag Theater der Zeit, 2011, S. 142–148.

1 Siehe Peter F. Drucker, *The Next Society: A Survey of the Near Future,* in: *The Economist,* 3. November 2011.

2 Siehe Oskar Negt und Alexander Kluge, *Öffentlichkeit und Erfahrung: Zur Organisationsanalyse von bürgerlicher und proletarischer Öffentlichkeit,* Frankfurt am Main 1972; und vgl. Jürgen Habermas, *Strukturwandel der Öffentlichkeit: Untersuchungen zu einer Kategorie der bürgerlichen Gesellschaft* [1962], mit einem Vorwort zur Neuauflage 1990, Frankfurt am Main 1990.

3 Siehe Harrison C. White, *Network Switchings and Bayesian Forks: Reconstructing the Social and Behavioral Sciences,* in: *Social Research 62* (1995), S. 1035–1063, hier: S. 1055 f.; unter Rückgriff auf Erving Goffman, *The Presentation of Self in Everyday Life,* New York 1959.

4 Siehe Eiko Ikegami, *A Sociological Theory of Publics: Identity and Culture as Emergent Properties in Networks,* in: *Social Research 67* (2000), S. 989–1029, hier: S. 995.

5 Ich denke an Rimini Protokoll, *Mnemopark: Eine Modelleisenbahnwelt*; Hans Werner Krösinger, *Truth – Commissioned by the Heart of Darkness*; David Mamet, *Oleanna*; Rimini Protokoll, *Breaking News – ein Tagesschauspiel*; Capri Connection, *Heiler werden/Treatment.*

6 Siehe Jean-Pierre Vernant, *Die Entstehung des griechischen Denkens,* dt. Frankfurt am Main 1982.

7 Siehe Bruno Latour, *Von der Realpolitik zur Dingpolitik oder Wie man Dinge öffentlich macht,* dt. Berlin 2005.

8 Im Sinne von Robert Dreeben, *Was wir in der Schule lernen,* dt. Frankfurt am Main 1980.

9 Siehe Marshall McLuhan, *Understanding Media: The Extensions of Man,* Reprint London 2001; und Fritz Heider, *Ding und Medium,* Nachdruck Berlin 2005.

10 Siehe auch Dirk Baecker, *Medientheater,* in: ders., *Studien zur nächsten Gesellschaft,* Frankfurt am Main 2007, S. 91–97.

11 Siehe Erika Fischer-Lichte, *Ästhetik des Performativen,* Frankfurt am Main 2004, S. 362.

12 Siehe nur Talcott Parsons, *Sozialstruktur und die symbolischen Tauschmedien,* in: ders., *Zur Theorie der sozialen Interaktionsmedien,* hrsg. von Stefan Jensen, Opladen 1980, S. 229–259; und Niklas Luhmann, *Die Unwahrscheinlichkeit der Kommunikation,* in: ders., *Soziologische Aufklärung 3: Soziales System, Gesellschaft, Organisation,* Opladen 1981, S. 5–49.

Formate der Kulturpolitik, bisher unveröffentlicht, Manuskript des Beitrags „Kulturpolitik in der Weltgesellschaft" zur Tagung „Kulturelle Vielfalt zwischen regionaler Identität und Globalisierung", Forum Kultur und Ökonomie, Lokremise St. Gallen, 22.–23. März 2012.

1 Siehe Carl Schmitt, *Der Begriff des Politischen: Text von 1932 mit einem Vorwort und drei Corollarien,* 7. Aufl., Berlin 2002.

2 Siehe nur Max Fuchs, *Kulturpolitik als gesellschaftliche Aufgabe: Eine Einführung in Theorie, Geschichte, Praxis,* Opladen 1998.

3 Siehe auch Dirk Baecker, *Studien zur nächsten Gesellschaft,* Frankfurt am Main 2007.

4 Die These stammt von Niklas Luhmann, *Die Gesellschaft der Gesellschaft,* Frankfurt am Main 1997, S. 405 ff.

5 Siehe Jean-Jacques Rousseau, *Schriften zur Kulturkritik,* eingel., übers. und hrsg. von Kurt Weigand, Hamburg 1983; Sigmund Freud, *Das Unbehagen in der Kultur und andere kulturtheoretische Schriften,* Frankfurt am Main 1994; Bronisław Malinowski, *Eine wissenschaftliche Theorie der Kultur und andere Aufsätze,* dt. Frankfurt am Main 2005.

6 Siehe Edward B. Tylor, *Primitive Culture,* London 1871, Kap. 1.

7 So schon mein Versuch in Dirk Baecker, *Kultur,* in: Karlheinz Barck, Martin Fontius, Dieter Schlenstedt, Burkhart Steinwachs, Friedrich Wolfzettel (Hrsg.), *Ästhetische Grundbegriffe: Historisches Wörterbuch in sieben Bänden, Bd. 3,* Stuttgart 2001, S. 510–556.

8 Siehe Leslie A. White, *The Science of Culture: A Study of Man and Civilization,* New York 1949.

9 Im Sinne von George Spencer-Brown, *Laws of Form,* 5., engl. Aufl., Leipzig 2008.

10 Siehe Johann Gottfried Herder, *Auch eine Philosophie der Geschichte zur Bildung der*

Menschheit: Beitrag zu vielen Beiträgen des Jahrhunderts, hrsg. von Hans Dietrich Irmscher, Stuttgart 1990, S. 42.

11 So Niklas Luhmann, *Die Kunst der Gesellschaft,* Frankfurt am Main 1995; und vgl. Dirk Baecker, *Die Adresse der Kunst,* in: Jürgen Fohrmann und Harro Müller (Hrsg.), *Systemtheorie der Literatur,* München 1996, S. 82–105; ders., *Zu Funktion und Form der Kunst,* in: ders., *Wozu Gesellschaft?,* Berlin 2007, S. 315–343.

12 Vor allem Pierre-P. Grassé, *La Reconstruction du nid et les Coordinations Inter-Individuelles chez* Bellicositermes Natalensis et Cubitermes sp: *La théorie de la Stigmergie: Essai d'interprétation du Comportement des Termites Constructeurs,* in: *Insectes Sociaux 6* (1959), S. 41–82; und vgl. das Themenschwerpunktheft von *Artificial Life 5,* Heft 2 (1999).

13 Siehe hierzu auch Dirk Baecker, *Zumutungen organisierten Arbeitens im Kulturbereich,* in: Sigrid Bekmeier-Feuerhahn, Karen van den Berg, Steffen Höhne, Rolf Keller, Angela Koch, Birgit Mandel, Martin Tröndle und Tasos Zembylas (Hrsg.), *Forschen im Kulturmanagement (Jahrbuch für Kulturmanagement 2009),* Bielefeld 2009, S. 31–63 (wieder abgedruckt in: Dirk Baecker, *Organisation und Störung,* Frankfurt am Main 2011, S. 223–256).

14 Siehe Hans-Georg Gadamer, *Wahrheit und Methode: Grundzüge einer philosophischen Hermeneutik,* 6. Aufl., Tübingen 1990, S. 270 ff.; und vgl. zum Ideologiebegriff nach wie vor Karl Marx und Friedrich Engels, *Die deutsche Ideologie, Werke, Bd. 3,* Berlin 1958; ferner Jürgen Ritsert, Ideologie: *Theoreme und Probleme der Wissenssoziologie,* Münster 2002.

15 Siehe Luhmann, *Die Gesellschaft der Gesellschaft,* a.a.O., S. 405 ff.

16 Siehe inbesondere Claude Lévi-Strauss, *Strukturale Anthropologie,* dt. Frankfurt am Main 1978.

17 Siehe auch Hans Peter Dürr, *Traumzeit: Über die Grenze zwischen Wildnis und Zivilisation,* Frankfurt am Main 1978.

18 Siehe auch Dirk Baecker, *Form und Formen der Kommunikation,* Frankfurt am Main 2005.

19 Siehe Niklas Luhmann, *Beobachtungen der Moderne,* Opladen 1992.

20 Siehe André Malraux, *Das imaginäre Museum,* aus dem Französischen von Jan Lauts, Baden-Baden o. J. (1949).

21 Siehe John W. Meyer, *Weltkultur: Wie die westlichen Prinzipien die Welt durchdringen,* hrsg. von Georg Krücken, Frankfurt am Main 2005.

22 Siehe Michael Seemann, *Die gesellschaftliche Singularität ist nah: Thesen über die Anpassung der Gesellschaft an das Computerzeitalter,* in: *telepolis,* 23. Oktober 2011.

23 Siehe Gregory Bateson, *Ökologie des Geistes: Anthropologische, psychologische, biologische und epistemologische Perspektiven,* dt. Frankfurt am Main 1981, S. 241–261; und vgl. Dirk Baecker, *Das Spiel mit der Form,* in: ders. (Hrsg.), *Probleme der Form,* Frankfurt am Main 1993, S. 148–158.

24 Siehe vor allem John von Neumann und Oskar Morgenstern, *Theory of Games and Economic Behavior,* Reprint Princeton, NJ, 1972.

25 Siehe auch Kevin Kelly, *Out of Control: The New Biology of Machines, Social Systems, and the Economic World,* Redwood City, CA, 1990.

Kein Theater, bisher unveröffentlicht, Manuskript zu einem Vortrag im Laboratorium Forschungsprojekt Re/Okkupation an der Zürcher Hochschule der Künste, 29. März 2012.

1 Siehe Erving Goffman, *The Presentation of Self in Everyday Life,* New York 1959; deutsch: *Wir alle spielen Theater: Die Selbstdarstellung im Alltag,* mit einem Vorwort von Lord Ralf Dahrendorf, dt. München 1969.

2 So jüngst Wolfgang Engler, *Verspielt: Schriften und Gespräche zu Theater und Gesellschaft,* Berlin 2012, S. 10 ff.

3 Siehe Jean-Jacques Rousseau, *Schriften zur Kulturkritik,* eingel., übers. und hrsg. von Kurt Weigand, Hamburg 1983; und vgl. Ursula Geitner, *Die Sprache der Verstellung: Studien zum rhetorischen und anthropologischen Wissen im 17. und 18. Jahrhundert,* Tübingen 1992.

4 Siehe Jean-Christophe Agnew, *Worlds Apart: The Market and the Theater in Anglo-American Thought, 1550–1750,* Cambridge 1986.

5 *Politeia,* 386 ff.

6 Siehe zur Struktur des Confidence Game Goffman, *The Presentation of Self,* a.a.O., S. 18; und ders., *On Cooling the Mark Out: Some Aspects of Adaptation to Failure,* in: *Psychiatry: Journal of Interpersonal Relations 15* (1952), S. 451–463; und vgl. Agnew, *Worlds Apart,* a.a.O., S. 149 ff., mit Verweis auf Herman Melville, *The Confidence-Man: His Masquerade,* ed. Hershel Parker, New York 1971.

7 de.wikipedia.org/wiki/Theater, Zugriff am 26. März 2012.

8 Im Sinne von Roman Jakobson, *Shifters, Verbal Categories, and the Russian Verb,* in: ders., *Selected Writings, Bd II: Work and Language,* The Hague 1971, S. 130–147. Und siehe ausführlicher zur Notation und wechselseitigen Errechnung eines Selbst, eines ande-

ren und der Unterscheidung Ranulph Glanville, *Das Selbst und das andere: Der Zweck der Unterscheidung,* in: Dirk Baecker (Hrsg.), *Kalkül der Form,* Frankfurt am Main 1993, S. 86–95.

9 So Goffman, *The Presentation of Self in Everyday Life,* a.a.O., S. 76.

10 Ebd., S. 9.

11 So Niklas Luhmann, *Die Gesellschaft der Gesellschaft,* Frankfurt am Main 1997, S. 218 f.

12 Siehe Erving Goffman, *Frame Analysis: An Essay on the Organization of Experience,* Cambridge, MA, 1974.

13 Siehe dazu Aristoteles, *Rhetorik,* dt. Stuttgart 1999; Benedictus de Spinoza, *Die Ethik,* lat./dt. Stuttgart 2007; Charles Darwin, *The Expression of the Emotions in Man and Animals,* Reprint Stilwell, KS, 2005; und vgl. Niklas Luhmann, *Frühneuzeitliche Anthropologie: Theorietechnische Lösungen für ein Evolutionsproblem der Gesellschaft,* in: ders., *Gesellschaftsstruktur und Semantik: Studien zur Wissenssoziologie der modernen Gesellschaft,* Bd. 1, Frankfurt am Main 1980, S. 162–234.

14 Und ‚praktizierte Soziologie' heißt seit Auguste Comte, *Die Soziologie: Die positive Philosophie im Auszug,* hrsg. von Friedrich Blaschke, Leipzig 1933, insbes. S. 78 ff., dass jedes Phänomen menschlichen Verhaltens unter den beiden Bedingungen der Statik seiner Unterscheidung von seinem Umfeld (Ausdifferenzierung) und der Dynamik seiner Weiterentwicklung und Abstimmung mit diesem Umfeld (Reproduktion) betrachtet wird.

15 Siehe Goffman, *The Presentation of Self in Everyday Life,* a.a.O., S. 17 ff.

16 Siehe George Herbert Mead, *Mind, Self and Society from the Stanpoint of a Social Behaviorist,* Reprint Chicago 1962, S. 65 ff.

17 So Heinz von Foerster, *For Niklas Luhmann: „How Recursive is Communication?"*, in: ders., *Understanding Understanding: Essays on Cybernetics and Cognition,* New York 2003, S. 305–323, hier: S. 317. „Ausgerechnet Niklas Luhmann" deswegen, weil dessen Projekt dezidiert die Theorie der Gesellschaft war.

18 So am Beispiel von Schüler und Lehrer, Arzt und Patient: Talcott Parsons, *The School Class as a Social System: Some of its Functions in American Society,* in: ders., *Social Structure and Personality,* New York 1964, S. 129–154; ders., *Some Theoretical Considerations Bearing on the Field of Medical Sociology,* im selben Band, S. 325–358. Ein Verständnis für Komplementärrollen erlaubt raffinierte Verhaltensformen, in denen etwa Kinder sich überlegen, ob sie ihre Mutter als ihre Mutter, als Gattin ihres Gatten oder auch als Tochter ihrer eigenen Mutter ansprechen. Siehe zu einer entsprechenden Mathematik möglicher Kombinationen Harrison C. White, *An Anatomy of Kinship: Mathematical Models for Structures of Cumulated Roles,* Englewood Cliffs, NJ, 1963.

19 Siehe zur ‚Person' als blindem Fleck der Unterscheidung von Selbstreferenz und Fremdreferenz: Niklas Luhmann, *Die Form ‚Person',* in: *Soziale Welt 42* (1991), S. 166–175. Maren Lehmann schlägt vor, die Person als „Komplementärstruktur [(A); (C)]" anzuschreiben, „in der (B) die Kontextfunktion besetzt und damit (R) und ( ) impliziert" (E-Mail vom 29. März 2012). Für die ‚Person' gilt der Satz der Identität: A = (A).

20 Siehe nur Harvey Sacks, Emanuel A. Schegloff und Gail Jefferson, *A Simplest Systematics for the Organization of Turn Taking for Conversation,* in: *Language 50* (1974), S. 696–735.

21 So in: Erving Goffman, *Encounters: Two Studies in the Sociology of Interaction,* London 1972, S. 16.

22 Prägnant ist diese Umstellung auch durch die Organisationstheorie durchgeführt worden, etwa wenn James G. March nicht mehr von zieldefinierten, sondern von Ziele-suchenden Organisationen spricht oder wenn Karl E. Weick das enactment einer Umwelt durch eine Organisation beschreibt. Siehe James G. March, *Decisions and Organizations,* Cambridge, MA 1988; und Karl E. Weick, *The Social Psychology of Organizing,* 2. Aufl., Reading, MA, 1979.

23 Siehe Robert E. Park, Ernest W. Burgess und Roderick D. McKenzie, *The City,* Reprint mit einer Einführung von Morris Janowitz, Chicago 1967.

24 Siehe auch Andrew Abbott, *Of Time and Space: On the Contemporary Relevance of the Chicago School,* in: *Social Forces 75* (1997), S. 1149–1182.

25 Die Gesellschaft hat sich die Soziologie erfunden, um diese Einsicht über sich immerhin formulieren zu können. Und die Soziologie hat sich die soziologische Theorie erfunden, um Aussagen über die Gesellschaft von Aussagen über diese Aussagen unterscheiden zu können.

26 Wenn er sich selber nicht rasiert, muss er sich rasieren; wenn er sich aber rasiert, darf er sich nicht rasieren …

27 So Goffman, *The Presentation of Self in Everyday Life,* a.a.O., S. 106 ff.

28 Siehe zur Diskussion um Begriff und Funktion der Metapher auch Max Black, *Models and Metaphors: Studies in Language and Philosophy,* Ithaca, NY, 1962.

29 Antik die Mimesis: Aristoteles, *Poetik,* gr./dt. Stuttgart 1982; modern die Verfremdung: Bertolt Brecht, *Kleines Organon für das Theater,* in: *Schriften 3,* Berlin 1993, S. 65–97.

30 Siehe Walter Benjamin, *Versuche über Brecht,* Frankfurt am Main 1978; und darüber hinaus zum Begriff der Theatralität Helmar Schramm, *Karneval des Denkens: Theatralität*

im Spiegel philosophischer Texte des 16. und 17. Jahrhunderts, Berlin 1996.

31 Siehe Friedrich Schiller, *Über naive und sentimentalische Dichtung, Werke, Bd. 4*, Frankfurt am Main 1966, S. 287–368.

32 Im Sinne von Herbert Blau, *The Audience*, Baltimore, MD, 1980.

33 Siehe John McAdams (Hrsg.), *Rite, Drama, Festival, Spectacle: Rehearsals Toward a Theory of Cultural Performance*, Philadelphia 1984.

34 Siehe Hans-Thies Lehmann, *Postdramatisches Theater*, Frankfurt am Main 1999; und Erika Fischer-Lichte, *Ästhetik des Performativen*, Frankfurt am Main 2004.

35 So Lehmann, ebd., S. 19.

36 Im Sinne von Niklas Luhmann, *Die Kunst der Gesellschaft*, Frankfurt am Main 1995; vgl. auch Dirk Baecker, *Zu Funktion und Form der Kunst*, in: ders., *Wozu Gesellschaft?*, Berlin 2007, S. 315–343.

37 Dann aber wird dies mit Takt überspielt, so Erving Goffman, *Embarassment and Social Organization*, in: *American Journal of Sociology 62* (1956), S. 264–271.

Das Festival als Fest, bisher unveröffentlicht, Manuskript zum Vortrag auf der Jahrestagung Swissfestivals, Basel, 24. Oktober 2012.

1 In: Harrison C. White, *Network Switchings and Bayesian Forks: Reconstructing the Social and Behavioral Sciences*, in: *Social Research 62*, Nr. 4 (1995), S. 1035–1063, hier: S. 1035. Und siehe zur Soziologie wie auch allgemeineren Theorie des Fests Walter Haug und Rainer Warning (Hrsg.), *Das Fest*, München 1989; Winfried Gebhardt, *Fest, Feier und Alltag: Über die gesellschaftliche Wirklichkeit des Menschen und ihre Deutung*, Frankfurt am Main 1987; Michael Maurer (Hrsg.), *Das Fest: Beiträge zu seiner Theorie und Systematik*, Köln 2004.

2 Siehe nur Marshall McLuhan, *Understanding Media: The Extensions of Man*, New York 1964; und vgl. Dirk Baecker, *Studien zur nächsten Gesellschaft*, Frankfurt am Main 2007.

3 In: Michel Foucault, *L'archéologie du savoir*, Paris 1969.

4 Talcott Parsons, *Zur Theorie der sozialen Interaktionsmedien*, dt. Opladen 1980, S. 245 f.

5 Siehe Niklas Luhmann, *Die Gesellschaft der Gesellschaft*, Frankfurt am Main 1997, S. 410 ff.

6 So in: George Spencer-Brown, *Laws of Form*, London1969.

7 Siehe Slavoj Žižek, *Less Than Nothing: Hegel and the Shadow of Dialectical Materialism*, New York 2012, insbes. S. 953 ff.

8 Siehe Henri Lefebvre, *Kritik des Alltagslebens*, 3 Bde, dt. Frankfurt am Main1987; und Michel de Certeau, *L'invention du quotidien*, Paris 1980.

9 Siehe Bronisław Malinowski, *Argonauts of the Western Pacific: An Account of Native Enterprise and Adventure in the Archipelagoes of Melanesian New Guinea*, New York 1922, dt. 2001.

10 Siehe Michel Serres, *Der Parasit*, dt. Frankfurt am Main 1981.

11 Friedrich Nietzsche, *Homers Wettkampf*, in: *Werke III*, Frankfurt am Main 1969, S. 291–302.

12 Siehe Niklas Luhmann, *Frühneuzeitliche Anthropologie: Theorietechnische Lösungen für ein Evolutionsproblem der Gesellschaft*, in: ders., *Gesellschaftsstruktur und Semantik: Studien zur Wissenssoziologie der modernen Gesellschaft*, Bd. 1, Frankfurt am Main 1980, S. 162–234, hier: S. 212 f.

13 Siehe Peter Drucker, *The Next Society: A Survey of the Near Future*, in: *The Economist*, 3. November 2001.

14 In: Norbert Elias, *Über den Prozeß der Zivilisation: Soziogenetische und psychogenetische Untersuchungen*, Bern 1969.

15 So Odo Marquard, *Moratorium des Alltags: Eine kleine Philosophie des Festes*, in: Walter Haug und Rainer Warning (Hrsg.), *Das Fest*, München 1989, S. 684–691.

Foto Klaudia Taday

Dirk Baecker wurde 1955 in Karlsruhe geboren und lebt heute in Basel. Nach seinem Studium der Soziologie und Nationalökonomie in Köln und Paris folgten die Promotion und Habilitation im Fach Soziologie an der Universität Bielefeld bei Niklas Luhmann.

Seit 1996 war Dirk Baecker Inhaber des Reinhard-Mohn-Stiftungslehrstuhls für Unternehmensführung, Wirtschaftsethik und sozialen Wandel, seit 2000 des Lehrstuhls für Soziologie der Universität Witten/Herdecke. 2007 wurde er auf den Lehrstuhl für Kulturtheorie und Kulturanalyse an der Zeppelin University in Friedrichshafen am Bodensee berufen. Forschungsaufenthalte an der Stanford University, Johns Hopkins University und London School of Economics and Political Sciences. Er war Gastprofessor an der Universität Wien 1995 bis 1997, an der Universität Basel 2009 bis 2011 und an der Ashkal Alwan Lebanese Association for Plastic Arts im November 2012. Dirk Baecker ist Mitbegründer des Management Zentrums Witten GmbH im Jahr 2000.

Seine Arbeitsgebiete sind allgemeine Soziologie, soziologische Theorie, Kulturtheorie, Wirtschaftssoziologie, Organisationsforschung und Managementlehre. Zahlreiche Veröffentlichungen, zuletzt: *Form und Formen der Kommunikation* (Frankfurt am Main: Suhrkamp, 2005), *Studien zur nächsten Gesellschaft* (Frankfurt am Main: Suhrkamp, 2007), *Nie wieder Vernunft: Kleinere Beiträge zur Sozialkunde* (Heidelberg: Carl-Auer-Systeme, 2008), *Die Sache mit der Führung* (Wien: Picus, 2009), *Organisation und Störung: Aufsätze* (Berlin: Suhrkamp, 2011). Internet: www.zu.de/kulturtheorie, www.dirkbaecker.com.

RECHERCHEN

103 **Ernst Schumacher . Tagebücher 1992 – 2011**
100 **Rimini Protokoll . ABCD**
99 **Dirk Baecker . Wozu Theater?**
96 **Heiner Goebbels . Ästhetik der Abwesenheit** Texte zum Theater
95 **Wolfgang Engler . Verspielt** Essays und Gespräche
94 **Ästhetik versus Authentizität? Reflexionen über die Darstellung von und mit Behinderung**
93 **Adolf Dresen . Der Einzelne und das Ganze** Dokumentation
92 **Performing Politics . Politisch Kunst machen nach dem 20. Jh.** Vorträge
90 **Einfachheit & Lust & Freiheit** Essays
89 **Hold it! . Zur Pose zwischen Bild und Performance** Essays
88 **Populärkultur im Gegenwartstheater** Essays
87 **Macht Ohnmacht Zufall** Essays
86 **Wolf-Dieter Ernst . Der affektive Schauspieler**
85 **Skadi Jennicke . Theater als soziale Praxis**
84 **B. K. Tragelehn . Der fröhliche Sisyphos**
83 **Die neue Freiheit . Perspektiven des bulgarischen Theaters** Essays
82 **Working for Paradise . Der Lohndrücker. Heiner Müller Werkbuch**
81 **Die Kunst der Bühne – Positionen des zeitgenössischen Theaters** Essays
80 **Katharina Wild . Schönheit . Die Schauspieltheorie Edward Gordon Craigs**
79 **Woodstock of Political Thinking . Zwischen Kunst und Wissenschaft** Essays
78 **Fühlt weniger! – Dialoge über Emotionen** (inkl. DVD) Essays
77 **Theater südlich der Sahara** Aufsätze
76 **Falk Richter . TRUST** Inszenierungsdokumentation
75 **Müller Brecht Theater . Brecht-Tage 2009** Diskussionen
74 **Frank Raddatz . Der Demetriusplan oder wie sich Heiner Müller den Brechtthron erschlich** Essay
72 **Radikal weiblich? Theaterautorinnen heute** Aufsätze
71 **per.SPICE! . Wirklichkeit und Relativität des Ästhetischen** Essays
70 **Reality Strikes Back II – Tod der Repräsentation** Aufsätze und Diskussionen
69 **Heiner Müller sprechen** (inkl. Bierbichler-CD) Vorträge, Aufsätze und Diskussionen
67 **Go West . Theater in Flandern und den Niederlanden** Aufsätze
66 **Das Angesicht der Erde . Brechts Ästhetik der Natur Brecht-Tage 2008** Vorträge und Diskussionen
65 **Sabine Kebir . „Ich wohne fast so hoch wie er" Margarete Steffin und Bertolt Brecht**
64 **Theater in Japan** Aufsätze
63 **Vasco Boenisch . Krise der Kritik? Was Theaterkritiker denken – und ihre Leser erwarten**
62 **Anja Klöck . Heiße West- und kalte Ost-Schauspieler?**
61 **Theaterlandschaften in Mittel-, Ost- und Südosteuropa** Essays
60 **Elisabeth Schweeger . Täuschung ist kein Spiel mehr** Aufsätze
59 **Koordinaten der Leidenschaft . Kulturelle Aufführungen von Gefühlen** Tagungsdokumentation
58 **Helene Varopoulou . Passagen . Reflexionen zum zeitgenössischen Theater**
56 **Im Labyrinth . Theodoros Terzopoulos begegnet Heiner Müller** Essay und Gespräch

Theater der Zeit

RECHERCHEN

55 **Martin Maurach . Betrachtungen über den Weltlauf . Kleist 1933 – 1945**

54 **Strahlkräfte . Festschrift für Erika Fischer-Lichte** Essays

52 **Angst vor der Zerstörung** Tagungsbericht

51 **Realistisches Musiktheater** Tagungsbericht

49 **Joachim Fiebach . Inszenierte Wirklichkeit**

48 **Die Zukunft der Nachgeborenen . Brecht-Tage 2007** Vorträge und Diskussion

47 **Reality strikes back – Tage vor dem Bildersturm** Tagungsdokumentation

46 **Sabine Schouten . Sinnliches Spüren**

45 **Thomas Flierl . Berlin: Perspektiven durch Kultur** Aufsätze

43 **Benjamin Wihstutz . Theater der Einbildung**

42 **Sire, das war ich –** Zu Heiner Müllers Stück **Leben Gundlings Friedrich von Preußen** Werkbuch

41 **Friedrich Dieckmann . Bilder aus Bayreuth** Essays

40 **Durchbrochene Linien . Zeitgenössisches Theater in der Slowakei** Aufsätze

39 **Stefanie Carp . Berlin – Zürich – Hamburg** Essays

38 **Tragödie – Trauerspiel – Spektakel** Tagungsdokumentation

37 **Das Analoge sträubt sich gegen das Digitale?** Tagungsdokumentation

36 **Politik der Vorstellung . Theater und Theorie**

35 **B. K. Tragelehn . Roter Stern in den Wolken**

32 **Theater in Polen . 1990 – 2005** Aufsätze

31 **Brecht und der Sport . Brecht-Tage 2005** Vorträge und Diskussionen

30 **VOLKSPALAST . Zwischen Aktivismus und Kunst** Aufsätze

28 **Carl Hegemann . Plädoyer für die unglückliche Liebe** Aufsätze

27 **Johannes Odenthal . Tanz Körper Politik** Aufsätze

26 **Gabriele Brandstetter . BILD-SPRUNG** Aufsätze

24 **Die Lücke im System .** Zu Heiner Müllers Stück **Philoktet** Werkbuch

23 **Brecht und der Krieg . Brecht-Tage 2004** Vorträge und Diskussionen

21 **Kunst-Stimmen** Aufsätze

20 **AufBrüche . Theaterarbeit zwischen Text und Situation** Aufsätze

19 **Die Insel vor Augen . Festschrift für Frank Hörnigk**

15 **Szenarien von Theater (und) Wissenschaft** Aufsätze

14 **Jeans, Rock & Vietnam . Amerikanische Kultur in der DDR** Vorträge und Diskussionen

12 **Hans-Thies Lehmann . Das Politische Schreiben** Essays

11 **Brechts Glaube . Brecht-Tage 2002** Vorträge und Diskussionen

10 **Friedrich Dieckmann . Die Freiheit ein Augenblick** Aufsätze

9 **Gerz . Berliner Ermittlung** Inszenierungsbericht

8 **Jost Hermand . Brecht-Aufsätze**

7 **Martin Linzer . „Ich war immer ein Opportunist …"** Gespräche

6 **Zersammelt – Die inoffizielle Literaturszene der DDR** Vorträge und Diskussionen

4 **Rot gleich Braun . Brecht-Tage 2000** Vorträge und Diskussionen

3 **Adolf Dresen . Wieviel Freiheit braucht die Kunst?** Aufsätze

1 **Maßnehmen .** Zu Brechts Stück „Die Maßnahme" Vorträge und Diskussionen

Erhältlich in Ihrer Buchhandlung oder unter www.theaterderzeit.de